一問一答シリーズ

一問一答

●

消費者裁判手続特例法

消費者庁
消費者制度課
◉
編

商事法務

●本書の発刊に当たって

消費者の財産的被害の集団的な回復のための民事の裁判手続の特例に関する法律（以下「消費者裁判手続特例法」といいます。）は、平成25年12月4日に参議院本会議において全会一致で可決・成立し、同月11日に法律第96号として公布されました。この法律では、同種の被害が拡散的に多発し、消費者と事業者との間の情報の質及び量並びに交渉力の格差により、消費者自らその被害の回復を図ることには困難を伴う場合があるという消費者被害の特性に鑑み、その財産的な被害を集団的に回復するための二段階型の訴訟制度（消費者団体訴訟制度（被害回復））が設けられています。

消費者被害の回復のための制度については、司法制度改革推進計画においてその検討の必要性が指摘されて以来、平成18年の消費者団体訴訟制度（差止請求）の導入を内容とする消費者契約法の一部を改正する法律案に対する附帯決議や、平成21年の消費者庁及び消費者委員会設置法附則第6項において、その検討の必要性が指摘されてきました。内閣府及び消費者庁では、これらを受けて継続的にその検討を進めてきました。

消費者裁判手続特例法の成立により、消費者の財産的被害を適切に回復し、消費者の利益の擁護を図るだけではなく、消費の活性化、健全な事業者の発展、公正な競争をもたらすことが期待できるものといえます。

本書は、消費者裁判手続特例法に関する基本的な論点についてまとめた「消費者裁判手続特例法Q&A」のほか、消費者裁判手続特例法の条文、同法によって改正された法律についての新旧対照表、立案過程における関連資料などをまとめたものです。

消費者裁判手続特例法は、公布の日から起算して3年を超えない範囲内において政令で定める日から施行されます。今後本書が、消費者、事業者をはじめとする国民の皆様の消費者団体訴訟制度（被害回復）に対する御理解が深められることの一助になれば幸いです。

平成26年5月

消費者庁 消費者制度課長　加納 克利

●はじめに

「消費者の財産的被害の集団的な回復のための民事の裁判手続の特例に関する法律（消費者裁判手続特例法）」は、平成25年12月4日に参議院本会議において全会一致で可決され成立し、同年12月11日に法律第96号として公布されました。

この法律は同種の被害が拡散的に多発するという消費者被害の特性に鑑み、消費者被害の集団的な回復を図るための二段階型の訴訟制度を設けるものです。本制度を活用することにより、消費者の財産的被害を適切に回復し、消費者の利益の擁護を図るだけではなく、消費の活性化、健全な事業者の発展や公正な競争をもたらすことが期待できるものです。

本稿は、消費者裁判手続特例法の立法の背景・経緯のほか、制度に関する基本的な論点についてまとめたものです。消費者裁判手続特例法について国民の皆様の御理解が深められることの一助になれば幸いです。

消費者裁判手続特例法の立法の経緯（平成25年）

4月19日	閣議決定	衆議院に提出	
6月4日	衆議院	本会議	趣旨説明及び趣旨説明に対する質疑
6月13日	衆議院	消費者問題に関する特別委員会	法案審議（2時間40分）
6月20日	衆議院	消費者問題に関する特別委員会	法案審議（3時間）
10月30日	衆議院	消費者問題に関する特別委員会	参考人質疑（2時間45分）、質疑（4時間）
10月31日	衆議院	消費者問題に関する特別委員会	法案審議（4時間） 採決（修正のうえ全会一致で可決）
11月1日	衆議院	本会議	採決（全会一致で可決）
11月6日	参議院	本会議	趣旨説明及び趣旨説明に対する質疑
11月27日	参議院	消費者問題に関する特別委員会	提案理由説明、法案審議（3時間30分）

11月29日	参議院	消費者問題に関する特別委員会	参考人質疑（2時間5分）
12月3日	参議院	消費者問題に関する特別委員会	法案審議（1時間45分）、採決（全会一致で可決）
12月4日	参議院	本会議	採決（全会一致で可決）
12月11日	公布（平成25年法律第96号）		

一問一答　消費者裁判手続特例法

目次

・　条文の引用において、単に条番号のみを記載している場合は「消費者の財産的被害の集団的な回復のための民事の裁判手続の特例に関する法律（消費者裁判手続特例法）」の条番号となります。

・　全て平成26年3月31日時点のものに基づいた記述となります。

●執筆者一覧（肩書は執筆当時）

鈴木　敦士	消費者庁消費者制度課課長補佐
松田　知丈	消費者庁消費者制度課課長補佐
須藤　希祥	消費者庁消費者制度課課長補佐
宗宮　英恵	消費者庁消費者制度課政策企画専門官
稲垣　利彦	消費者庁消費者制度課法規係長
林　　　佑	消費者庁消費者制度課適格消費者団体第二係長

Q1　本制度創設の経緯及び目的はどのようなものですか。

A

1　消費者被害の実情

最近の消費者被害は、①消費生活相談の件数が高水準（平成24年度で約85万件）であり、②取引に関する相談件数が多く（同年度で72万件超）、③同種の被害が拡散的に多発するなどの状況にあります。

一方、被害に遭った際の消費者の行動については、消費者と事業者との情報の質及び量並びに交渉力の格差等により、被害回復のための行動を取りにくく、被害を受けた者の3割以上が誰にも相談せず「泣き寝入り」をしてしまっている実情もあります。

最終的な被害回復手段である訴訟制度においても、①相応の費用・労力を要し、②少額な請求の場合が多く（平成24年度の消費生活相談に係る事案の既支払金額の平均は約58万円）、③返還請求等ができるとは知らなかったり、そもそも被害に遭っていることの認識を持っていなかったりするなど、個々の消費者が自ら訴えを提起するなどして被害回復を図ることは困難な状況にあります（被害に遭ったときの実際の対応として、訴訟を提起したのはごく僅かであるとの調査結果もあります。）。

こうした状況に鑑みると、消費者の権利の実効性を確保するため、個々の消費者が、簡易・迅速に請求権を主張することができる新たな訴訟制度を創設することが必要です。

2　国会等からの要請

また、多数の被害者を救済するための新たな訴訟制度については、司法制度改革推進計画（平成14年）に端を発し、消費者契約法改正時の附帯決議（平成18年・20年）、消費者庁及び消費者委員会設置法の附則（平成21年）、消費者安全法改正時の附帯決議（平成24年）等により、その導入に向けた検討をすることが求められていました。

加えて、消費者委員会からは「集団的消費者被害救済制度専門調査会」における調査審議を踏まえた早期制定の意見が出されていました（平成23年）。さらに、地方自治法第99条に基づき、28の都道府県議会から早期制定を要請する意見書が提出されていました。

3　本制度の効果及び目的

以上を踏まえ、法制化に至ったものであり、本制度を活用することにより、消費者の財産的被害を適切に回復し、消費者の利益の擁護を図ることは、①消費者と事業者の双方の関係を良好にして、消費の活性化、健全な事業者の発展や公正な競争をもたらすものであるとともに、②被害回復を受けた消費者が新たな消費をすることにより、健全な事業者への需要を喚起し、ひいては経済の成長を促すものです。

これを踏まえ、第１条において、国民生活の安定向上と国民経済の健全な発展に寄与することを、達成が期待される目的として掲げています。

Q2　本制度の概要はどのようなものですか。

A　本制度は、同種の被害が拡散的に多発するという消費者被害の特性に鑑み、消費者被害の集団的な回復を図るための二段階型の訴訟制度を設けるものです。

具体的には、①一段階目の手続（共通義務確認訴訟）では、内閣総理大臣の認定を受けた特定適格消費者団体が原告となり、相当多数の消費者と事業者との間の共通義務（第２条第４号に規定する義務）の存否について裁判所が判断し、②一段階目の手続で消費者側が勝訴した場合、個々の消費者が、二段階目の手続（対象債権の確定手続）に加入して、簡易な手続によってそれぞれの債権の有無や金額を迅速に決定することで、消費者被害回復の実効性の確保を図ることとしています。

本制度の導入により、消費者は、特定適格消費者団体による一段階目の手続の追行の結果を踏まえて二段階目の手続に加入することができることとなり、かつ、実際の二段階目の手続は特定適格消費者団体に授権をして行うこととなるため、①被害回復に要する時間・費用・労力等が低減され、消費者が訴訟手続を使うことをためらわなくなり、これまで回復されにくかった消費者被害を回復することができるとともに、②個別の訴訟が提起される場合に比べ、紛争を迅速にまとめて解決する、つまり、一回的解決を図ることができるため、事業者にとっても応訴負担の軽減につながり、③裁判所の資源の効率的な運用に資することになります。

Q3　二段階型の手続としたのはなぜですか。

A　現状の消費者被害においては、事業者が消費者に画一的な商品や役務を提供することを内容とする事業活動を反復継続的に行うことに伴い、共通の事実上及び法律上の原因に基づく同種の被害が多数の消費者に拡散的に発生するという特性があります。

そして、事業者が金銭の支払義務を負うべきこととなる共通の事実上及び法律上の原因の存在を消費者が明らかにすることに困難が伴う場合が多い反面、このような共通の原因により事業者が金銭の支払義務を負うことが確認されれば、個々の消費者ごとに判断すべき個別の事項は比較的判断が容易であり、かつ、消費者ごとに大きな差がないことが多いという特性もあります。

こうした特性を踏まえ、被害があっても回復をあきらめ、「泣き寝入り」をしてしまう状態が解消されるようにする観点から、①まず、一段階目の手続（共通義務確認訴訟）において、個々の消費者の利益を代弁できる適切な者に手続を追行させ、共通する原因により事業者が金銭の支払義務を負うか否かの判断を先行して確定させ、②事業者が共通義務（第２条第４号に規定する義務）を負うことが確定した場合には、消費者が、自己の請求権についての審理・判断を求めて二段階目の手続（対象債権の確定手続）に加入することができる二段階型の制度を設けることとしています。

Q4 共通義務確認訴訟において消費者からの授権を要しないとしたのはなぜですか。

A

1　政策目的の達成のための制度設計

本制度は、消費者を手続に加入しやすくするという観点から、まず、特定適格消費者団体に一段階目の手続（共通義務確認訴訟）を追行させ、共通する原因により事業者が金銭の支払義務を負うか否かの判断を先行して確定させ、事業者がその義務を負うことが確定した場合には、消費者が特定適格消費者団体に授権をすることにより、自己の請求権についての審理・判断を求めて二段階目の手続（対象債権の確定手続）に加入することとしています。

このような制度設計としたのは、消費者が訴訟の帰すうが不明な段階で授権をすることは、費用、解決にかかる時間及び訴訟に関与することによる種々の負担等から困難であるためです。一段階目の手続において、対象消費者からの授権を必要とすることは、こうした制度設計の趣旨と相容れません。

2　授権を要する制度の弊害

「相当多数」（第２条第４号）の消費者からの授権を要することとした場合、相当多数の消費者に被害が生じていることが明確であっても、相当多数の消費者について個々の住所・氏名が特定できなければ、特定適格消費者団体は、委任を受けるための働きかけができないこと、また、訴訟に関与することによる種々の負担等から、授権をする消費者が一定数現れない場合には、本来取り上げられるべき事案が取り上げられないことになり、適当でありません。

また、授権を要する制度とすると、特定適格消費者団体は授権をした消費者の意向に沿って、訴訟追行をしなければならなくなり、消費者全体の利益のために訴訟を追行する義務を特定適格消費者団体に負わせたことと相容れず、消費者全体の被害の回復を図りつつ紛争の一回的解決を図るという政策目的が達成できなくなるおそれがあります。

なお、特定適格消費者団体は、対象消費者が相当多数存在することを立証する必要があり、これが認められない場合は訴えが却下されるものと考えられます。これについては、個々の消費者から授権を受けなくても、行政機関等に寄せられた相談件数や各種の公表情報から、立証することが可能であると考えられます。

Q5　諸外国の状況はどのようなものですか。

A

1　共通の課題

消費者と事業者との間の情報の質及び量並びに交渉力の格差により、消費者が被害を回復することに困難を伴う場合があることに鑑み、消費者が、公正にアクセスし、簡便に利用できる効果的な紛争解決及び救済の仕組みを整備するということは、先進各国共通の課題です。

このため、平成19年に、OECD閣僚理事会は、多数の消費者のための紛争解決及び救済の仕組みをはじめ、消費者被害の救済を図るための多様な手段について国内枠組を創設するべき等の勧告を出しています。

また、EUでも、平成25年6月に、欧州委員会がEU加盟国（28か国）に対し、2年以内に、集団的救済制度をEU全体の共通の原則に準拠するように措置することを勧告しています。

2　諸外国の検討・実施状況

諸外国においても、集合的に多数の消費者の被害回復を図るための訴訟制度について検討され、又は、実施されています。

米国では、オプト・アウト方式（いわば離脱方式）でのいわゆるクラス・アクションが幅広い分野で認められているほか、カナダでは、二段階型のオプト・アウト方式、オーストラリアでは一段階型のオプト・アウト方式による訴訟制度が設けられています。

また、ブラジル、ギリシャでは二段階型のオプト・イン方式（いわば参加方式）による訴訟制度が設けられています。

さらに、欧州諸国においても、フランス、イギリス、ドイツ、スウェーデン、イタリアにおいて消費者団体を主体とする一段階型のオプト・イン方式が、デンマーク、ノルウェーにおいては一段階型でオプト・イン方式とオプト・アウト方式を併用する訴訟制度が設けられています。

なお、フランスでは、平成26年2月に集団的消費者被害回復訴訟制度であるグループ訴権（action de groupe）を消費法典に導入する法律が成立し、同年3月に公布されています。

[諸外国の集団訴訟制度の導入状況]

1960
1970
1990
2000

1966年　米国
クラス・アクション（オプト・アウト型）

1979年　カナダ ケベック州
クラス・アクション（オプト・アウト型、二段階型）

1990年　ブラジル
集団訴訟手続（オプト・イン型、二段階型）

1991年　オーストラリア
クラス・アクション（オプト・アウト型）

1992年　カナダ　オンタリオ州
クラス・アクション（オプト・アウト型、二段階型）

1992年　フランス
共同代理訴権（オプト・イン型）

2000年　イギリス
グループ・リティゲーション・オーダー（オプト・イン型）

2001年　ドイツ
集束的請求（オプト・イン型）

2003年　スウェーデン
クラス・アクション（オプト・イン型）

2003年　イギリス
集団訴訟手続（オプト・イン型）

2006年　フランス
グループ訴権法案（オプト・イン型、二段階型）

2007年　ＯＥＣＤ　消費者の紛争解決及び救済に関するOECD理事会勧告

2007年　ギリシャ　集団訴訟手続（オプト・イン型、二段階型）

2008年　ＥＵ　消費者の集団的被害救済に関するグリーンペーパー

2008年　デンマーク、ノルウェー
クラス・アクション（併用型）

2010年　イタリア
クラス・アクション（オプト・イン型）

2013年　フランス
グループ訴権法案（オプト・イン型、二段階型）

2013年　イギリス　集団訴訟手続改正法案（オプト・イン、オプトアウト併用）

2013年　ＥＵ　欧州委員会勧告

※　以上では制度の名称について、1人の被害者であっても被害者全員のために訴訟を提起できるものをクラス・アクションとしています。

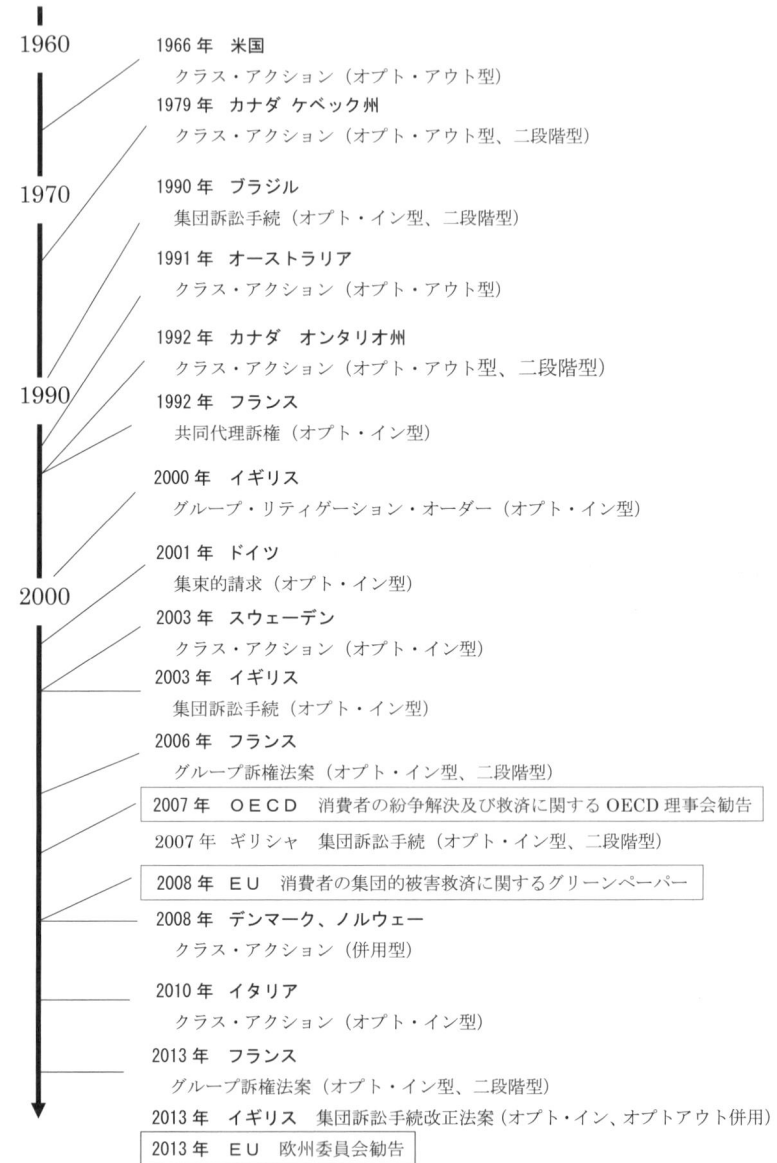

Q6　米国のクラス・アクションと本制度はどのような違いがありますか。

A　本制度は、各国の制度を踏まえた上で、我が国にふさわしい制度を設計しており、消費者のために訴訟をする原告を一定の者に限り（代表訴訟）、訴訟の対象事案、判決効の及ぶ範囲などに差異を設け、米国のクラス・アクションとは大きく性格が異なるものです。

具体的には、適切な訴訟が行われるよう次のような制度設計をしており、不適切な訴訟提起を招くようなことにはならないよう万全の措置を講じています。

① 米国の制度では、被害者であれば誰でも訴訟提起できるのに対し、原告になる者を内閣総理大臣が認定した特定適格消費者団体に限るとともに、行政監督の対象としています（第65条、第85条、第86条等）。

② 米国の制度では、対象事案が限定されていないのに対し、事業者がおおむね係争利益を把握し得るようにする観点などから、対象となる請求を基本的に消費者と事業者との間に契約関係がある場合の一定のものに限り（第3条第1項）、請求できる損害の範囲をいわゆる拡大損害、逸失利益、人身損害、慰謝料を除くなど一定のものに絞っています（第3条第2項）。

③ 米国の制度では、除外の申出をしない限り全ての対象者に判決の効力が及ぶ訴訟制度（オプト・アウト型（いわば離脱型））であるのに対し、あくまでも手続に加入した消費者のみの請求権について審理・判断する訴訟制度（オプト・イン型（いわば参加型））としています。

さらに、米国においては、訴訟結果の不確実性が増すとされる懲罰的損害賠償、民事訴訟における陪審制のほか、ディスカバリー（証拠開示）制度など、我が国にはない諸制度が併存しており、我が国とは背景事情が大きく異なります。

項目	米国のクラス・アクション	本制度
手続の枠組み	オプト・アウト型 （米国型：除外の申出をした者を除く全被害者）	オプト・イン型 （欧州型：届出によって手続に加入した対象消費者のみ）
原告	被害者であれば誰でもよい	特定適格消費者団体に限定 ・適格消費者団体の中から新たに認定 ・業務運営について行政監督（改善命令・認定の取消し） ・団体の受け取る報酬・費用の定めを規律（消費者の利益の擁護の見地から不当でないもの）
対象事案	限定されていない （製造物責任訴訟、証券関連訴訟など）	本制度にふさわしいものに限定 ・いわゆる拡大損害、逸失利益、人身損害、慰謝料を除外 ・消費者契約の相手方等に限定
司法制度	米国特有の民事訴訟制度 ・陪審制 ・懲罰的賠償（実際の損害の額を大きく超える場合も）など	日本の民事訴訟制度 ・裁判官による訴訟のみ ・賠償は実際に生じた損害の塡補のみ

Q7　過去の消費者事件のうち、どのような事案が本制度の対象になりますか。

A　本制度では、消費者と事業者との間で締結される契約（消費者契約）に関して事業者に対して一定の金銭の支払請求権が生ずる事案を対象としています（第3条第1項）。

これらの請求権について過去の消費者事件の例を挙げると次のようなものが考えられます。

① 消費者契約に関する契約上の債務の履行の請求

・ゴルフ会員権の預り金の返還請求に関する事案

② 消費者契約に関する不当利得に係る請求

・学納金返還請求に関する事案

・語学学校の受講契約を解約した際の清算に関する事案

・布団のモニター商法の事案

③ 消費者契約に関する契約上の債務の不履行による損害賠償、瑕疵担保責任に基づく損害賠償の請求

・マンションの耐震基準に関する事案

④ 消費者契約に関する不法行為に基づく民法の規定による損害賠償の請求

・未公開株取引の事案

・金地金の現物まがい商法の事案

このような請求であって、多数性・共通性・支配性（簡易確定手続において対象債権の存否及び内容を適切かつ迅速に判断することが困難であるとはいえないこと）など本制度における他の訴訟要件を満たす場合であれば、対象となり得ると考えられます。

Q8 本制度は悪質商法事案にも有効に機能するものとなっていますか。

A

1　悪質商法事案への対応

本制度は、「泣き寝入り」してしまいがちな消費者に代わって、特定適格消費者団体を手続追行主体とすることにより、いわゆる悪質商法事案にも十分対応できるものと考えています。

本制度では、事業者の悪質性の有無、程度は、対象事案となる要件としていませんが、不当利得に係る請求や不法行為に基づく損害賠償請求が対象となるため、多数性・共通性・支配性（簡易確定手続において対象債権の存否及び内容を適切かつ迅速に判断することが困難であるとはいえないこと）など本制度における他の訴訟要件を満たす場合であれば、例えば、モニター商法、商品販売を仮装したねずみ講、投資商法等の悪質商法事案について、本制度の活用により被害回復を図ることができると考えています。

2　特定適格消費者団体による手続追行

特定適格消費者団体が手続追行主体となることにより、消費者個人が被害回復を図ることに比べ、次のようなメリットがあります。

① 特定適格消費者団体は、消費生活相談員や弁護士などの消費者問題及び法律に関する専門家を擁して随時検討できる体制を整備しており、その団体が消費者に代わって手続を追行すること。

② 消費生活相談員等が接する被害情報を端緒とし、PIO-NET 情報(注)を利用することで早期に事案の全容を把握し、当該事案に即した、迅速な対応が図ることが期待できること。

③ 差止請求を併せて行うことで、被害の拡大防止を図ることができること。

3　仮差押え

さらに、本制度においては、特定適格消費者団体が、消費者からの授権を受けることなく、事業者の財産への仮差押命令の申立てをすることができるように、民事保全法の特例を規定しています（第56条第1項）。

これにより、事業者が財産を隠匿するような悪質商法事案に係る消費者被害の回復の実効性を高めることが期待できます。

（注）「PIO-NET（パイオ・ネット）情報」について

PIO－NET（全国消費生活情報ネットワーク・システム：Practical Living Information Online Network System）は、国民生活センターと全国の消費生活センターをオンラインネットワークで結び、全国の消費生活センターが受け付けた消費生活相談の中の「苦情相談（危害情報を含む。）」を収集・蓄積し、消費者への情報提供などに活用しているものです（昭和59年運用開始）。

Q9 本制度において不当な訴訟を抑止するためにどのような措置を講じていますか。

A

1　制度設計

本制度では、手続追行主体や対象事案について限定を加えるほか、不適切な訴訟提起を防止する措置を講じ、事業者の活動に不測の影響が生じることがないよう制度設計しています。

具体的には、事業者の経済活動を萎縮させるような不適切な訴訟提起を防止する措置として次のような措置を講じています。

① 手続追行主体を内閣総理大臣が認定した特定適格消費者団体に限定していることに加え、内閣総理大臣がその特定適格消費者団体を監督すること（第65条、第85条、第86条等）。

② 対象となる事案を「相当多数の消費者に生じた財産的被害」に関するものに限定すること（第2条第4号）。

③ 対象となる請求を基本的に消費者と事業者との間に契約関係がある場合の一定のものに限り（第3条第1項）、損害賠償請求については、いわゆる拡大損害、逸失利益、人身損害、慰謝料に関わるものを除くこと（同条第2項）。

④ 一段階目の判決の効力が他の団体にも及ぶこととし、紛争の蒸返しを防止すること（第9条）。

2　特定適格消費者団体に対する監督

その上で、仮に、訴えの提起の時点から訴えが却下され又は請求が棄却されることが明らかであった場合に、特定適格消費者団体が、そのことを知りながらあるいは容易に知り得たにもかかわらず、不当な目的で共通義務確認の訴えを提起するようなことがあれば、「不当な目的でみだりに」訴えを提起するものとして（第75条第2項）、認定の取消し等の行政措置を講ずることがあり得ます（第85条及び第86条）。

なお、当該措置を講ずる場合の基準については、特定適格消費者団体に対する認定・監督の指針（ガイドライン）において示すことを予定しています。

Q10 本制度の導入による日本経済への影響はどのようなものですか。

A　本制度の導入により、消費者の被害の回復が図られることになり、可処分所得の増加を通じて、個人消費が増加し、事業者の売上げ増加につながるというプラスの効果が期待できます。

また、違法な行為をした事業者にとっては、法律に違反して得た不当な利益を消費者に返還することとなるものの、違法な行為をしていない一般の事業者にまで影響が及ぶものではありません。すわなち、事業者の不法な行為が抑制され、消費市場の健全化につながることから、消費者が安心して消費できる環境が整うことになります。

Q11 「消費者」、「事業者」及び「消費者契約」(第2条第1号から第3号まで) とはどのようなものですか。

A

1 「消費者」(第2条第1号)

本法における「消費者」とは、「個人(事業を行う場合におけるものを除く。)」をいいます。

「事業」とは、一定の目的をもってされる同種の行為の反復継続的遂行をいい、営利目的をもってされるか否か、公益性があるかどうかを問いません。

「事業を行う場合」とは、自らの事業として又は事業のために行う場合のことをいいます。個人事業者であっても、事業を行うのではなく、日常生活のために活動する場合には、消費者に当たります。

2 「事業者」(第2条第2号)

本法における「事業者」とは、「法人その他の社団又は財団及び事業を行う場合における個人」をいいます。法人その他の社団又は財団は、常に事業者に当たることとなります。

「法人」には、国、地方公共団体、独立行政法人等の公法人が含まれます。なお、法人の経営者や従業員等は法人の業務に従事する者であり、事業者そのものではありません。

3 「消費者契約」(第2条第3号)

本法における「消費者契約」とは、「消費者と事業者との間で締結される契約」であって、労働契約を除くものをいいます。

労働契約は、資本主義社会における労使間の著しい経済的優劣関係とこれによる労働者の資本への隷属状態に着目して労働者保護法規の発展とともに確立された労働法分野の独自の概念であり、その特殊性に鑑み、消費者契約の定義から除外されています。

Q12 「相当多数」（第２条第４号）とは、どのくらいの人数をいうのですか。

A 本制度の趣旨から、個別の訴訟より本制度を活用した方が審理の効率化が図られる程度の多数であることが必要であるため、対象消費者が「相当多数」（第２条第４号）存在することを訴訟要件としています。

「相当多数」の消費者かどうかについては、一定の数を具体的に規定することはしておらず、訴えが提起された個別の事案に即して、消費者被害の特徴や審理の効率性の観点を踏まえ、本制度を用いて被害回復を図ることが相当かどうかを念頭に、裁判所において適切に判断されることになります。なお、一般的な事案では、数十人程度であれば、本制度の対象になると考えられます。

また、対象消費者が「相当多数」であることは訴訟要件であるから、口頭弁論終結時においても、満たしている必要があります。したがって、事業者の自主的な対応により被害回復が図られたことなどにより、口頭弁論終結時に対象消費者が「相当多数」存在するとは認められない場合には、訴えが却下されるものと考えられます。

なお、「相当多数」存在することの立証としては、必ずしも、個々の消費者を特定して人数を示すことが必要なわけではなく、行政機関等に寄せられた相談件数や各種の公表情報から立証することが可能である事案もあると考えられます。

Q13 「消費者に共通する事実上及び法律上の原因」（第２条第４号）とはどのようなものですか。

A

1 「消費者に共通する事実上及び法律上の原因」（第２条第４号）

「消費者に共通する事実上及び法律上の原因」とは、個々の消費者の事業者に対する請求を基礎付ける事実関係がその主要部分において共通であり、かつ、その基本的な法的根拠が共通であるということをいいます。

本制度では、個々の消費者に関する具体的な損害や因果関係については、個々の消費者ごとにその有無を判断すべきものであるため、対象債権の確定手続で審理されることになります。したがって、個々の消費者に関する具体的な因果関係や損害については、必ずしも共通している必要はないものと考えられます。

もっとも、共通する事実上及び法律上の原因に基づいている以上は、損害や因果関係の有無についても一定の共通性があることが多いと考えられます。

なお、個々の消費者ごとに損害や因果関係の有無の判断に相当程度の審理を要するような場合で、裁判所が、簡易確定手続において個々の消費者の対象債権の存否及び内容を適切かつ迅速に判断することが困難であると認めるときは、裁判所は、共通義務確認の訴えの全部又は一部を却下することができます（第３条第４項）。

2 具体的事案

⑴ 不当利得返還請求事案

例えば、学納金返還請求に関する事案（不当利得返還請求事案）では、「在学契約を締結して授業料等を納付した者が、入学年度が始まる前に入学を辞退し、当該在学契約を解除したこと」という点で請求を基礎付ける事実関係がその主要部分において共通であり、基本的な法的な根拠としても「在学契約の解除を理由として、不当利得返還請求権が生じたこと」という点で共通であると考えられます。

⑵ 不法行為に基づく損害賠償請求事案

例えば、商法自体が破綻必至にもかかわらず契約を締結させられた事案

（不法行為に基づく損害賠償請求事案）では、「被告事業者が、破綻必至の商法について、虚偽の事実を告げて勧誘し契約を締結させ、対象消費者に金銭を支払わせたこと」という点で請求を基礎付ける事実関係がその主要部分において共通であり、基本的な法的な根拠としても「上記事業者の行為が不法行為に当たり、不法行為に基づく損害賠償請求権が生じたこと」という点で共通であると考えられます。

(3) 債務不履行に基づく損害賠償請求事案

例えば、エステの施術を行う契約において、事業者の使用する薬剤が契約の内容となっている成分を含有していなかったため債務の本旨に従った履行がされなかった事案（債務不履行に基づく損害賠償請求事案）では、「被告事業者が、エステ施術の際に使用する薬剤が契約の内容となっている成分を含有していなかったこと」という点で、請求を基礎付ける事実関係がその主要部分において共通であり、基本的な法的な根拠としても「薬剤が契約の内容となっている成分を含有していなかったことにより債務の本旨に従った履行の提供がされず、債務不履行に基づく損害賠償請求権が生じたこと」という点で共通であると考えられます。

(4) 瑕疵担保責任に基づく損害賠償請求事案

例えば、マンションの耐震偽装事案では、「購入したマンション（一室）に、共通した工法に起因する耐震上の問題があること」という点で、請求を基礎付ける事実関係がその主要部分において共通であり、基本的な法的な根拠としても「耐震上の問題により当該マンションが通常有すべき性質を有しないために、瑕疵担保責任に基づく損害賠償請求権が生じたこと」という点で共通であると考えられます。

Q14 「個々の消費者の事情によりその金銭の支払請求に理由がない場合」（第２条第４号）とはどのようなものですか。

A 「個々の消費者の事情によりその金銭の支払請求に理由がない場合」とは、個々の消費者との関係で、請求原因事実が認められない場合や事業者側の抗弁が認められる場合をいいます。

具体的には、事業者が、売買目的物について真実と異なる事実を告げて勧誘したが、消費者は当該目的物について熟知していて誤認していない場合（請求原因事実が認められない場合）や、事業者による弁済、消滅時効の援用などがあった場合（事業者側の抗弁が認められる場合）がこれに当たるものと考えられます。

なお、個別の事情として、二段階目の手続で判断される性質のものであっても、共通義務確認訴訟の時点で、個別の事情が対象消費者に広範に生じていることから、対象債権の確定手続に加入し得る対象消費者の数が相当多数に満たないこととなれば、共通義務確認の訴えは多数性の要件を欠くこととなり、この場合は、訴訟要件を満たさないものとして、却下判決がされることが考えられます。

Q15 損害額の算定方法について確認を求めることはできますか。

A 本制度では、共通義務確認の訴えにおける判決で確認を求める事項として、共通義務（第２条第４号に規定する義務）という概念を設け、相当多数の消費者に対して事業者が負う金銭の支払義務について確認するものとしています。

個々の消費者の損害額の算定方法（例えば、問題となっている瑕疵についての修理費用の額の算定方法）は、共通義務そのものではないため、共通義務確認の訴えの審判対象となるものではありません。もっとも、共通義務の有無の判断の前提として、対象債権の金額に関係する一定の判断がされることがあり、それにより、消費者に返還されるべき金額も自ずと算定されることになる場合があり得ます。

例えば、学納金返還請求に関する事案において、共通義務たる不当利得返還義務の有無を判断するためには、授業料等の既払金額が消費者契約法第９条第１号にいう「平均的な損害の額」を超えるかどうかが問題となるため、共通義務の有無の判断の前提として、「平均的な損害の額」が判断されており、消費者に返還されるべき金額も自ずと算定されることになる場合があり得ます。

なお、共通義務確認訴訟で事業者が共通義務を負うことまで確認されていれば、事案にもよりますが、対象債権の確定手続において個々の消費者の損害額を算定することは比較的容易であり、消費者被害の迅速な回復を図る上で、特段の支障が生ずることはありません。

Q16 「対象債権」及び「対象消費者」（第２条第５号・第６号）とはどのようなものですか。

A

１　「対象債権」（第２条第５号）

本法における「対象債権」とは、共通義務確認の訴えの被告とされた事業者に対する金銭の支払請求権であって、共通義務（第２条第４号に規定する義務）に係るものをいいます（第２条第５号）。

共通義務確認の訴えの対象となる支払義務は、事業者が消費者に対して負う金銭の支払義務であって、消費者契約に関する第３条第１項各号に掲げる請求（契約上の債務の履行の請求、不当利得に係る請求、契約上の債務の不履行による損害賠償の請求、瑕疵担保責任に基づく損害賠償の請求、不法行為に基づく民法の規定による損害賠償の請求。なお、これらの請求に附帯する利息等の請求を含む。）に係るものであるところ、対象債権とは、これらの対象となる金銭の支払義務のうち、当該共通義務確認の訴えにおいて確認する金銭の支払義務に係る請求権を意味します。

例えば、学納金返還請求に関する事案では、「〔在学契約を解除したことを理由とする〕対象消費者が被告事業者に対して有する不当利得返還請求権」が対象債権であり、共通義務確認の訴えにおいては、特定適格消費者団体は、被告事業者が当該不当利得返還義務を負うべきことを確認することになると考えられます。

２　「対象消費者」（第２条第６号）

「対象消費者」とは、「対象債権を有する消費者」をいいます（第２条第６号）。

共通義務確認の訴えが、共通の一定の事実が存在する相当多数の消費者との関係で、個々の消費者の事情によりその金銭の支払請求に理由がない場合を除いて、事業者が金銭を支払う義務を負うべきことを確認するものであるため、事業者に対する事情について、相当多数の消費者と一定の事実を共通にする者である必要があります。

例えば、学納金返還請求に関する事案では、上記１のような対象債権を有する者、すなわち、「（平成○年○月○日から平成○年○月○日までの間に）被告事業者（大学）との間で平成25年度の在学契約を締結し、同契約に基づき授業料を支払った後に、平成25年3月31日までに同契約を解除した消費者」といった記載で特定することになるものと考えられます。

Q17　訴えられる請求金額に上限を設けなかったのはなぜですか。

A　本制度の対象を消費者と事業者との間で締結される契約（消費者契約）に関する一定の請求に限り、かつ、いわゆる拡大損害、人身損害、逸失利益など多額になりやすい損害を対象から除いていることから（第３条第１項、同条第２項）、一般的に少額なものになると考えられます。

ただし、

① 多様な消費者被害の実情に鑑みると、被害金額の上限を一律に設定することは困難であり、

② 悪質な事案には、取引額が大きいものもあり得、そのような消費者被害も対象とする必要性があり、

③ 仮に上限が設けられると、上限を超える部分は個別に別訴が提起されることとなってしまい、できる限り紛争の一回的解決を図るという本制度の趣旨に合わず、消費者・事業者双方にとって不都合です。そのため、本制度においては、請求金額に上限を設けていません。

もっとも、本制度においては、事業者がおおむね係争利益を把握し得るようにすることに配慮して、対象となる請求を限定しています（第３条第１項各号）。このうち、契約上の債務の履行を請求する場合には、当該債務を履行することに事業者も合意していたのであるから、予想外に請求金額が、膨れ上がるということはありません。また、損害賠償請求についても、いわゆる拡大損害、逸失利益、人身損害、慰謝料については請求できないこととしており（第３条第２項）、事業者に請求できるのは、契約の目的となる商品の買替費用等に限られることから、請求金額に上限を設けない場合でも、事業者がおおむね係争利益を把握することはできるものと考えられます。

Q18　リコールなど事業者が自主的な対応をしている場合にはどのような配慮がされていますか。

A　事業者の自主的な対応が消費者の被害が実際に填補されるようなものであり、十分な周知が行われている場合には、簡易確定手続において、事業者の協力も得つつ、団体が通知・公告を行ったとしても、事業者がリコールなど自主的な対応を真摯に行ったにもかかわらず名乗り出ない消費者が、団体に授権をすることはないと考えられます。

そのため、訴えを提起しても、被害回復につながらない上に、団体としても訴訟に要する費用を回収できないことになります。

団体は、検討部門（第65条第4項第4号）及び理事会（同項第3号）において、どのような事案について本法に定められた共通義務確認訴訟を提起するのかを検討し、決定することとなっており、限られた人的・物的資源を被害回復のため有効に活用しようとするはずですから、自主的な対応により被害回復が図られるような場合に、団体があえて提訴するということはないと考えられます。

仮に、訴えが提起されたとしても、口頭弁論終結時に対象消費者が「相当多数」存在することが認められない場合には、その訴えは却下されることになるものと考えられます。すなわち、特定適格消費者団体が訴えを提起した時点では、自主的な対応が進捗していなくても、事実審の口頭弁論終結時までに被害が填補されていない消費者が「相当多数」存在しなくなった場合には、訴えが却下されることとなると考えられます。

なお、自主的な対応により、訴えの提起の時点から訴えが却下されることが明らかであった場合に、特定適格消費者団体が、そのことを知りながらあるいは容易に知り得たにもかかわらず、不当な目的で共通義務確認の訴えを提起するようなことがあれば、「不当な目的でみだりに」（第75条第2項）訴えを提起するものとして、認定の取消し（第86条第1項）等の行政措置を講ずることがあり得ます。

Q19　対象となる請求（第３条第１項）を規定するに当たっての考え方はどのようなものですか。

A

1　基本的な考え方

本制度は、共通義務確認訴訟において、相当多数の消費者に共通する事実上及び法律上の原因に基づく金銭の支払義務を確認し、この判決の効力を対象債権の確定手続に加入した消費者にも及ぼそうとするものです。

このため、本制度の対象となる請求は、

① 簡易確定手続において対象債権の存否及び内容を適切かつ迅速に判断することが困難であるとはいえない請求（支配性のあるもの。Q27参照）

② 共通義務確認訴訟の審理において、被告事業者が、対象債権の確定手続で争われる消費者の被害額についておおよその見通しを把握できる請求（係争利益がおおむね把握可能であるもの。Q39参照）

である必要があります。

2　対象となる請求

そこで、これらを踏まえた上で、制度の対象となる請求がどのようなものかについて、消費者及び事業者の予測可能性を高め、制度の対象になるかどうかが争われることによる審理の複雑化や長期化を避けるため、対象となる請求を列挙することにして、消費者の財産的被害の回復のために主張されることの多い消費者契約に関する基本的な請求を列挙しています。

具体的には、消費者の事業者に対する消費者契約に関する以下の金銭の支払を目的とする請求を、本制度の対象としています（第３条第１項）。

① 契約上の債務の履行の請求

② 不当利得に係る請求

③ 契約上の債務の不履行による損害賠償の請求

④ 瑕疵担保責任に基づく損害賠償の請求

⑤ 不法行為に基づく民法の規定による損害賠償の請求

なお、「不法行為に基づく損害賠償の請求」については、およそ契約と関係なく成立することがあり得るものですが、本制度では「消費者契約に関する」ものである必要があります。ただし、必ずしも消費者契約の成立に至っている場合に限らず、契約締結上の過失を問題とするものや、ウェブサイト上でクリックしたことで契約が締結されたとして、事業者が真実は成立していない消費者契約の代金を徴収した場合なども含まれます。

3　損害の範囲、被告

なお、簡易確定手続における審理を迅速に行えるようにするとの観点や、事業者がおおむね係争利益を把握し得るようにするとの観点から、いわゆる拡大損害、逸失利益、人身損害、慰謝料についての損害賠償請求を除くものとしています（第3条第2項）。

さらに、消費者契約に関する請求に限定していることから、一般的には被告は契約の相手方となりますが、被害回復の実効性を確保する観点から、係争利益の把握可能性を害さない範囲で、契約の締結について勧誘をした事業者等を被告に加えています（第3条第3項）。

Q20 消費者契約に関する「不当利得に係る請求」（第３条第１項第２号）とはどのようなものですか。

A 「不当利得に係る請求」には、消費者契約の不成立又は無効を理由とする不当利得返還請求や、消費者契約の取消し、クーリングオフを理由とする不当利得返還請求、解除があったことを理由とする原状回復請求などが含まれます。

また、消費者契約が無効になる理由や取消し、解除の理由は、民法によるものであるか、消費者契約法、特定商取引に関する法律等の民法以外の法律によるものであるかは問いません。

Q21 消費者契約に関する「不法行為に基づく損害賠償の請求」について、民法の規定によるものに限っている（第3条第1項第5号）のはなぜですか。

A 金融商品取引法、金融商品販売法、保険業法、独占禁止法などの法律においては、不法行為について、過失の立証責任の転換や損害額の推定規定等の特則を置いている場合や使用者責任の特則を定めあるいは確認的に規定している場合があります。

これらの規定は権利行使を容易にするためのものですが、このような損害賠償請求を本制度の対象とすることにより、当事者間の利益バランスを崩すことにならないか慎重に検討する必要があります。

そこで、消費者被害の回復という制度目的の達成に必要かつ十分な範囲で、制度の対象を画することが必要であり、不法行為に基づく損害賠償の請求について、民法上のものに限っています（第3条第1項第5号）。

なお、これらの特別法の規定に基づく損害賠償の請求については、本制度の対象となりませんが、これらの規定が問題としている事案について、民法の不法行為、使用者責任の規定に基づき損害賠償請求をなし得る場合には、当該請求について本制度の対象となります。

Q22　いわゆる拡大損害、人身損害、逸失利益、慰謝料については本制度を利用して請求することができないとしている（第3条第2項）のはなぜですか。

A

1　基本的な考え方

本制度ではその特質に鑑み、本制度の対象となる請求は、

①　簡易確定手続において対象債権の存否及び内容を適切かつ迅速に判断することが困難であるとはいえない請求（支配性のあるもの。Q27参照）

②　共通義務確認訴訟の審理において、被告事業者が、対象債権の確定手続で争われる消費者の被害額についておおよその見通しを把握でき、十分な攻撃防御ができる請求（係争利益がおおむね把握可能であるもの。Q39参照）

である必要があります。

2　各損害

いわゆる拡大損害や人身損害については、債務不履行、瑕疵、不法行為により生じた人体への被害の度合いや周囲の人・物への被害の波及は、因果関係や損害の認定において個別性が高く、類型的に支配性の要件を欠くものです。

逸失利益についても、債務不履行、瑕疵、不法行為の内容、程度と無関係に、個々の消費者のする契約の目的物の処分行為や利用方法、市況の状況の変化など外部的な事情により、逸失利益の存否及び額が個々まちまちになることが多いと考えられ、類型的に支配性の要件を欠くものです。

また、慰謝料についても、主に生命、身体、自由、名誉の侵害の場合に認められるものであり、逸失利益との間に相互補完性がある場合もあり、損害が契約の目的となるもの以外に生じている点で、いわゆる拡大損害と同質のものです。

そこで、これらの損害については、支配性の要件や係争利益をおおむね把握できるかという観点から、本制度の対象としていません（第3条第2項）。なお、消費者は、対象から除外された損害に係る賠償請求について自ら別訴を提起することは可能です。

Q23 法人である事業者の代表者などの個人を被告とすることができないのはなぜですか。

A 本制度は、消費者と事業者との情報の質及び量並びに交渉力の格差等により、消費者が被害回復のための行動を取りにくいことに着目して、新たな裁判手続を創設するものであること、相当多数の消費者の請求を一括して判断するものであるため被告となる者の応訴の負担が加重される側面があることから、本制度の被告となり得る者は事業者に限っています。

法人である事業者の代表者や従業員等は法人の業務に従事しているのであり、自らの事業を行っているのではないから、事業者には当たりません。そのため、法人である事業者の代表者などの個人を被告とすることはできません。

なお、法人格が形骸に過ぎない場合や法人格が濫用されている場合には、代表者などの個人が事業者とみなされることはあり得ます。

Q24 不法行為に基づく損害賠償の請求について、契約当事者ではない勧誘をする事業者等も被告とすることができるとしている（第3条第3項第2号）のはなぜですか。

A

1 基本的な考え方

本制度は、消費者と事業者との情報の質及び量並びに交渉力の格差等により、消費者が被害回復のための行動を取りにくいことに着目して、個々の消費者にとって簡易・迅速に請求を主張できるように、消費者のための新たな訴訟制度を創設することにより、集団的な消費者被害の回復を図るものです。

このため、消費者と事業者との間でトラブルとなる事案を対象とするべく、消費者と事業者が直接契約関係にある場合を基本としつつ、それに類する場合として、当該契約に一定の関与をした事業者についても、必要な範囲において対象としています。

ただし、共通義務確認訴訟の審理において、被告事業者が、対象債権の確定手続で争われる消費者の被害額についておおよその見通しを把握でき、十分な攻撃防御ができる事案である必要があります。例えば、勧誘をした事業者のように、消費者と直接交渉や対応をしていれば、どの消費者がどの程度の被害を受けたかを把握できます。

2 被告の範囲

そこで、具体的には、次のような事業者に限定して被告とすることができるとしています。

① 「消費者契約の相手方である事業者」（第3条第3項第1号）とは、外形上存在する消費者契約の相手方であれば足り、私法上契約が成立しているか、有効であるかは問いません。また、契約が解除され又は約定の期間が経過したため終了した場合の相手方事業者や契約締結過程にある相手方事業者は、「消費者契約の相手方である事業者」に含まれます。

② 「履行をする事業者」（第3条第3項第2号）として、例えば、請負契約における下請事業者などが考えられます。

③ 「勧誘をする事業者」（第3条第3項第2号）として、例えば、保険の

代理店、不動産仲介業者などが考えられます。

④「勧誘をさせる事業者」(第３条第３項第２号）として、例えば、いわゆるマルチ商法において自らが消費者に勧誘をしているとはいえないが当該商法を実質的に統括する事業者などが考えられます。

⑤「勧誘を助長する事業者」(第３条第３項第２号）として、例えば、未公開株式の販売事案において、客観的には財産的価値の乏しい自社の株が事情を知らない不特定多数の消費者に高額で販売されることを知りながら、販売業者に株式を譲渡した事業者などが考えられます。

Q25　広告宣伝活動を行った事業者は勧誘をする事業者（第３条第３項第２号）に当たりますか。

A　「勧誘」とは、消費者の契約締結の意思の形成に影響を与える程度の勧め方をいいます。特定の者に向けたものは「勧誘」に含まれますが、不特定多数向けのもの等客観的にみて特定の消費者に働きかけ、個別の契約締結の意思の形成に直接に影響を与えているとは考えられないものは、「勧誘」に含まれません。

そのため、単に広告宣伝をしただけの事業者は、本制度における「勧誘をする事業者」（第３条第３項第２号）には当たらないと考えられます。

もっとも、契約当事者は被告となるので、契約当事者自身が広告宣伝活動を行った場合において、それが詐欺に当たるとして契約を取り消されるときの不当利得返還請求や不法行為の損害賠償請求については、被告となり得ます。

Q26 「勧誘を助長する事業者」（第３条第３項第２号）とはどのようなものですか。

A　「勧誘を助長する」（第３条第３項第２号）とは、消費者契約を締結するについての勧誘を容易ならしめる行為をいいます。

例えば、問題になる勧誘のために必要な物品を提供し、当該勧誘の手法を教示することなどは勧誘の「助長」に当たると考えられますが、当該勧誘とは関係なく、一般的に事業に必要な資金の貸付け、事務所の賃貸又は商品の供給をすることやテレビコマーシャルなどで一般消費者に対して商品の宣伝をすることなどは、勧誘の「助長」に当たらないものと考えられます。

もっとも、「勧誘を助長する事業者」は不法行為に基づく損害賠償の請求の相手方であるから、勧誘を容易ならしめる行為はそれについて不法行為責任が生じるようなものである必要があります。

Q27 「簡易確定手続において対象債権の存否及び内容を適切かつ迅速に判断することが困難であると認めるとき」（第3条第4項）とはどのようなものですか。

A

1　基本的な考え方

本制度は、共通義務確認訴訟において、相当多数の消費者に共通する事実上及び法律上の原因に基づく金銭の支払義務を確認し、この判決の効力を対象債権の確定手続に加入した消費者にも及ぼし、消費者が手続に加入しやすくすることによってできる限り手続をまとめて追行し、簡易迅速に消費者の請求権の存否及び内容を確定し、消費者の請求権の実効性を確保しようとするものです。

このため、簡易確定手続において判断すべき個別の事情について、審理を適切かつ迅速に進めることが困難となるような場合には、本制度によって適切な判断や速やかな被害回復を図ることが難しいものです。また、消費者は手続追行の負担から対象債権の確定手続への加入をためらいかねません。

そこで、「簡易確定手続において対象債権の存否及び内容を適切かつ迅速に判断することが困難であると認められるとき」（第３条第４項）に、訴えの全部又は一部を却下することができることを定めたものです。

2　具体例

すなわち、個々の消費者の損害や損失、因果関係の有無等を判断するのに、個々の消費者ごとに相当程度の審理を要する場合が、これに当たると考えられます。例えば、

① ある商品の不具合が瑕疵に当たり、事業者が瑕疵担保責任に基づく損害賠償義務を負うことを確認したとしても、個々の消費者の購入した商品に当該不具合があるかどうかの認定判断が困難な場合

② 過払金返還請求において、みなし弁済が成立せず、事業者が不当利得返還義務を負うことを確認したとしても、個々の消費者ごとの貸し借りの内容(注１)やどの範囲の取引を一体のものとみて充当計算するか(注２)について認定判断が困難な場合

③ 損害保険金不払いの事案で、保険事故が生じているかどうかの認定判

断が困難な場合

④　勧誘方法が詐欺的なものであり、事業者が不法行為に基づく損害賠償義務を負うことを確認したとしても、その違法性の程度がそれほど重大なものでないため、過失相殺が問題になる場合であって個々の消費者ごとの過失相殺についての認定判断が困難な場合(注３)

などが考えられます。

(注１)　貸し借りの具体的な内容（いつ、いくらの金額を借り入れ、又は返済したか）が分からなければ、過払金額を算定することができません。

(注２)　どの範囲の取引が一体のものとみられるかにより、過払金の額が異なるほか、過払金返還請求権（不当利得返還請求権）の消滅時効の起算点が異なることになります。

(注３)　契約締結に至る経緯や被害者の属性などの個別事情により判断が左右されることがあり得ます。

Q28 「共通義務確認の訴えの全部又は一部を却下することができる。」（第３条第４項）とありますが、却下するか否かについて裁判所に裁量がありますか。

A　本制度では、簡易確定手続において対象債権の存否及び内容を適切かつ迅速に判断することができるようにするとの観点から、共通義務確認の訴えの対象を、請求及び損害の面から定型的に規定するとともに（第３条第１項、同条第２項）、それ以外の場合においても、個別具体的な事案の特徴から、対象債権の存否及び内容を適切かつ迅速に判断することが困難であると認めるときは、裁判所が訴えを却下することができる旨規定しています（第３条第４項）。

これは、第３条第４項の要件に該当するときは、裁判所は訴えを却下するという趣旨の規定であり、裁判所に裁量があるものではありません（注）。

（注）「却下することができる。」としているから直ちに裁量があるというものではなく、規定の趣旨により定まるものです。

Q29 共通義務確認の訴えは特定適格消費者団体のみが訴えられるとしているのはなぜですか。

A 本制度は、同種の被害が拡散的に多発するという消費者被害の特性に鑑み、消費者被害の集団的な回復を図るための二段階型の訴訟制度を設けるものです。そのため、本制度における手続追行主体は、一段階目の手続（共通義務確認訴訟）において、相当多数の消費者と事業者との間に存在する共通義務（第2条第4号に規定する義務）を審判対象（訴訟物）として確認する訴えを提起し、二段階目の手続（対象債権の確定手続）において、対象消費者から授権を受けて、個別の債権に関する主張・立証を行い、最終的には個別の消費者に金銭を分配する等の業務を担う者となります。そのため、この手続追行主体は、消費者の被害回復を図るための役割を、責任をもって果たすことが制度的に担保されている者とする必要があります。

具体的には、①消費者被害に関する知識経験を有するとともに、消費者被害に対して、消費者の利益を擁護する立場、事業者から独立した立場で活動ができ、実際にそのような活動を行うことを目的としつつその活動実績を有していること、②組織体制等が整備されていて、本制度に基づく手続を安定的かつ継続的に実施することができること、③本制度の信頼性を失墜させないよう適切な業務執行ができることが必要です。

これらの点に鑑みると、消費者契約法第13条第1項の規定に基づき内閣総理大臣の認定を受けた適格消費者団体が本制度の手続追行主体として相当と考えられます。

ただし、本制度では、適格消費者団体は、二段階目の手続において個別の消費者から授権を受け手続を追行するなどの新たな業務を担うこととなることから、新たに認定のための要件を設け、その要件に基づき改めて認定された適格消費者団体を「特定適格消費者団体」として、本制度の手続追行主体としています。

なお、新たな業務としては、例えば、個別の消費者から授権を受けることや授権をした者の意思確認や、金銭の授受に関する事項（個別の消費者への金銭の分配、消費者から報酬及び費用の支払を受けること等）などがあります。

そして、特定適格消費者団体の認定のための要件は、主に新たな業務である被害回復に関係する業務を適正に遂行するためのものであり、制度の実効性・適正性を確保するために必要なものです。

Q30 共通義務確認の訴えを財産権上の請求でない請求に係る訴えとみなした（第4条）のはなぜですか。

A 第4条は、「共通義務確認の訴えは、訴訟の目的の価額の算定については、財産権上の請求でない請求に係る訴えとみなす。」としています。

これは、訴訟の目的の価額は、訴訟における請求が全て認容された場合に原告に生じる経済的利益であるところ、共通義務確認の訴えは、事業者が対象消費者に対して金銭支払義務を負うべきことを確認するものに過ぎないため、原告である特定適格消費者団体に経済的利益が生じるものではないこと、また、届出消費者に何らかの経済的利益があると考えるとしても、共通義務確認の訴えの提起時において、それを具体的に算定することは著しく困難であると考えられることから、訴訟の目的の価額に関する解釈上の疑義が生ずる余地のないよう、共通義務確認の訴えに係る訴訟の目的の価額の算定については、財産権上の請求でない請求に係る訴えとみなすこととしています。

なお、訴訟の目的の価額が財産上の請求でない請求に係る訴えとみなされる結果、訴訟の目的の価額が160万円とみなされ（民事訴訟費用等に関する法律第4条第2項)、訴え提起手数料は、1万3,000円となります。

Q31 「対象債権及び対象消費者の範囲」（第５条）は、どの程度特定されている必要がありますか。

A 対象債権及び対象消費者の範囲は、共通義務確認の訴えの訴状及び判決書に記載されるほか、対象債権の確定手続においては、簡易確定手続開始決定の決定書（第20条）、簡易確定手続開始の官報公告（第22条第１項第２号）、申立団体による通知・公告において記載されます。

これらの記載は、消費者にとって、自らが対象消費者となり得るかを知るために不可欠な情報であり、また事業者にとっても、どの程度の金銭支払義務を負うことになるかを把握して防御の指針を立てるために不可欠な情報です。

そのため、対象債権及び対象消費者の範囲は、ある者が対象消費者に該当するかどうかの判断が可能となる程度に客観的に特定されることが必要です。

例えば、学納金返還請求に関する事案では、対象消費者の範囲として、「（平成○年○月○日から平成○年○月○日までの間に）被告事業者（大学）との間で平成25年度の在学契約を締結し、同契約に基づき授業料を支払った後に、平成25年３月31日までに同契約を解除した消費者」といった程度の記載、モニター商法の事案では、「（平成○年○月○日から平成○年○月○日までの間に）被告事業者との間で、本件モニター契約（具体的な契約内容等によって特定することを要する。）を締結し、当該契約に基づき代金を支払った消費者」といった程度の記載によって特定されることになると考えられます。

これに対して、例えば、「ある商品の元本欠損のリスクについて十分な説明を受けずに契約を締結した者」といった記載は、十分な説明を受けなかったかどうかは評価を伴うものであり、これによっては対象消費者が客観的に特定されているとはいえないと考えられます。

なお、対象債権を相続等により承継した者も対象消費者になり得ることから、対象消費者の範囲の設定には配慮するのが望ましいと考えられます。

Q32 商品の品質に問題があるとしても、実際に不具合が生じている消費者と生じていない消費者がいる場合に、対象消費者の範囲の設定はどのようにすべきですか。

A

1　対象消費者の範囲の設定

共通義務確認訴訟は、対象消費者について、個別事情がない限り金銭支払義務を負うべきことを確認するものであり、実際に瑕疵ある商品を購入していない消費者は損害賠償請求をなし得ないのであるから、実際に瑕疵ある商品を購入した消費者が対象消費者となるように、対象消費者の範囲を設定する必要があります。

例えば、対象消費者の範囲を「製造番号500番から1,000番までの商品を購入した消費者」と設定し、それらの商品の一部に瑕疵（特定の品質の問題）がある商品が存在すると主張して訴えを提起する場合は、必ずしも設定された範囲内の消費者の間で金銭の支払義務を発生させるための事実上及び法律上の原因が共通しているとはいえず、共通性を欠くものとして、訴えが却下されるものと考えられます(注)。

他方で、対象消費者の範囲を「ある商品を購入した者のうち部品に瑕疵（特定の品質の問題）がある商品を購入した消費者」と設定した場合は、個々の消費者の購入した商品に瑕疵（特定の品質の問題）があるかが対象債権の確定手続で争われることになりますが、その点が、簡易確定手続での主要な争点となることが想定され、その認定・判断が困難であると認められるときは、支配性の要件（簡易確定手続において対象債権の存否及び内容を適切かつ迅速に判断することが困難であるとはいえないこと。第3条第4項）を欠くものとして共通義務確認の訴えが却下されることとなります。

2　不具合の有無と瑕疵

商品の品質に問題があることが瑕疵に当たるか否かは、民法等の実体法の解釈の問題であり、本制度の問題ではありません。

なお、電子部品に統計的に数万個に1個の確率で不良品がやむを得ず発生するものの、そのうちのいずれかが不良品であるかは故障するまでは分からないという場合には、実際に不良品である商品のみに瑕疵があるのであり、不良品であるかもしれないということをもって、不具合があるか否かを問わず、全ての商品に瑕疵があるということにはならないと考えられます。

もっとも、一般に実際に不具合が生じなければ瑕疵があることにならないわけではなく、その品質の問題が重大であり、不具合が現に生じていなくても、社会通念上修理・交換することが必要不可欠と考えられるようなものは、品質の問題が瑕疵となることがあり得ると考えられます。

（注）　事実上及び法律上の原因が共通している（共通して商品の品質に問題がある）としても、契約で要求されている品質が異なる場合には、契約ごとに区分せず商品を購入した消費者を対象消費者とすると、事業者に共通義務（第２条第４号に規定する義務）があると認めることができず棄却されることもあると考えられます。

また、共通性を欠く場合や共通義務があると認められないような場合でも、対象消費者の範囲を、多数性や支配性といったその他の訴訟要件を満たすように適切に限定できる場合であれば、その対象消費者の範囲との関係では、共通性が認められ、共通義務があると認められることはあるので、特定適格消費者団体が対象消費者の範囲を変更することや裁判所が一部認容をすることなども考えられます。

Q33　共通義務確認の訴えの管轄はどのようなものですか。

A

1　共通義務確認の訴えの管轄

当事者（特定適格消費者団体及び事業者）双方の負担に配慮しつつ審理の適正を確保する観点から、①被告の普通裁判籍（主たる事務所等）の所在地のほか、②被告の事務所又は営業所の所在地、③対象債権が不法行為に基づく損害賠償請求権以外の場合は義務履行地、④対象債権が不法行為に基づく損害賠償請求権である場合は不法行為地を管轄する地方裁判所に提起することができることとしています（第6条第1項、同条第2項）。

2　大規模事件に係る共通義務確認の訴え

また、大規模事件に係る共通義務確認の訴えについては、事件に適正かつ迅速に対処できるための規模を有する裁判所で取り扱うことができるようにするため、①対象消費者が500人以上であると見込まれるときは、前述の管轄裁判所の所在地を管轄する高等裁判所の所在地を管轄する地方裁判所（第6条第3項）、②対象消費者が1,000人以上であると見込まれるときは、東京地方裁判所又は大阪地方裁判所にも、訴えを提起することができることとしています（第6条第4項）。

Q34　共通義務確認の訴えの国際裁判管轄はどのようなものですか。

A　海外に所在する事業者も本法の「事業者」（第２条第２号）に当たるので、消費者契約の相手方である事業者、不法行為に基づく損害賠償の請求については相手方である事業者若しくは債務を履行する事業者又は消費者契約の締結について勧誘をし、勧誘をさせ、若しくは勧誘を助長する事業者（第３条第３項）については、被告とすることができます。

もっとも、共通義務確認の訴えを提起するには、我が国の裁判所に管轄権が認められる必要があります。

共通義務確認の訴えの国際裁判管轄は、民事訴訟法の規定に従います。具体的には、日本国内で事業を行っているとき（民事訴訟法第３条の３第５号）には、その事業者を被告とする共通義務確認の訴えの国際裁判管轄を日本の裁判所が有するものと考えられます。

なお、民事訴訟法第３条の４第１項は、共通義務確認の訴えには適用されないものと考えられます。同条項は、消費者契約に関する消費者からの事業者に対する訴えは、訴えの提起時又は消費者契約の締結時における消費者の住所が日本国内にあるときは、日本の裁判所に提起することができる旨定めるものですが、これは、消費者と事業者との間には、情報の質及び量並びに経済力及び交渉力の格差があると考えられており、とりわけ、国際的な事案においては、法令や言語の異なる外国の裁判所において消費者が訴えを提起し又はその裁判所で応訴することは困難であること等から、消費者の裁判所へのアクセスへの保障に配慮する必要性が高いために設けられた規定と考えられます。これに対し、共通義務確認の訴えに係る訴訟は、特定適格消費者団体と事業者との間の訴訟であり、特定適格消費者団体は民事訴訟法第３条の４第１項の「消費者」ではなく、被害を回復するために必要な情報収集及び交渉、訴訟追行等をするのに適当な能力を有すると考えられる者であるから、消費者と事業者との間における消費者契約に関する訴えについての国際裁判管轄の規定の適用はないと考えられます。

Q35 請求の内容及び相手方が同一である共通義務確認の訴えについて、複数の特定適格消費者団体によってそれぞれ異なる裁判所に提起された場合の取扱いはどのようなものですか。

A 本制度においては、係属中の共通義務確認の訴えが存するときに、それと請求の内容及び相手方が同一である共通義務確認の訴えが、他の特定適格消費者団体によって異なる裁判所に提起される場合があり得るところ、その場合は、重複審理の回避及び被告の応訴負担への配慮の観点から、先に訴え提起があった裁判所に管轄が専属することとしています（第6条第5項本文）。

したがって、請求の内容及び相手方が同一である共通義務確認の訴えが異なる裁判所に提起された場合は、管轄違いを理由として先に訴え提起があった裁判所に移送され、弁論及び裁判は併合して行われることになります（第7条第1項）。この場合、各特定適格消費者団体は、共同原告として訴訟追行をすることとなるものと考えられます。

また、先に訴え提起があった裁判所は、著しい損害又は遅滞を避けるため必要があると認めるときは、当該訴訟を他の管轄裁判所に移送することができることとしています（第6条第5項ただし書）。

なお、請求の内容及び相手方が同一である共通義務確認訴訟が数個同時に係属している場合であっても、裁判所は、かかる事実を必ずしも把握することができるとは限りません。他方、被告事業者は自らにかかる事項として、また、特定適格消費者団体は団体相互の通知義務によって、同時係属の事実や当該訴訟における請求の内容等を知り得る立場にあるといえます。そこで、本法では、請求の内容及び相手方が同一である共通義務確認訴訟が数個同時に係属している場合には、当事者はその旨を裁判所に申し出なければならないこととしています（第7条第2項）。

Q36 事実上及び法律上同種の原因に基づく請求を目的とする共通義務確認の訴えについて、それぞれ異なる裁判所に提起された場合の取扱いはどのようなものですか。

A 事実上及び法律上の争点が重複する同種の共通義務確認訴訟が他の裁判所に係属している場合、重複した審理を避け訴訟経済を図ることや、被告の応訴負担への配慮という点から、審理を共通にすることによる利点があります。

他方で、事実上及び法律上の争点が重複するが同一ではない場合には、これらの争点について異なる主張がされるなど、共通しない事項が主たる争点となることも考えられ、別個の手続で行うことが適当な場合もあり得ます。

そこで、本制度では、同種の共通義務確認訴訟が他の裁判所に係属している場合には、当事者の住所又は所在地、尋問を受けるべき証人の住所、争点又は証拠の共通性その他の事情を考慮して、裁判所が相当と認めるときは、移送することができることとしています（第６条第６項）。

Q37　消費者が特定適格消費者団体を補助するため、補助参加をすることができないのはなぜですか。

A　本制度は、共通義務確認の訴えにおいては、多数の消費者の利益を代表して訴訟行為をすることが期待される者として、特別に特定適格消費者団体に当事者適格を与え、もって紛争の一回的解決を図りつつ、消費者の被害の回復を実効的に行おうとするものです。

当事者適格を認められない消費者に補助参加という形で訴訟追行への参加を認めることは、かえって争点の拡散や期日指定の困難、送達手続の煩雑化などの問題が生じるおそれがあり、特定適格消費者団体をもって、多数の消費者を代表して訴訟追行をさせることにより手続を効率化させることで負担の軽減を図るという制度の目的にも反することになりかねません。

このように、消費者に特定適格消費者団体を補助するため補助参加を認めることは、特定適格消費者団体に訴訟を追行させることとした法の趣旨に必ずしも沿わないため、認めないこととしています（第8条）。

なお、共通義務確認の訴えは、消費者には当事者適格が認められないため、当事者として参加することもできません。

他方、他の事業者が被告事業者に補助参加することは可能であり、例えば、小売店がその販売した製品について瑕疵があるとして共通義務確認の訴えを提起された場合に、メーカーが小売店に対して補助参加することは可能です。

Q38　共通義務確認訴訟の確定判決の効力はどのようなものですか。

A　本制度では、共通義務確認訴訟の確定判決の効力について、団体の勝訴・敗訴を問わず生ずることを前提とした上で、その効力が及ぶ者の範囲について、民事訴訟法において確定判決の効力が及ぶとされる者（具体的には、当事者、その口頭弁論終結後の承継人など。民事訴訟法第115条第1項）のほか、当事者以外の特定適格消費者団体及び対象消費者の範囲に属する届出消費者にも及びます（第9条）。

これは、特定適格消費者団体が敗訴した場合には、対象債権の確定手続が開始されないために、対象消費者に共通義務確認訴訟の判決の効力が及ぶこともないということですので、例えば、会社法において、「会社の組織に関する訴えに係る請求を認容する確定判決は、第三者に対してもその効力を有する。」（会社法第838条。いわゆる「対世効」）とされるものとは異なるものです。

なお、共通義務確認訴訟の確定判決の効力は、当該訴訟で当事者ではなかった他の特定適格消費者団体にも及びますが、簡易確定手続開始の申立てをする特定適格消費者団体は、共通義務確認訴訟における請求を認容する判決が確定した時又は請求の認諾（第2条第4号に規定する義務が存することを認める旨の和解を含む。）によって共通義務確認訴訟が終了した時に当事者であった特定適格消費者団体に限られます（第12条）。判決の効力が及ぶからといって、当事者でなかった特定適格消費者団体が簡易確定手続を追行することができるわけではありません。

Q39 共通義務確認訴訟の確定判決の効力を届出消費者や当事者以外の特定適格消費者団体にも及ぼすのはなぜですか。

A 共通義務確認訴訟の確定判決の効力は、民事訴訟法において確定判決の効力が及ぶとされる者（具体的には、当事者、その口頭弁論終結後の承継人など。民事訴訟法第115条第1項）のほか、当事者以外の特定適格消費者団体及び対象消費者の範囲に属する届出消費者にも及びます（第9条）。

当事者以外の特定適格消費者団体にも及ぶとするのは、共通義務確認の訴えは、制度の実効性確保の点から、各特定適格消費者団体がそれぞれ単独で訴えを提起することができるとしつつ、請求の内容及び相手方が同一である共通義務確認の訴えについては、判決内容が団体ごとに異なったり矛盾したりしないよう合一に確定させる必要があるためです。

対象消費者の範囲に属する届出消費者にも及ぶとするのは、本制度が、対象消費者が、二段階目の手続である対象債権の確定手続において、共通義務確認の訴えの結果を活用することができる制度を創設することによって、消費者被害の実効的回復及び紛争の一回的解決を図ろうとするものであることという本制度の本質から導かれるものです。

このような考え方は、被告事業者が、共通義務確認の訴えの審理において、二段階目の手続で行使されることが想定される債権の内容及びその総額（係争利益）についておおよその見通しを把握でき、十分な攻撃防御を尽くすことができるような制度設計とすることにより許容されるものです。

具体的には、共通義務確認の訴えを提起するに際し、対象債権及び対象消費者の範囲を特定していること、対象となる請求を消費者契約に関するものに限定していること、損害賠償請求の場合の損害の範囲についても、いわゆる拡大損害や逸失利益、人身損害や慰謝料を除外していること、さらに、共通義務確認の訴えにおいて確認を求める事項が対象消費者の有する債権の存否の判断をするに当たって十分なもの（支配性の要件を充足するもの）とすることなどによって、被告事業者が、共通義務確認訴訟において、十分な攻撃防御を尽くすことができるようにしています。

Q40 共通義務確認訴訟の請求棄却判決が確定した場合にはどのような効力がありますか。

A 共通義務確認訴訟の確定判決の効力は、民事訴訟法において確定判決の効力が及ぶとされる者（具体的には、当事者、その口頭弁論終結後の承継人など。民事訴訟法第115条第1項）のほか、当事者以外の特定適格消費者団体及び対象消費者の範囲に属する届出消費者にも及びます（第9条）。

もっとも、簡易確定手続は、共通義務確認訴訟の請求を認容する確定判決若しくは請求認諾又は共通義務（第2条第4号に規定する義務）が存することを認める旨の和解によって訴訟が終了している場合に、申立てによって開始し得るものです。そのため、共通義務確認の訴えの請求が全部棄却された場合は、簡易確定手続は開始されず、簡易確定手続に加入する対象消費者は観念されません。その結果、共通義務確認訴訟における請求を全部棄却する旨の確定判決の効力は、当事者及び他の特定適格消費者団体にのみ及ぶこととなります。

なお、一部認容判決に基づいて簡易確定手続が開始された場合には、届出消費者には、棄却部分についても確定判決の効力が及びます。

Q41 共通義務確認訴訟の判決に対しては上訴をすることができますか。

A 共通義務確認訴訟に係る上訴に関する規律は民事訴訟法によるところ、共通義務確認訴訟の判決は終局判決であり、不服の利益を有する当事者は終局判決に対して上訴することができます（民事訴訟法第281条第1項、同法第311条）。

なお、共通義務確認訴訟に係る上訴が係属している間は、対象債権の確定手続は開始しません（第12条）。これは、対象債権の確定手続における審理及び判断は共通義務確認訴訟の結果によって変わり得るので、その結果が確定しないまま対象債権の確定手続が開始されるとすると、その後に共通義務（第2条第4号に規定する義務）に関する判断が覆った場合に、それまでの対象債権の確定手続における審理が無意味なものとなったり手続が混乱したりするためです。

Q42　共通義務確認訴訟ですることができる訴訟上の和解及びできない訴訟上の和解はどのようなものですか。

A

1　共通義務の存否についてする和解

共通義務確認訴訟において、当該訴訟の当事者である特定適格消費者団体と事業者は、共通義務（第2条第4号に規定する義務）の存否、すなわち、共通義務の全部又は一部が存在すること又は存在しないことについて、訴訟上の和解をすることができます（第10条）。

2　共通義務の存否について定めない和解

他方で、共通義務の存否について合意をせずに、消費者の事業者に対する実体法上の権利を処分する内容の訴訟上の和解をすることはできません。すなわち、特定適格消費者団体と事業者との間で、対象消費者に該当する個々の消費者の事業者に対する債権の存否及び内容について、その全部又は一部を免除するなど団体が一定の処分をする内容の和解（例えば、対象消費者は、一定額の解決金を受領する代わりに、本件についての金銭請求をしないといった内容の和解など）をしたとしても、その和解に対象消費者が拘束されることはありません。

なぜなら、本法は、特定適格消費者団体に対して、共通義務確認訴訟において対象消費者の実体法上の権利を処分する権限までは付与していないからです。

また、このような和解をする際、そこに共通義務確認訴訟を終了させる合意（請求の放棄・訴えの取下げ）を含む場合には、それによって共通義務確認訴訟は終了すると考えられるものの、和解の内容として共通義務が存することを認める内容ではないため、この和解に基づいて簡易確定手続は開始しません。そのため、本制度が予定する簡易確定手続での通知・公告といった対象消費者に対する十分な情報提供ができないため、結果として、限られた対象消費者にだけ、情報提供がされ、被害回復がされるおそれがあり、対象消費者の利益の観点からも問題となることも考えられます。

なお、一部の対象消費者だけの利益を図ることを意図し残りの対象消費者にとって不利益になることを認識しつつあえて和解をするなど、適切に被害回復関係業務を実施（第75条第1項）しているとはいえないときは、監督措置を講じることがあり得ます。

3　共通義務の存否とともに、それ以外の事項についてする和解

また、共通義務の存否についてする訴訟上の和解については、共通義務の存否についてだけでなく、それと併せて、それ以外の事項についても合意をすることも考えられますが、そのような場合に、どこまで和解事項に含めることができるかは、併せて合意しようとしている内容によることになります。

合意をしようとしている事項が、共通義務に付随するものであり、対象消費者の権利義務に直接関わらない事項であれば、併せて合意することができるものと考えられます。例えば、共通義務について定めた和解による紛争解決の実効性を確保するために付随的に情報開示について一定の合意をした場合や共通義務の背景にある問題について、事業者が謝罪したり、問題となった約款の事後の不使用を合意したりすることが考えられます。

他方で、合意をしようとしている事項が、個々の消費者に対する支払額など、個々の消費者の被告である事業者に対する債権の存否及び内容といった実体法上の権利を処分するものである場合には、上記2と同様、特定適格消費者団体に、対象消費者の実体法上の権利を処分する権限がないことから、することができません。

Q43 特定適格消費者団体は、裁判外の和解をすることができますか。

A 本制度において、特定適格消費者団体には、被害回復裁判手続に関する業務を行う権限が付与されており、被害回復裁判手続に関する業務には、簡易確定手続又は異議後の訴訟についての消費者の授権に係る債権に係る裁判外の和解を含むものとされています（第65条第1項、同条第2項第1号）。

他方、特定適格消費者団体には、簡易確定手続について授権を得る前に、裁判外の和解をする権限は与えられていません。なお、一般の消費者団体として裁判外の和解することは、本制度の枠外の行為であり、本制度によって影響を受けることはありません。

仮に、特定適格消費者団体が、報酬を得る目的で事実上、対象消費者のために裁判外の和解を行った場合、弁護士法上の問題が生じる可能性があります（弁護士法第72条本文、本法第76条、第65条第2項第1号参照）。

また、特定適格消費者団体が、仮に簡易確定手続について授権を得る前に事実上、事業者との間で対象消費者の権利を処分するような内容の和解をしても、民法等の実体法の考え方により、その効力が対象消費者の意に反して及ぶことはありません。裁判外の和解が簡易確定手続の開始原因となることもありません（第12条参照）。

Q44 共通義務確認訴訟における訴訟上の和解にはどのような効力がありますか。

A 共通義務確認訴訟における和解調書に記載された訴訟上の和解は、民事訴訟法第 267 条の規定により、その内容が共通義務（第 2 条第 4 号に規定する義務）の存在を認めるものであるか否かにかかわらず、「確定判決と同一の効力」を有することになります。

本制度では、共通義務確認訴訟の確定判決は、民事訴訟法第 115 条第 1 項の規定にかかわらず、当事者以外の特定適格消費者団体や対象消費者の範囲に属する届出消費者に対してもその効力を有することになりますので（第 9 条）、確定判決と同一の効力を有する訴訟上の和解についても、他の特定適格消費者団体や届出消費者に対しても効力を有することになります。また、共通義務が存することを認める内容の和解については、簡易確定手続の開始原因（第 12 条）となります。

Q45 対象消費者の権利を害する目的をもってされる和解の防止策及び是正手段はどのようなものですか。

A

1 対象消費者の権利を害する目的をもってされる和解の防止策

対象消費者の権利を害する目的をもってされる和解の防止策としては、特定適格消費者団体間の相互牽制があります。

具体的には、他の特定適格消費者団体は、共同訴訟参加（民事訴訟法第52条第1項）した上で和解に応じないことで事前に不当な和解を防止することができるところ、その実効性を確保するため、特定適格消費者団体は、共通義務確認訴訟において和解をしようとするときは他の特定適格消費者団体にその旨を通知しなければならないこととしています（第78条第1項第7号）。

加えて、対象消費者の利益を害する内容の和解をした特定適格消費者団体については、その特定適格消費者団体の認定又は適格消費者団体の認定を取り消すことができることとすることで（第86条第2項第1号）、その抑止を図ることとしています。

2 対象消費者の権利を害する目的をもってされた和解の是正手段

本制度においては、対象消費者の権利を害する目的をもってされた確定判決に対しては再審の訴えをもって不服を申し立てることができることとしており（第11条）、その趣旨からして、対象消費者の権利を害する目的をもってされた和解については、再審事由に該当する瑕疵があるものとして無効となる場合もあるものと考えられます。

したがって、当事者以外の特定適格消費者団体としては、新たな共通義務確認の訴えの提起をした上で、その手続の中で、対象消費者の権利を害する目的をもってされた和解の効力を争うことなどが考えられます。

Q46 共通義務確認訴訟の係属中に被告が破産した場合はどのように取り扱われますか。

A 共通義務確認訴訟の係属中に相手方について破産手続開始の決定があった場合には、共通義務確認訴訟は中断するものと考えられます（破産法第44条第1項）(注)。

対象消費者は、破産手続において、自ら債権届出をしなければならず（同法100条第1項、同法第111条第1項）、破産手続において、債権の存否及び内容が確定されることになります。

なお、特定適格消費者団体がまとめて破産債権の届出をすることは、特定適格消費者団体の業務とはされておらず（第65条第2項）、できないものと考えられます。

（注） 特定適格消費者団体にとっては、共通義務確認訴訟を追行する実益がないことになるため、通常の場合は、当該団体は訴えを取り下げる（民事訴訟法第261条第1項）のではないかと考えられます。

なお、特定適格消費者団体が破産した場合には、当該特定適格消費者団体は解散することになり（特定非営利活動促進法第31条第1項第6号、一般社団法人及び一般財団法人に関する法律第148条第1項第6号、同法第202条第1項第5号）、解散した場合には適格消費者団体の認定が失効することになっているので、（消費者契約法第22条第4号）、特定適格消費者団体の認定も失効します（第74条第1項第5号）。この場合、他に当事者である特定適格消費者団体がいないときには、内閣総理大臣が訴訟を受継する特定適格消費者団体を指定することになります（第87条第1項）。

Q47　対象債権の確定手続の概要はどのようなものですか。

A

1　簡易確定手続の概要

対象債権の確定手続（第２章第２節）は、簡易確定手続（第１款）と異議後の訴訟（第２款）とからなる手続です。

簡易確定手続は、共通義務確認訴訟で確認された被告である事業者の共通義務（第２条第４号に規定する義務）を前提として、対象債権の存否及び内容を、簡易な手続により確定していくものです。

具体的な手続の概要は、次のとおりです。

① 簡易確定手続申立団体が、共通義務確認訴訟の結果等について、知れている対象消費者に対して個別に通知する（第25第１項）とともに、簡易確定手続申立団体のウェブサイトに掲載する方法など相当な方法により公告します（第26条第１項）。

こうした情報提供により、簡易確定手続が開始されたこと、簡易確定手続に加入する場合には簡易確定手続申立団体に授権する必要があることなどを対象消費者に周知します。

このとき、相手方である事業者も公表義務（第27条）や情報開示義務（第28条第１項）を負うことになります。

② 簡易確定手続申立団体が、対象消費者から授権を受けて、裁判所が定めた届出期間内に、裁判所に対して対象債権の届出を行います（第30条第１項、第31条第１項）。

③ 相手方は、届出債権の内容について、裁判所が定めた認否期間内に、認否を行います（第42条第１項）。相手方が認否期間内に認否をしなかったときは、相手方において、届出債権の内容の全部を認めたものとみなされます（第42条第２項）。なお、相手方が届出債権の内容の全部を認めたときは、届出債権の内容は、確定します（第42条第３項）。

④ 債権届出団体は、相手方が認否した内容に不服があれば、認否期間の末日から１月の不変期間内に、認否を争う旨の申出をします（第43条第１項）。なお、適法な認否を争う旨の申出がないときは、届出債権の内容は、相手方の認否の内容により確定します（第47条第１項）。

⑤　裁判所は、適法な認否を争う旨の申出があったときは、債権届出団体及び相手方の双方を審尋した上で、届出債権の存否及び内容について、簡易確定決定をします（第44条第1項、同条第2項）。簡易確定決定のための審理においては、証拠調べは書証に限りすることができるなど、証拠調べに制限があります（第45条）。なお、裁判所は、必要があると認めるときは、届出債権の支払を命ずる簡易確定決定について、仮執行宣言を付すことができます（第44条第4項）。

⑥　簡易確定決定に不服がある債権届出団体、相手方及び届出消費者は、簡易確定決定の決定書の送達から一月の不変期間内に異議の申立てをすることができます（第46条第1項、同条第2項）。

2　異議後の訴訟の概要

簡易確定決定に対し適法な異議の申立てがあったときは、債権届出の時に債権届出団体又は届出消費者を原告として、簡易確定決定をした地方裁判所に訴えの提起があったものとみなされ（第52条第1項前段）、異義後の訴訟が開始します。

異議後の訴訟においては、民事訴訟法の規定が適用されることになりますが、原告は訴えの変更（届出消費者又は請求額の変更を内容とするものを除く。）をすることができず（第54条第1項）、被告は反訴を提起することができないこととしています（同条第2項）。

Q48　特定適格消費者団体は簡易確定手続開始の申立てをしなければならないとしている（第14条）のはなぜですか。

A　本制度において、簡易確定手続開始の申立てができるのは、第12条に規定する特定適格消費者団体に限られており、同条に規定する特定適格消費者団体が簡易確定手続開始の申立てをしなければ、簡易確定手続は開始されないことになります。

簡易確定手続が開始されなければ、対象消費者の被害の回復を図る本制度の制度趣旨が実現されない上、本制度に基づく時効中断の遡及効（第38条）を見越して個別の訴訟の提起をしなかった対象消費者にとっては、請求権を行使する機会を喪失することになり、本制度に対する信用も害されます。また、共通義務確認訴訟に関して費やされた相手方の応訴負担及び手続も全て無駄になります。

そこで、本制度の実効性及び信頼性を確保する観点から、第12条に規定する特定適格消費者団体に対し、簡易確定手続開始の申立てを義務付けることとしています（第14条）。

Q49 「正当な理由」（第14条）とはどのようなものですか。

A 特定適格消費者団体に申立義務を課したのは、本制度の実効性及び信頼性の確保にあるため、申立義務を免除する要件である「正当な理由がある場合」とは、簡易確定手続開始の申立てをさせる必要がないような場合となります。

具体的には、例えば、複数の特定適格消費者団体が簡易確定手続開始申立義務を負う場合において、いずれかの特定適格消費者団体の申立てによって簡易確定手続開始決定がされた場合などが考えられます。このような場合には、重ねて簡易確定手続開始の申立てをさせても、第23条によって、簡易確定手続開始の申立ては却下されるだけであり、新たに簡易確定手続開始の申立てをさせる必要はないからです。

Q50 簡易確定手続開始の申立ての取下げにはどのような規律がありますか。

A

1 裁判所の許可

簡易確定手続開始の申立てをした後に簡易確定手続申立団体による取下げが自由にできるとすれば、簡易確定手続開始の申立てを特定適格消費者団体の義務として対象消費者の被害回復の実効性を確保した趣旨が失われることとなり、また、対象消費者の地位を不安定にして手続に対する信頼を損なうことになります。

そこで、簡易確定手続開始の申立ての取下げには裁判所の許可を要することとしています（第18条第1項）。

また、手続上の規律として、簡易確定手続開始の申立ての取下げは、口頭弁論等の期日でする場合を除き、書面でしなければならないこととなります（第18条第2項による民事訴訟法第261条3項の準用）。

なお、取下げが許容され得る事案としては、確定した届出債権が存しない段階で、相手方が破産した場合など、もはや手続を継続する意味がない場合が考えられます。

2 取下げの効果

取下げがされると、簡易確定手続は初めから係属していなかったものとみなされるため（第18条第2項による民事訴訟法第262条第1項の準用）、届出債権の認否による確定や簡易確定決定の効力は失われます。

なお、裁判所による官報公告（第22条）や簡易確定手続申立団体による通知・公告（第25条、第26条）等がなされた後に取り下げによって手続が終了した場合などには、簡易確定手続申立団体は、対象消費者に対して、適宜、その旨を情報提供するように努めることが必要と考えられます（第82条）。

Q51 簡易確定手続はどのくらいの期間を要すると考えられますか。

A 　簡易確定手続に要する期間については、対象消費者の人数や情報開示命令の申立てがされるか否かなど、具体的な事案によって様々であると考えられます。もっとも、簡易確定手続は、事業者に共通義務（第２条第４号に規定する義務）が認められていることが前提となっている手続であり、また、簡易確定手続における証拠調べを書証に限る（第45条第１項）など簡易・迅速な手続を予定していることから、債権届出以降は、通常の訴訟手続によるよりも迅速に手続が進められることが期待されます。

Q52 簡易確定手続において届出を促すための方策はどのようなものですか。

A

1　対象消費者に対する情報提供の重要性

本制度を対象消費者が利用しようとする場合には、簡易確定手続申立団体に対する授権という積極的な行為を必要としているため、本制度の実効性を確保するためには、対象消費者に対して、簡易確定手続申立団体に対して授権をするために必要な情報を提供することが重要となります。

2　簡易確定手続申立団体による情報提供

そこで、簡易確定手続が開始されたときは、簡易確定手続申立団体に授権をするために必要な情報（被害回復裁判手続の概要及び内容、共通義務確認訴訟の確定判決の内容、対象債権及び対象消費者の範囲、簡易確定手続申立団体の名称及び住所、報酬又は費用がある場合には、その額又は算定方法、支払方法、対象消費者が簡易確定手続申立団体に対して授権をする方法及び期間等）を、

① 知れている対象消費者に対して、書面送付や電子メール送信等により、個別に通知をするとともに（第25条第1項）、

② 簡易確定手続申立団体のウェブサイトに掲載するなど相当な方法により、公告する（第26条第1項）

ことを、簡易確定手続申立団体に対して義務付けています。

3　相手方による情報提供

また、対象消費者に対する情報提供の実効性を高めるため、相手方である事業者に対しても、

① 簡易確定手続申立団体からの求めがあるときは、簡易確定手続に関する基本的な情報（簡易確定手続申立団体の名称及び住所など）を、相手方のウェブサイト等に掲載するなどの方法により、公表する義務を課し（第27条）、

② 簡易確定手続申立団体による通知の実効性を高めるため、相手方が、対象消費者の氏名及び住所等の情報が記載された文書を所持する場合に、団体の求めがあるときは、当該文書を簡易確定手続申立団体に開示する義務を課し（第28条第1項）、裁判所が団体の申立てにより相手方

に情報開示を命ずることができる（第29条第1項）

こととしています。

Q53 「正当な理由」（第25条第1項、第26条第1項）とはどのようなものですか。

A 本制度の実効性を確保するためには、対象消費者に対する情報提供を実効的に行う必要があることから、簡易確定手続開始決定がされたときは、原則として、簡易確定手続申立団体の通知・公告義務を生じさせることとしており、その例外となる「正当な理由がある場合」については、簡易確定手続申立団体に原則として通知・公告義務を課すこととした趣旨から認められるものでなければなりません。

例えば、相手方について破産手続が開始されたことにより簡易確定手続によって対象消費者の被害回復を図ることが困難となったため、通知・公告をする意義が大きく失われたような場合などが考えられます。また、通知については、官報公告やマスコミの報道等によって既に情報を得た対象消費者から簡易確定手続申立団体が授権を受けており、当該消費者に改めて通知をすることが不要であるような場合なども考えられます。

他方、簡易確定手続申立団体が通知に必要な資金や体制を整えられなかっただけのような場合には「正当な理由がある場合」には当たらないものと考えられます。

なお、「正当な理由がある場合」には簡易確定手続申立団体には通知義務が生じないことになりますが、簡易確定手続申立団体が任意の通知をすることが禁止されることになるものではありません。したがって、例えば、マスコミの報道等によって一部の対象消費者から既に授権を受けていた場合、授権を受けている対象消費者を除いた上で通知をしなければならないことになるものではなく、対象消費者に対して一斉に通知することも否定されません。

Q54 「知れている対象消費者」（第25条第1項）とはどのようなものですか。

A 「知れている対象消費者」とは、共通義務確認訴訟の判決で示された対象消費者に該当する者であると合理的に認められる消費者であって、簡易確定手続申立団体が通知をする時点において、通知をするために必要な事実が判明している者のことです。

通知をするために必要な事実としては、その者の氏名のほか、通知を送付すべき住所又は電子メールアドレス等の連絡先が該当します。

対象消費者に対する情報提供という本制度における通知の重要性及び趣旨からして、裁判所において対象消費者と認定されるだけの証拠が備わっていることまでを求めるものではなく、簡易確定手続申立団体によって対象消費者に該当する者であると合理的に認められる消費者であればよいと考えられます。

Q55　「相当な方法」（第26条第1項）とはどのようなものですか。

A　対象消費者に対する情報提供の実効性を確保する必要があるとしても、①その費用は最終的に対象消費者に転嫁され得る費用であり費用対効果も考慮すべきであること、②公告方法として適当な方法は事案によって異なり、簡易確定手続申立団体による迅速かつ柔軟な対応を可能とする必要もあることから、簡易確定手続申立団体による公告の方法については、特定の方法を法定するのではなく、「相当な方法」によることとしています。

「相当な方法」に当たるか否かは、情報提供の実効性及び効率性の観点を総合的に考慮して判断することになります。

この点、簡易確定手続申立団体のウェブサイトに掲載する方法であれば、不特定多数の者がこれを閲覧することが可能であり、情報が文字化される点で対象消費者による内容把握が容易となるものであって、また、その費用も過大となるものではないという点で、「相当な方法」に該当するものと考えられます。もっとも、事案における被害実態や特徴、国民生活センター等に寄せられている相談内容等からして、対象消費者の中に高齢者や障害者が多数いることが予想され、簡易確定手続申立団体のウェブサイトに掲載する方法での情報提供の実効性に期待ができないおそれがあるような場合には、この方法に追加して又はこの方法に代えて、別途「相当な方法」による情報提供が必要となると考えられます。

Q56　通知・公告の費用は誰が負担するのですか。

A　通知・公告に要する費用については、相手方である事業者に負担させる旨の特段の規定は設けておらず、通知・公告を行った簡易確定手続申立団体が負担することになります。

なお、通知・公告に要する費用を含む費用について、簡易確定手続申立団体は、簡易確定手続に加入した消費者から、支払を受けることができます。

Q57 通知・公告の費用を特定適格消費者団体が負担するのはなぜですか。

A 通知・公告は、消費者の被害回復のために本制度で特別に設けた手続ですが、その性質は、簡易確定手続に消費者の加入を促すための準備行為となります。したがって、通知・公告に要する費用は、裁判の準備費用の１つとなりますが、裁判の準備費用は、通常の民事裁判手続においても、訴訟費用には含まれないため、仮に原告となる消費者が勝訴をしたとしても原告が負担することになる性質の費用です。

また、通知・公告の方法については、団体が一定の範囲内で適切に判断して行うことができるようにしており、その方法及び金額は定型的ではなく、一定額に収まるものではなく上限等もありません。そのため、事業者に負担させるべき金額についてあらかじめ法律で一定額に定めることは難しく、仮に裁判所が事案ごとに定めることとしても、その範囲を適切に確定するため、事業者の言い分も十分に聞いた手続を踏まなければなりませんが、簡易・迅速な解決なための簡易確定手続の中で、そのような手続を設けることは困難です。

通知・公告がこのような性質を有するため、それに要する費用については、事業者の義務が最終的に確定していない通知・公告の段階はもちろん、簡易確定手続で相手方である事業者が敗訴したとしても、そのことを根拠に事業者に負担させることは困難です。

そこで、通知・公告を手続の中に組み入れることにしましたが、更にその費用を相手方である事業者に負担させる手続は設けていません。

Q58 相手方に公表義務や情報開示義務を課すのはなぜですか。

A 消費者が本制度を利用しようとする場合には、簡易確定手続申立団体に対して授権をするという積極的な行為が必要となります。

したがって、本制度の実効性を確保するためには、簡易確定手続申立団体に対して授権をするために必要な情報を、対象消費者に提供することが重要となります。

相手方は、共通義務確認訴訟の結果、対象消費者に対して共通義務（第2条第4号に規定する義務）を負うことが確認されており、個々の消費者に対して対象債権について法的責任を負うことになる蓋然性がある状態にあることから、相手方の負担が合理的な負担の範囲内であれば、簡易確定手続申立団体による通知・公告を補う形で、相手方にも、対象消費者に対する情報提供のための一定の義務を負わせることが合理的です。

そこで、本制度では、対象消費者に対する情報提供の実効性の観点だけでなく、相手方の負担にも配慮した上で、相手方に公表義務や情報開示義務を課すこととしています。

具体的には、対象消費者にとってみれば、契約の相手方である相手方の発信する情報は、簡易確定手続申立団体のそれと比べて目に触れる機会が多いと考えられ、対象消費者に対する情報提供方法として一定の実効性を有すると考えられることから、公表事項については裁判所の官報公告事項に限定し、また、公表方法についても、法定する合理的な方法のうち、どの方法によるかは相手方が選択することができるようにした上で、相手方に公表義務を課すこととしました（第27条）。

また、簡易確定手続申立団体は対象消費者に通知をするために必要な情報を通常有しておらず、他方で対象消費者と契約関係など接点のある相手方は対象消費者に通知をするために必要な情報が記載された文書を所持している可能性が高いと考えられることから、「相手方が開示すべき文書の範囲を特定するために不相当な費用又は時間を要するとき」（第28条第1項ただし書）は義務を負わないこととした上で、相手方が所持する文書を簡易確定手続申立団体に開示する情報開示義務を相手方に課すこととしました（同項本文）。

Q59　相手方はどのような方法で公表（第27条）する必要がありますか。

A

1　基本的な考え方

公表の方法については、対象消費者に対する情報提供の実効性の確保と相手方の負担を合理的な範囲にとどまるようにする観点から、一定の方法を法定しています（第27条）。

具体的には、本制度では、「インターネットの利用、営業所その他の場所において公衆に見やすいように掲示する方法その他これらに類する方法」と複数の方法を認めています。

複数の方法のうち、いずれの方法を選択するかは、相手方において判断することになります。なお、「簡易確定手続申立団体の求め」は、公表義務の発生要件として定めるものであり、公表方法について、簡易確定手続申立団体が指定することとはしていません。

2　具体的な方法

掲示する方法で公表する場合には、「公衆に見やすい」（第27条）ように掲示することが必要となります。「公衆に見やすい」とは、対象消費者が容易に視認することができる状態になっていることを求めるものです。

インターネットを利用して公表する場合については、公表義務の趣旨からして、対象消費者が容易に視認することができるように公表することが必要となると考えられます。例えば、簡易確定手続申立団体のウェブサイトへのリンクを張って掲載する方法で公表するのであれば、そのリンク元が相手方のウェブサイトの見やすい箇所にあるとともに、リンク先の情報が対象消費者に向けられた情報であることが分かりやすいように掲示されているのであれば、インターネットを利用した公表として適当であると考えられます。

また、「その他これらに類する方法」としては、例えば、相手方が予備校であり、受講生が対象消費者であるような事案において、相手方が普段、授業に必要な配布物を置く場所に、公表事項を記載した文書を置く方法などが考えられます。

Q60　相手方が情報開示義務を負う文書はどのようなものですか。

A　第28条第1項本文は、相手方に情報開示義務が生じる要件として、相手方による文書の「所持」と届出期間中の「簡易確定手続申立団体の求め」とを定めています。

したがって、相手方が情報開示義務を負う対象は、簡易確定手続申立団体の求めがあった時点で相手方が所持している対象消費者の氏名及び住所又は連絡先（内閣府令で定めるものに限る。）が記載された文書になります。

なお、「対象消費者の氏名及び住所又は連絡先」とともにそれ以外の事項が記載されていても、相手方は当該文書について開示義務を負います。なお、対象消費者でないことが明らかな者の「氏名及び住所又は連絡先」や対象消費者に係るものであっても「氏名及び住所又は連絡先」以外の事項を除外して開示することができますが（第28条第2項）、相手方の負担にも配慮し、除外する義務があるものとはしていません。

また、文書には、顧客データなどの電磁的記録を含みます。

Q61 「開示すべき文書の範囲を特定するために不相当な費用又は時間を要するとき」（第28条第1項ただし書）とはどのようなものですか。

A　本制度では、簡易確定手続が開始される前提として、共通義務確認訴訟において、既に対象消費者の範囲が十分特定されていることが前提にあり(注)、どの文書が開示すべき文書に該当するかについても、これを前提に判断することになります。

ただし、具体的な事案によっては、開示すべき文書の範囲を特定するために要する相手方の費用又は時間が不相当に過大なものとなり、相手方に過大な負担を生じさせる場合も考えられることから、このような要件を設けることとしています。「開示すべき文書の範囲を特定するために不相当な費用又は時間を要するとき」に該当するか否かは、このような規定の趣旨に鑑み、対象消費者の範囲や相手方における当該文書の保管状況等を考慮して、裁判所において、具体的な事案ごとに判断されるものと考えられます。

「開示すべき文書の範囲を特定するために不相当な費用又は時間を要するとき」に該当する具体例としては、契約書又は顧客リストはあるものの、それに記載されている情報が乏しく、他の資料と照合しなければ対象消費者が記載された文書であるかを特定できない場合において、当該照合の対象となる他の資料がバラバラに保管されており、かつ、その量が膨大である等の理由により、その作業に過大な費用及び長期間を要する場合などが考えられます。

（注）　例えば、対象消費者の範囲が「ある商品の元本欠損のリスクについて十分な説明を受けずに契約を締結した者」といったように、十分な説明を受けなかったか否かについて相手方が一定の評価をすることが必要となり、その判断が困難となるような場合は、そもそも対象消費者の範囲の特定が不十分であって、そもそも簡易確定手続に進むことができず、事業者が情報開示をしなければならない場合として想定されていません。

Q62　情報開示命令の実効性はどのように確保されているのですか。

A　相手方が正当な理由なく情報開示命令に従わない場合は、過料の制裁により情報開示命令の実効性を担保することとしています。すなわち、相手方が正当な理由なく情報開示命令に従わないときは、裁判所は、決定で、30万円以下の過料に処することとしています（第29条第7項）。

「正当な理由」としては、例えば、決定後に火災などの不可抗力によって対象文書が消失した場合などが考えられます。

なお、情報開示命令の性質に照らし、情報開示命令が一般的に強制執行手続に馴染むものとはいえないと考えられることから、執行力は有しないこととしています（第29条第6項）。

Q63 情報開示の求めに応じて相手方が開示した文書に記載のあった消費者について、相手方は後に対象消費者ではないと争うことができますか。

A 情報開示義務は、簡易確定手続申立団体による対象消費者に対する通知の実効性を確保するため、相手方に、対象消費者の氏名及び住所等の情報が記載された文書の開示を義務付けたものです（第28条第1項）。

したがって、相手方が情報開示義務に基づいて対象文書を簡易確定手続申立団体に開示したとしても、そのことによって、対象文書に記載のある消費者を対象消費者であると認めたことになるものではなく、対象消費者該当性を争うことができます。

Q64 相手方が第三者に顧客管理を委託している場合に、情報開示義務を負うことがありますか。

A 情報開示義務は、共通義務確認訴訟の結果、事業者が対象消費者に対して共通義務（第2条第4号に規定する義務）を負うことが認められたことを根拠とするものであるから、相手方以外の第三者に情報開示義務が課されることはありません。

ただし、相手方が第三者に顧客管理を委託しているような場合であっても、相手方に文書の所持（第28条第1項本文）が認められるとして、相手方に情報開示義務が課される場合があると考えられます。

その場合には、情報開示義務を負う相手方が委託先である第三者から文書を取り寄せて簡易確定手続申立団体に開示する方法や相手方が委託先である第三者に対して文書の開示を指示する方法が考えられます。

Q65 相手方が情報開示義務に基づいて申立団体に情報を開示することは、個人情報の保護に関する法律第23条が禁止する個人データの第三者提供には当たりませんか。

A 個人情報の保護に関する法律第23条は、あらかじめ本人の同意を得ないで第三者に提供することができる場合として、同条第1項第1号で「法令に基づく場合」を挙げています。「法令に基づく場合」とは、法令上、第三者提供が義務付けられている場合に限らず、第三者提供の根拠が規定されている場合をも含む趣旨であると解されています。

したがって、本制度の情報開示義務に基づく情報開示については、対象消費者以外の消費者についての記載も含めて、同法第23条第1項第1号の「法令に基づく場合」に該当することになります。

よって、本制度の情報開示義務に基づく情報開示については、対象消費者以外の消費者についての記載も含めて、同号の「法令に基づく場合」に該当し、同法が禁止する第三者提供には当たりません。

Q66 情報開示の求めがあった後に、相手方が文書を破棄した場合には、情報開示義務に違反することになりますか。

A 簡易確定手続申立団体からの求めがあり、対象となる文書を所持している場合（第28条第1項本文）には、相手方は情報開示義務を負うため、対象となる文書を廃棄して情報開示を拒むことは、情報開示義務に違反することになります。特に、裁判所が情報開示命令を発した場合に、対象となる文書を破棄して正当な理由なく情報開示命令に従わないときは、裁判所は決定で30万円以下の過料に処することができるとの制裁規定（第29条第7項）があります。

なお、情報開示について簡易確定手続申立団体からの求めがある前に破棄した場合には、簡易確定手続申立団体からの求めがある時点において情報開示の対象となる文書が存在しないため、相手方は情報開示義務を負うことはなく（第28条第1項本文）、情報開示義務違反となるものではありません。

ただし、相手方が不当に名簿等を廃棄したことによって、簡易確定手続申立団体の通知・公告費用が増大したなどの場合は、簡易確定手続申立団体の相手方に対する不法行為に基づく損害賠償請求（民法第709条）が認められる場合もあり得ます。

Q67 簡易確定手続はどのような点が簡易なものとなっていますか。

A 通常の訴訟手続においては、公開の口頭弁論により審理し、判決がされることになっています。当事者の主張を整理した上で、証人尋問等の証拠調べを行うことが通常ですが、長期の審理を要する場合もあります。

簡易確定手続においては、①簡易確定手続申立団体による債権届出及びこれに対する相手方の認否を経て、争いがない場合に確定させる（第42条第3項、第47条第1項）という枠組みを採りつつ、②審理については、口頭弁論をする必要がなく、通常、書面審理で進められることとし（第13条）、③簡易確定決定をする場合には、審尋がされるが（第44条第2項）、証拠調べは書証に限られ（第45条第1項）、証人尋問は行うことができない（注）こととして、簡易かつ迅速に判断することになります。

（注）　異議申立てをすれば、通常の訴訟手続で審理される（口頭弁論がなされ、証拠調べの制限はなく、十分な攻撃防御の機会が保障されている。）ため、簡易な手続により判断をしても手続保障に欠けるものではありません。

Q68 簡易確定手続において届出をすることができる債権はどのようなものですか。

A 簡易確定手続では、「簡易確定手続開始決定に係る対象債権」（第30条第1項）を、簡易確定手続申立団体に限り、届け出ることができます。これは、共通義務確認訴訟で義務が確認され、簡易確定手続開始決定の決定書に記載された、対象消費者の範囲に属する者の有する対象債権をいいます。

そして、共通義務確認訴訟の判決や和解において共通する事実上及び法律上の原因に基づき金銭を支払う義務を負うべきことが確認されているので、その事実上及び法律上の原因を前提とする請求の原因に限り記載をすべきものであることを定めています（第30条第2項第2号）。共通する事実上及び法律上の原因を前提としない別の請求の原因を追加して主張すること（例えば、共通義務確認訴訟の判決において、個々の消費者の事情がない限り、不実告知による取消しを理由とした不当利得返還請求義務があることが確認されているという場合において、不当利得返還請求権を届け出る際に、届出書に詐欺取消しを理由とする請求原因をも付加して主張すること）は、許されません。もっとも、およそ請求の原因を追加してはならないということではなく、確認された義務を前提とするもの（例えば、代理人により契約が締結された場合に、代理権の存在や顕名などの請求原因）を追加することはできます。

なお、届出書の請求の原因の記載においては、当該簡易確定手続の対象となっている債権であることが明らかになる必要があるので、債権を特定するのに必要な事実を明らかにする必要があります。また、上記のとおり、届出書に記載できる請求の原因には制限があることから、記載された請求の原因が共通義務確認訴訟において認められた義務に係る事実上及び法律上の原因を前提とすることを明らかにする必要があります。

Q69　同一の債権について別に訴訟が係属している場合に債権届出をすることはできますか。

A

1　対象消費者のする訴訟等について

対象消費者が同一の債権について別に訴訟をしている場合には、簡易確定手続申立団体がその債権について債権届出をしても、債権届出は却下されることになります（第30条第4項）。

これは、個別の訴訟と簡易確定手続と両方の手続が進行し裁判がされると、矛盾した裁判が出るおそれがあり、それを避ける必要がある上、審理の重複が生じ、当事者にとっても裁判所にとっても負担になるため、民事訴訟法第142条にならって設けられたものです。

もっとも、被告が準備書面を提出するなどした後は被告の同意が必要ですが、個別の訴訟について訴えの取下げ（民事訴訟法第261条第1項）をすれば、債権届出をすることは可能です。

なお、第50条が民事訴訟法第142条を準用していることから、同一の対象債権について重ねて債権届出をすることはできません。

2　事業者のする訴訟について

また、事業者が債務不存在確認訴訟を提起している場合において、その債権について債権届出をする場合にも、審理の重複が問題になり得ますが、この場合は本制度の実効性を確保する観点から、特に債権届出を認めることとしています。第30条第4項は、「対象消費者が提起したその有する対象債権に基づく訴訟」と規定しており、事業者が提起した訴訟は含まれていません。

Q70 債権届出をしなかった場合には、消費者の権利にはどのような影響がありますか。

A 債権届出をしなかった場合には、消費者は簡易確定手続で債権の支払を求めることができませんが、債権届出をしないことは、権利の存否について何らの影響も及ぼしません。そのため、消費者は本制度外で権利行使をし得るのであり、自ら訴えを提起することもできます。

なお、共通義務確認訴訟の判決の効力は、対象消費者の範囲に属する届出消費者（簡易確定手続で債権届出があった債権の債権者である消費者）について及ぶものとしています（第９条）。したがって、債権届出をしなかった債権の債権者である消費者には、共通義務確認訴訟の判決の効力が及ばないため、当該消費者との関係では、事業者は、共通義務（第２条第４号に規定する義務）の存否も含めて争い得ることとなります。

Q71　債権届出及び簡易確定手続を追行するための授権（第31条第1項）には、事業者からの弁済受領権限が含まれますか。

A　簡易確定手続申立団体は、消費者から授権を受けることにより当事者として簡易確定手続を追行する権限が与えられることになるところ（第31条第1項）、届出をする際の授権には、簡易確定手続において確定した債権について、事業者からの弁済を受ける権限が含まれるのが通常であると考えられます（注）。

ただし、消費者はいつでも授権を取り消すことができるため（第31条第3項）、授権が取り消された場合には、簡易確定手続申立団体にはそれ以降の手続追行権がないことになります。なお、このようにしたとしても、授権の取消しについては相手方に通知しなければ効力が生じないこととしており（第31条第4項）、事業者は授権が取り消されたことを知り得るので、特段の不都合はありません。

（注）　なお、簡易確定手続授権契約の内容については、業務規程に定められていなければならないとしています（第65条第5項）。

なお、授権においては、訴訟代理とは異なり、和解や取下げ等の権限についても包括的に授権するものであり、債権届出と簡易確定手続の追行は一体のものとして授権しなければなりません。自由に手続の一部について制限をして授権をすることができるとすると、訴訟行為のたびに授権の有無の確認が必要になり、煩雑であり簡易迅速な手続になじまない上、届出消費者としてもいつでも授権の取消しができる以上不都合はないからです（強制執行手続との関係は、Q106参照）。

Q72 「授権を欠いたとき」（第31条第6項）に債権届出の取下げがあったものとみなすのはなぜですか。

A

1　取下げがあったものとみなされる趣旨

本制度は、対象債権の確定を共通義務確認訴訟と対象債権の確定手続とに分けて審理することにし、この二段階の審理によって初めて対象債権の審理が完結するものです。このため、対象債権の確定手続の手続追行主体は、共通義務確認訴訟との関係を含めた制度全体の枠組みの中でその適格を有する者に認めることが適当です。消費者の負担軽減や多数の消費者への対応を求められる相手方の負担軽減及び審理の効率化の観点から、簡易確定手続では、簡易確定手続申立団体と相手方のみが当事者となり、届出消費者は当事者となることができないとしています。そのため、授権を欠いた場合には、当事者となるべき者がいない状況が発生しますので、授権を欠いた場合には、債権届出を取り下げたものとみなすこととしました。

2　取下げがあったものとみなされる場合

「授権を欠いたとき」とは、対象消費者が授権を取り消した場合（第31条第3項）と、簡易確定手続申立団体が簡易確定手続授権契約を解除した場合（第33条第2項）の双方があります。

また、債権届出の却下決定や認否を争う旨の申出の却下決定がされた後に授権を欠くに至った場合にも、「簡易確定決定があるまで」（第31条第6項）に含まれます。なぜならばそれらの決定がされた後に即時抗告がされ、それらの決定が取り消された場合には、審尋を行い、簡易確定決定をすることがありますが、届出消費者は自らこの手続を追行することができないことから、これらの決定の後も債権届出の取下げをみなす必要があるからです。

3　取下げがあったものとみなされない場合

一方、簡易確定決定があった後に授権を欠いた場合には、取下げがあったものとみなされることはありません。届出消費者は自ら異議を申し立てることができ（第46条第2項）、さらに、異議後の訴訟を追行することができ（第52条第1項）、異議を申し立てなければ、届出債権は確定します（第47条第1項）。異議の申立ての期間内に授権を欠いたことで手続が中断するものではありません。

また、債権届出の却下決定が確定した場合には手続が終了することから、授権を欠いたとしても取下げがあったものとみなされることはありません。

Q73 簡易確定決定があった後に、授権を取り消したときは、更に授権をすることができない（第31条第9項）としているのはなぜですか。

A 簡易確定決定に対しては、届出消費者が自ら異議を申し立てることができます（第46条第2項）。特定適格消費者団体が授権を受けて手続を追行することができることにしたのは、届出消費者の手続負担の軽減や審理の効率化のためであり、届出消費者が自ら手続を追行できると判断するのであれば、負担軽減の必要性は少なく、むしろ更に授権がされると当事者の変更に対応しなければならなくなる特定適格消費者団体の事務負担が大きく、審理の効率化に資さないばかりか複雑化させることになるので、簡易確定決定があった後は、更に授権をすることができないこととしています。

一方、簡易確定決定があるまでに授権が取り消されたときは、債権届出の取下げがあったものとみなされるところ（第31条第6項）、届出期間中は一度債権届出を取り下げ、再度債権届出をすることができることとの対比から、更に授権をすることも許容されることとしています。届出期間経過後については、新たな債権届出をすることができないので、更に授権をすることを問題にする必要がないことから特に規定をしていません。

Q74 簡易確定手続申立団体は、授権をしようとする者に対して、授権に先立ちどのような事項を説明しなければならないのですか。

A 本制度では、被害回復関係業務の適正性を確保するため、簡易確定手続申立団体は、授権に先立ち、被害回復裁判手続の概要及び事案の内容その他内閣府令で定める事項を、授権をしようとする者に対して説明しなければなりません（第32条）。

内閣府令で定める事項としては、授権をしようとする者が授権をするか否かを判断するに当たって必要となる事項とする観点から、基本的には簡易確定手続申立団体の通知事項（第25条第1項）と同様の事項を予定しています。

通知事項を重ねて説明義務の対象としたのは、消費者の中には通知・公告に接していない者もあり得ること、共通義務確認訴訟の判決の効力が対象消費者の範囲に属する届出消費者に及ぶこと（第9条）になりますが、当該判決が一部勝訴の場合には、敗訴部分についても効力が及ぶことになること、また、特定適格消費者団体は報酬又は費用の支払を受けることができることから、消費者としてはそれらの内容を正確に知った上で、授権をするか否かを判断する必要があるからです。

Q75 簡易確定手続申立団体は、やむを得ない理由があるときを除いて、授権を拒むことができない（第33条第1項）としているのはなぜですか。

A 簡易確定手続においては、審理の効率化、相手方事業者の負担軽減の観点から、手続を追行する主体を簡易確定手続申立団体に一本化し、個々の対象消費者が裁判所に直接、債権届出をすることができないこととしています。

そのため、対象消費者の権利実現のためには、対象消費者が裁判所の判断を得る機会を保障する必要があるから、簡易確定手続申立団体は、やむを得ない理由があるときを除いて、授権を拒むことができないこととしています（第33条第1項）。

Q76　「やむを得ない理由」（第33条第1項、同条第2項）とはどのようなものですか。

A　「やむを得ない理由」とは、例えば、授権する者が授権を証するのに必要な書類を提出しない場合や簡易確定手続申立団体が定めた費用等の負担を拒否する場合等が考えられます。

また、対象消費者が簡易確定手続申立団体に対して授権をする方法及び期間は、簡易確定手続申立団体が対象消費者に対して通知すべき事項の一つとして定めることとしている（第25条第1項第6号）ところ、その期間が合理的なものであるときは、簡易確定手続申立団体が定めた期間の経過後に対象消費者から簡易確定手続授権契約の申込みがあった場合に、同契約の締結を拒絶することが認められると考えられます。

一方、簡易確定手続申立団体としては、対象債権の存在が認められないとか、簡易確定手続授権契約の申込みをした者が対象消費者に当たらないと考えた場合でも、これらの点について、裁判所の判断を受ける機会を保障すべきであるから、授権を受けるべきであり、「やむを得ない理由」があるときには当たりません。

ただし、そのような場合にその旨説明することは、契約を締結すべき義務に反するものではありません。

なお、第33条第2項の「やむを得ない理由」についても同様です。

Q77 簡易確定手続申立団体の公平誠実義務とはどのようなものですか。

A 簡易確定手続申立団体は、複数の対象消費者から授権を受けた場合、ある特定の対象消費者の利益を犠牲にして他の対象消費者の利益を図るような行為をすることがないよう、授権をした消費者のために公平かつ誠実に手続の追行等をしなければならない旨を規定しています（第34条第1項)。

公平義務に違反するものとしては、例えば、授権を受けた対象消費者に相手方から受け取った金銭を分配する際に、合理的な理由なく特定の対象消費者について有利に分配するような場合や、合理的な理由なく一部の消費者に対して報酬等の減免を行うような場合が考えられます。

強制執行の申立てをする場合には、同時に申立てをした対象消費者との間では強制執行により得た金銭を平等に配分すべきと考えられますが、届出消費者のうち一部の者について債務名義を取得した段階で、それらの者のために強制執行の申立てをし、一定金額を回収した場合に、当該債務名義に係る債権を有する届出消費者のみに交付することは、公平義務に違反するものではないと考えられます。

また、誠実義務に違反するものとしては、例えば、簡易確定手続申立団体と対象消費者の利益が相反した際に、団体自身の利益を優先する場合が考えられます。

簡易確定手続申立団体が、これらの義務に違反した場合には、本条を根拠として行政監督を行うことができます。

Q78　簡易確定手続申立団体の善管注意義務とはどのようなものですか。

A　簡易確定手続申立団体は、授権をした対象消費者のため、簡易確定手続における債権届出をはじめとする手続の追行を行う者です。簡易確定手続申立団体は、当該対象消費者との関係では、善良な管理者の注意をもってそれらの行為をしなければならない旨を規定しています（第34条第2項）。

善管注意義務に違反するものとしては、①届出期間を徒過し、債権届出をするのを怠った場合、②授権を受けた対象消費者から預かった証拠書類等を紛失した場合、③対象消費者のために相手方から回収した金銭につき必要な管理を怠り紛失した場合、④対象債権に関する和解について、消費者への説明が不十分で本来可能な消費者の請求権の行使が制約された場合などが考えられます。

公平誠実義務は、簡易確定手続申立団体が対象消費者同士の関係の適正を保つために負う義務であるのに対し、善管注意義務は、簡易確定手続申立団体が授権をした個々の消費者との関係で負う義務となります。

簡易確定手続申立団体が、これらの義務に違反した場合には、本条を根拠として行政監督を行うことができます。なお、簡易確定手続申立団体は、私法上も簡易確定手続授権契約に基づき当然に、善管注意義務を負うことになり、その義務に違反した場合には、損害賠償義務を負うことがあり得ます。

Q79 時効の中断についてはどのような特則がありますか。

A 簡易確定手続において、債権届出があったときは、共通義務確認の訴えを提起した時に、時効中断の効力が生じることとしています（第38条）。

このようにしなければ、制度の実効性が大きく阻害されるとともに、相手方の事業者において期日の引き伸ばしといった訴訟戦略を助長しかねないという問題が生じかねません。共通義務確認の訴えが提起された場合、相手方の事業者としては、対象債権が後に請求がされることが認識できるし、簡易確定手続開始決定の申立期間や届出期間が定まっている以上、いつまでも時効が中断する可能性が残り、相手方の事業者に過重な不利益を生じさせるということもありません。そこで、制度の実効性を確保する観点から、消滅時効の特則を設けたものです。

なお、このような趣旨に鑑み、「簡易確定手続の前提となる共通義務確認の訴えを提起した時」とは、請求の内容及び相手方が同一である共通義務確認訴訟が複数の団体により提起された場合には、どの団体が債権届出をしたかにかかわらず、それらの共通義務確認の訴えのうち、もっとも早いものが提起された時をいいます。

本制度の実効性を確保するために特に時効の特則を置くものであるので、債権届出がされた対象債権についてのみ時効の中断効を生じることとするものであり、債権届出がされていない対象債権の消滅時効については、何らの影響を及ぼすものではありません。また、共通義務確認の訴えの取下げ、請求の放棄や棄却判決が確定し簡易確定手続が開始されなかった場合も、対象債権の消滅時効について何らの影響も及びません。

なお、裁判上の請求による時効の中断は、訴えの却下や取下げにより手続が終了すると、中断の効果は生じないとされています（民法第149条）。したがって、債権届出の却下や取下げがあった場合、中断の効果は生じません。

Q80　債権届出団体は、届出期間内に限り、債権届出の内容を変更することができる（第39条）としたのはなぜですか。

A

1　届出内容の変更

届出期間内は債権届出の内容を変更することができ、届出内容の変更の方式等については債権届出の方式等について定めた第30条、第35条の適用を受けます。

届出期間経過後は、債権届出の内容を変更することができないとしているのは、認否の前提となる債権届出の内容が変更されては認否をすることができないこと、簡易確定手続において変更を認めると簡易迅速な審理をするのに支障があるためです。

届出期間経過後に変更することが許されない「債権届出の内容」とは、請求の趣旨及び原因や届出債権者のことをいい、届出書記載事項の全てをいうのではありません。届出期間経過後は、請求額を増額することや異なる債権に変更することはできません。相続等により当該届出に係る届出債権を取得した者がある場合であっても、届出消費者を変更することはできません。一方、転居による住所の変更などは可能です。

届出期間経過後に相続等が生じた場合に、それを踏まえた変更ができないこととすると、実体関係と食い違いが生じることになりますが、債務名義に表示される当事者は債権届出団体であり、債権届出団体が相手方から金銭を受領することになります。実体法上の債権の帰属者が誰であるかは、債権届出団体が誰に金銭を引き渡すのかという問題にとどまることから、簡易確定手続において不都合は生じません。

なお、届出消費者の承継人が、自ら強制執行をする場合には、承継人を債権者とする承継執行文の付与を受けることができると考えられます。

2　請求額の減額

請求額の減額については、債権届出の一部取下げとして、債権届出の取下げの規律に委ねられます。簡易確定決定に対し適法な異議の申立てがあるまでは可能ですが、簡易確定決定があった後は、相手方の同意が必要です（第40条第1項）。

3　当事者の変更

また、相手方が、合併や営業譲渡等により変更する場合があり得ますが、当事者の承継の問題として処理されるものであり（第50条による民事訴訟法第50条、第51条、第124条から第129条までの準用）、債権届出の内容の変更には当たりません。特定適格消費者団体の合併（第50条による民事訴訟法第124条の準用）、特定認定（特定適格消費者団体の認定）の取消しや失効（第87条第1項、第61条第1項）についても同様です（注）。

（注）特定適格消費者団体の事業が適法に譲渡された場合には、譲受団体に承継されますが（第72条第1項、同条第3項）、この場合譲渡団体は被害回復関係業務を廃止することとなり特定認定は失効し（第74条第1項第4号）、手続が中断することになります（第61条第1項）。この場合、第87条第1項の規定による承継の指定については、譲受団体を指定することになると考えられます。また、事業の譲渡が不適法であった場合には譲受団体への承継は生じませんが、譲渡団体の特定認定が失効し（第74条第1項第3号）、第87条第1項の規定による指定を受けた団体に承継され、手続が中断することになります（第61条第1項）。

Q81　債権届出の取下げについてはどのような規律がありますか。

A

1　債権届出の取下げの要件

債権届出の取下げは、簡易確定決定に対し適法な異議の申立てがあるまでは可能ですが、簡易確定決定があった後は、相手方の同意が必要です（第40条）。なお、債権届出却下決定があっても、その確定前は相手方の同意がなくても債権届出の取下げをすることができます。

簡易確定決定における認否の手続は、当事者の話合いによる解決を促進するための仕組みであるところ、そこでの内容がその後の手続を拘束しないようにした方が、当事者の意思による柔軟な解決がされやすいものです。そこで、認否の内容は後に異なる主張をすることを許すこととし、それとの均衡を保つため取下げも相手方の同意がなくてもできるものとしています。

もっとも、簡易確定決定がされた後は、裁判所の判断が示されているにもかかわらず、一方当事者のみに判断の効力を失わせ債権が確定する機会がなく手続を終了させることを認めるのは不公平ですから、相手方の同意を要するものとしています。

また、手続上の規律として、債権届出の取下げは、口頭弁論等の期日でする場合を除き、書面でしなければならないこととなります（第40条第2項による民事訴訟法第261条3項の準用）。なお、適法な異議の申立てにより訴えの提起があったものとみなされた場合（第52条第1項）は、既に異議後の訴訟が係属しているので、債権届出の取下げはできませんが、民事訴訟法第261条の適用により訴えの取下げをすることができます。

2　債権届出の取下げの効果

債権届出の取下げの効力は遡及するので（第40条第2項による民事訴訟法第262条第1項の準用）、簡易確定決定後に債権届出の取下げがあった場合には、簡易確定決定の効力は当然に失われます。なお、届出期間（第21条）中は債権届出を取り下げても、再度、債権届出をすることは可能ですが、届出期間経過後は再度債権届出をすることはできません。

Q82　債権届出の認否についてはどのような規律がありますか。

A

1　認否

相手方は、届出債権の内容について、認否期間内に認否をしなければなりません（第42条第1項）。認否は、届出債権を認めるか認めないかを明らかにするものであり、その額の一部を認め一部を認めないことや、期限・条件などを付して認めることもできます。認否は届出債権ごとに行われるものです。

2　認否の効果

届出債権の内容の全部を認めたときは、届出債権の内容は直ちに確定します（第42条第3項）。これは、相手方が全部認めた以上は、消費者側の意思表明の機会を待つまでもなく、確定させることに何ら不都合はなく、もはや手続を続ける意味がないためです。

全部を認める認否以外の認否がされた場合、期間内に適法な認否を争う旨の申出がないときは、認否の内容により届出債権は確定します（第47条第1項）。

債権届出の内容の一部を認める旨の認否は、請求の認諾とは異なり、これにより、直ちに認めた部分について届出債権が確定するというものではありません。簡易確定手続における認否の手続は、当事者の話合いによる解決を促進するための仕組みであり、認否は、裁判所の判断を示すまでもなく、債権を確定させることができるか否かの調査を行っているものに過ぎないことから、認否で争わなかったことをもって、その後の手続を拘束すべきではないからです。また、その後の手続を拘束しないようにした方が、当事者の意思による柔軟な解決がされやすいものです。

認否を争う旨の申出（第43条第1項）があると、認否の効力が失われるため認否やその理由として述べた事実に自白の効果はなく、相手方は認否と異なる主張をすることも許されます。また、簡易確定決定をするに当たって裁判所が、認否の内容に拘束されるものでもありません。

3　認否を争う旨の申出

認否を争う旨の申出は、控訴や抗告のように裁判所の判断に対して取消しを上訴審に求めるものではなく、認否の効力を失わせるものですから、不服の利益を観念することができません。そのため簡易確定決定では、相手方が認めなかった部分だけでなく、認めた部分も含めて届出債権全体についてその存否及び内容が判断されることになります。

Q83 債権届出団体は、認否を争う旨の申出（第43条第1項）や異議の申立て（第46条第1項）に際して、届出消費者にどのように説明をする必要がありますか。

A 認否を争う旨の申出（第43条第1項）をするか、異議の申立て（第46条第1項）をするかについては、消費者と協議の上、決すべきであり、協議の結果により、行われることになります。

申立団体は授権をした消費者に対し善良な管理者の注意をもって簡易確定手続の追行をしなければならず（第34条第2項）、状況に応じた説明義務が生じるものと考えられます。

Q84 簡易確定決定のための審理において、証拠調べを書証に限った（第45条第1項）のはなぜですか。

A

1　証拠調べを制限した趣旨

簡易確定手続は、届出債権の存否及び内容を簡易迅速に判断する手続であり、効率的かつ迅速な審理を実現する観点から、証拠調べを書証に限定しています（第45条第1項）。そのため、例えば、証人尋問などは行えません。

簡易確定決定のための審理に限って証拠調べの制限を設けたのは、簡易確定決定については適法な異議の申立てがあれば訴えの提起があったものとみなされることから（第52条第1項）、証拠調べの制限のない通常の訴訟手続で審理判断される機会がありますのでそのような制限が許容されるためです。他方で、その他の決定（債権届出の却下決定等）については、即時抗告ができる場合があるに過ぎないので、証拠制限に服せず立証できる機会を保障する必要があるため、そのような制限を設けていません。なお、証拠調べの制限がない場合には、第50条が民事訴訟法第2編第4章を第7節を除いて準用していることから、通常の民事訴訟と同様に証拠調べができることになります。もっとも、簡易確定決定のための審理以外は形式的な事項の判断が多いため、書証以外の証拠調べが必要となるのは実際にはまれであると考えられます。

2　簡易確定決定のための審理で行える証拠調べ

対象債権には様々なものがあり、消費者が的確な書証を常に有しているとも限らないから、消費者や第三者の報告書等の文書でも証拠調べの対象とすることができ、証拠調べの制限の潜脱として許されなくなるわけではありません。このように、書証には特段の制限は設けていません。

文書送付嘱託（民事訴訟法第226条）は、書証の申出の方法であり、嘱託先の回答に要する期間を考慮して、あらかじめ申立てをするのであれば、簡易迅速な審理を害することはないので、特段の制限を設けていません。

これに対し、文書提出命令（同法第223条第1項）については、書証の申出の方法の1つですが、判断に時間を要し、文書提出命令の申立てについての決定の当否をめぐり即時抗告で争われることも多いものです。そうすると、その間、簡易確定手続の審理が停滞することとなり、簡易迅速な審理になじまないことから、認めないものとしています（第45条第2項）。

Q85　簡易確定決定の効力はどのようなものですか。

A

1　簡易確定決定

裁判所は、適法な認否を争う旨の申出があったときは、債権届出を却下する場合を除いて、簡易確定決定をしなければなりません（第44条第1項）。

簡易確定決定には、対象債権が存在するとしてその内容を確定し、支払を命ずる届出債権支払命令と請求を棄却する旨の簡易確定決定があります。

また、簡易確定手続は、共通義務確認訴訟の判決を活用し、届出債権について簡易迅速に解決するために設けられているので、この趣旨を権利の実現に係る場面にも及ぼして、対象消費者が簡易迅速に被害回復できるように、仮執行宣言をできるものとしています（第44条第4項）。なお、共通義務確認の訴えにより個別の事情がない限り義務を負うべきことが確認されたことが前提となっている上、簡易確定手続においても、当事者の主張を聞いて証拠資料を斟酌して裁判所が判断を示すものであり、被告の防御の機会を不当に害するものではありません。

2　異議の申立てがある場合の扱い

適法な異議の申立てがある場合には、仮執行宣言を付していない簡易確定決定は効力を失いますが、仮執行宣言付届出債権支払命令は効力を失いません（第46条第5項）。

このような制度としたのは、簡易確定決定では、審尋により（第44条第2項）、決定で届出債権の存否及び内容について判断されるので、当事者が簡易確定決定に不服があるときは、上訴によるのではなく、同一の審級において当該裁判の効力を再度争うことのできる異議の申立てによって不服申立てを行うこととして、審級の利益を確保することが相当であるためです。そこで、異議の申立てがあった場合には、原則として簡易確定決定の効力を失わせるものとしました。

しかし、仮執行宣言付届出債権支払命令に限っては、決定の効力を残さなければ、仮執行宣言をした意味が失われるので、決定の効力は失われないものとしています。

3　異議の申立てがない場合の扱い

また、簡易確定手続における紛争解決の実効性を確保する必要があること、当事者の主張を聞き、証拠資料を斟酌した上で裁判所が判断を示すものであること、異議を申し立てれば通常の訴訟手続により審理判断される機会は与えられていることから、異議の申立てがないときは、確定判決と同一の効力を有するものとしています（第46条第6項）。「確定判決と同一の効力」とは、本制度の趣旨に鑑みると、執行力のみならず、既判力も有するものです。

Q86 簡易確定決定において請求が棄却された場合には消費者の権利にはどのような影響がありますか。

A 請求を棄却する旨の簡易確定決定がされた場合において、その決定は、適法な異議の申立てがなければ、確定判決と同一の効力を有するものです（第46条第6項）。

そのため、請求を棄却する旨の簡易確定決定があった場合には、全く同一の原因に基づく請求については、消費者が自ら訴訟を提起したとしても、通常は、再度棄却の判決がされると考えられます（注）。

（注） もっとも、簡易確定手続では、共通義務確認訴訟で認められた義務に係る事実上及び法律上の原因を前提とする請求の原因しか主張できないことから、棄却決定の既判力もその範囲にとどまり、別の原因により債権があるとして個別の訴訟をする場合には、既判力は及ばないと考えられます。そのため、個別の訴訟では、別の原因の存否について審理をすることになると考えられます。

Q87 簡易確定手続の係属中に相手方が破産した場合にはどのように取り扱われますか。

A 簡易確定手続の係属中に相手方について破産手続開始の決定があった場合には、簡易確定手続は中断するものと考えられます（破産法第44条第1項）(注)。

対象消費者は、簡易確定手続において既に債権届出がされていたとしても、破産手続において、自ら債権届出をしなければならず（同法第100条第1項、同法第111条第1項）、破産手続において、債権の存否及び内容が確定されることになります。

なお、特定適格消費者団体がまとめて破産債権の届出をすることは、特定適格消費者団体の業務とはされておらず（第65条第2項）、できないものと考えられます。

（注）特定適格消費者団体にとっては、簡易確定手続を追行する実益がないことになるため、当該団体は簡易確定手続開始の申立てを取り下げる（第18条第1項）か、既に届出債権の一部が確定している場合には、その効力を維持する必要があることから、未確定の届出債権についてのみ債権届出を取り下げる（第40条第1項）のではないかと考えられます。

なお、特定適格消費者団体が破産した場合には、当該特定適格消費者団体は解散することになり（特定非営利活動促進法第31条第1項第6号、一般社団法人及び一般財団法人に関する法律第148条第1項第6号、同法第202条第1項第5号）、解散した場合には適格消費者団体の認定が失効することになっているので、（消費者契約法第22条第4号）、特定適格消費者団体の認定も失効します（第74条第1項第5号）。この場合、既に債権届出がされている場合や、債権届出前であるが他に当事者である特定適格消費者団体がいないときには、内閣総理大臣が訴訟を受継する特定適格消費者団体を指定することになります（第87条第1項）。

Q88 簡易確定手続の費用の負担はどのように規律されていますか。

A

1　基本的な考え方

簡易確定手続の費用については、個別費用とそれ以外の費用とを分けて費用負担の原則、費用負担の定め方を異ならせています。なぜなら、簡易確定手続開始の申立ての申立手数料、手続開始の申立書や情報開示命令の申立書の作成及び提出費用、官報公告費用や裁判所による書面の送付費用は、勝訴敗訴という概念になじまないほか、債権届出の有無に関わらず必要となる場合があり、どの請求との関係で必要となった費用であるのか、個別の請求に割り付けることが性質上困難であり、敗訴者負担の原則（民事訴訟法第61条）によりがたいためです。そこで、個別費用を除く簡易確定手続の費用は、各自が負担するものとしています（第48条第1項）。

一方で、個別費用については、敗訴者負担の原則によるものとしています（第49条第3項による民事訴訟法第61条の準用）。

2　個別費用

「個別費用」、すなわち「債権届出の手数料及び簡易確定手続における届出債権に係る申立ての手数料」（第48条第1項）とは、敗訴者負担の原則によるのがふさわしい、債権届出の手数料及び債権届出却下決定、認否を争う旨の申出の却下決定、異議の申立ての却下決定、個別費用の負担の決定に対する即時抗告の申立て（第36条第2項、第43条第3項、第46条第4項、第49条第2項）の手数料（民事訴訟費用等に関する法律別表第1の18の項の(4)）などをいいます。

届出書や決定書の送達は多数の届出消費者についてまとめて行われ、届出書その他の書面の作成及び提出も、多数の届出債権に関し簡易確定手続申立団体が対象消費者から授権を受けてまとめて行うことになり、費用も多数の請求に共通して発生することになります。これを個別の請求に割り付けることも理論的には可能ですが、簡易迅速に届出債権の存否及び内容について判断するために新たに設けられる簡易な手続においては、手続を可能な限り合理化すべきであり、個別の請求に割り付けないこととするのが合理的です。

そのため個別費用は、申立ての手数料に限っています。
なお、条文の適用関係を示すと次のようになります。

［個別費用］

場面	結論	条文（負担）	条文（額）
簡易確定決定（異議なく確定・仮執行宣言付決定が認可された場合）	簡易確定決定で個別費用の負担を定める。	第49条第3項（民事訴訟法第67条第1項準用）	第49条第3項（民事訴訟法第71条第1項準用）
簡易確定決定（異議があり失効した場合）	（簡易確定決定における個別費用の負担の定めは、異議の申立てにより効力を失うので、）異議後の訴訟により勝訴敗訴が定まった後に、申立てにより又は職権で負担を命ずる裁判をする。	第49条第1項	同上
簡易確定決定（仮執行宣言付決定が異議後の訴訟において取り消された場合）	（簡易確定決定における個別費用の負担の定めは、取り消されたことにより効力を失うので、）異議後の訴訟により勝訴敗訴が定まった後に、申立てにより又は職権で負担を命ずる裁判をする。	同上	同上
簡易確定決定（個別費用の負担の裁判を脱漏した場合）	異議なく確定した場合はその後、異議があった場合は異議後の訴訟により勝訴敗訴が定まった後に、申立てにより又は職権で負担を命ずる裁判をする。	同上	同上
和解	和解により定める。定めていない場合には各自負担。	第49条第3項（民事訴訟法第68条準用）	第49条第3項（民事訴訟法第72条準用）

認否により確定、債権届出の取下げ	申立てにより又は職権で負担を命ずる裁判をする。	第49条第1項	第49条第3項（民事訴訟法第71条第1項準用）

3　個別費用を除く簡易確定手続の費用

個別費用を除く簡易確定手続の費用は、裁判所は、事情により、負担すべき者以外の当事者に負担させることができる（第48条第2項）ものとし、裁判所は、簡易確定手続に係る事件が終了した場合に、申立てにより又は職権で負担を命ずる決定をすることができます（第48条第3項）。

他の当事者に負担させる事情としては、例えば、手続を遅延するなど不誠実な訴訟行為をすることにより、相手方に本来不要な費用を支出させたような場合が考えられます。

なお、条文の適用関係を示すと次のようになります。

［個別費用を除く簡易確定手続の費用］

場面	結論	条文（負担）	条文（額）
簡易確定手続に係る事件の終了（注）	各自負担。申立てにより又は職権で、費用の負担を命ずることができる。なお、和解により定めることができる。	第48条第3項	第48条第5項（民事訴訟法第71条第1項準用。和解により負担を定め、額を定めなかったときは、同法第72条準用）

（注）　個別費用を除く簡易確定手続の費用は、個別の請求に割り付けることをしないので、簡易確定手続において債権届出の処理が全て終了していればよく、異議後の訴訟が係属していてもかまいません。具体的には、債権届出却下決定が確定し又は簡易確定決定がされ全ての債権届出について処理がされた場合や、簡易確定手続開始決定の申立てが取り下げられた場合があります。

4　通知や公告に要する費用

簡易確定手続申立団体のする対象消費者への通知や公告に要する費用は、「簡易確定手続の費用」に含まれないので、当然に団体の負担となります。

また、相手方の公表（第27条）や情報開示のために文書の写しを作成し送付する費用（第28条第2項）など情報開示に要する費用も同様に相手方の負担となります。

Q89 簡易確定手続開始の申立ての手数料はどのように規律されていますか。

A 簡易確定手続開始の申立てについては、申立手数料を1,000円と定めています（民事訴訟費用等に関する法律別表第1の16の項イ）。

簡易確定手続についても、これを利用する当事者に、制度を運営するための費用の一部を合理的な範囲で負担させることが必要であり、その一環として申立手数料を納めさせることが適当です。ただし、その申立手数料の額については、①簡易確定手続開始の決定は、債権届出を可能とするための基本となる手続を開始させるものであり、その判断に当たっては、手続開始の要件を充足しているか否かについて判断するものであること、②簡易確定手続開始の決定があった後に予定されている債権届出についても別途手数料を納めさせることとしていること（同法別表第1の16の2の項）に照らし、一律に1,000円とすることが適当です。

Q90　債権届出の手数料はどのように規律されていますか。

A　訴訟の目的の価額によらず、一律に低額な手数料を定めるものとし、1個の債権につき1,000円と定めています（民事訴訟費用等に関する法律別表第1の16の2の項）。

簡易確定手続は、実質的には、簡易確定手続申立団体の債権届出により対象債権の確定という経済的紛争を扱う手続であるため、債権届出について手数料を納めさせることとするのが適当です。

そして、一般的に少額な対象債権についての債権届出が多いと予想されることに照らすと、手数料は低額とする必要があります。しかも、異議の申立て後は訴えの提起の手数料を納付することになりますが（民事訴訟費用等に関する法律第3条第2項第3号）、訴えの提起の手数料の最低額は1,000円（これに相当する訴額は10万円まで）であり、手数料の額をそれを上回る額とすることは適当ではありません。

他方、相当多数の対象債権について債権届出があった場合を想定して事務手続を簡便にする必要があることから、経済的利益の額に応じたスライド制とするのではなく、定額なものとする必要があります。以上を踏まえ、債権届出についての手数料は、一律1,000円とすることにしました。

なお、債権届出は、簡易確定手続申立団体が対象消費者から授権を受けて行うものですが（第30条第1項）、その特定適格消費者団体は相当多数の対象債権を一括して行うことが想定されることから、手数料を納めるべき単位について疑義を生じさせないために、「一個の債権につき」1,000円とすることを明示しています。

Q91 簡易確定決定に対し適法な異議の申立てがあったときは、原告はどのように定まりますか。

A 訴えの提起があったものとみなされる場合の訴えの原告は、異議の申立てを誰がしたかにより定まるものとしています（第52条第1項）。債権届出団体又は相手方が異議の申立てをしたとき（第46条第1項）には、債権届出団体と相手方との間に訴訟が係属することになります。簡易確定手続の授権に異議の申立てについての授権も含まれているから、債権届出団体が異議の申立てをすることができます。仮に、授権が取り消され相手方に通知されるなどして債権届出団体が異議の申立ての時点で授権を欠いた場合には、債権届出団体の異議の申立ては不適法となります。債権届出団体が授権を欠いても、手続の承継は生じないから、相手方が異議の申立てをした場合には、債権届出団体と相手方との間に訴訟が係属します。この場合、異議後の訴訟において、届出消費者が訴訟を承継することになります（第53条第9項による民事訴訟法第124条第1項第6号の準用）。

一方、届出消費者が異議の申立てをした場合（第46条第2項）には、届出消費者と相手方との間に訴訟が係属することになります。この場合、第53条第3項により、債権届出団体に更に授権をすることができないことから、債権届出団体が訴訟を追行することはありません。訴状とみなされた届出書については、債権届出団体が当事者として記載されているから、その表示を届出消費者に変更する手続をすることになると考えられます。

Q92 訴えの提起があったものとみなされた場合（第52条第1項）の訴えの提起の手数料は、だれが支払うことになりますか。

A 異議の申立てにより、届出債権について訴えの提起があったものとみなされることにより、その後の手続は、通常の訴訟手続に移行します（第52条第1項）。

異議後の訴訟は、届出債権の存否及び内容を確定するものですから、異議を申し立てた者ではなく、請求をする債権届出団体（あるいは届出消費者）が、請求の価額（注1）に応じて訴えの提起の手数料を納付すべきです（民事訴訟費用等に関する法律第3条第2項）。

これは、支払督促に督促異議の申立てがあり訴えの提起があったものとみなされる場合や、労働審判に異議の申立てがあり訴えの提起があったものとみなされる場合など、既存の類似の裁判手続においても、異議申立者ではなく、原告が訴えの提起の手数料を負担するものとされているのと同様です。

なお、債権届出の際に債権届出の手数料を納付していることから、納付済みの手数料相当額を控除するものとしています（注2）。

（注1） 異議の申立てがあった場合には、1個の届出債権の全体について訴えの提起があったものとみなされることから、簡易確定決定が一部認容であっても、1個の債権の一部についてのみ異議の申立てをすることはできず、請求の価額は、1個の届出債権の全額となります。

（注2） 債権届出の手数料については、簡易確定決定においてその負担者が定められ、簡易確定決定の効力が失われた場合には、申立てにより又は職権で、簡易確定手続をした裁判所が定めるものとしており、異議後の訴訟の判決の結果に従い、原則として敗訴者が負担することとなります（第49条第1項、同条第3項による民事訴訟法第61条の準用）。

そのため、債権届出の手数料について、異議後の訴訟の判決において負担者を定めることはありません。一方、訴えの提起の手数料については、異議後の訴訟の判決において負担者が定められますが、原則として敗訴者の負担となります（民事訴訟法第61条、同法第67条）。

Q93 「正当な理由があるとき」（第53条第4項、同条第5項）とはどのようなものですか。

A 「正当な理由」とは、「やむを得ない理由」（第33条第1項）があるときのほか、簡易確定決定で棄却されたところ、債権届出団体としても妥当な結論でありそれを覆すのは難しいと考えている場合や、従前の手続の経過に照らして主張立証の方針に大きな食い違いがあり信頼関係が維持できないような場合なども含まれます。

対象債権の確定手続は異議後の訴訟により終了するので、権利の帰属主体にも当事者適格を認める要請が強いこと、異議後の訴訟まで手続が進む案件は紛争性の強い案件であることが多いと考えられること、手続追行主体を限定することによる審理の効率化の要請は簡易確定手続において一定程度図られていることなどから、異議後の訴訟においては、届出消費者が自ら訴訟を追行することも可能です。そのため、債権届出団体が訴訟授権契約の締結を拒絶できる場合について、「やむを得ない理由」よりも広げ「正当な理由」としています。

なお、第53条第5項の「正当な理由」も同様です。

Q94 異議後の訴訟において「授権を欠くとき」（第53条第9項）はどのように取り扱われますか。

A 「授権を欠くとき」とは、債権届出団体や相手方が異議の申立てをしたが、異議後の訴訟について債権届出団体が授権を受けなかった場合や、授権を受けたがその授権が取り消された場合（第53条第8項による第31条第3項の準用）のほか、債権届出団体が訴訟授権契約を解除した場合（第53条第5項）が含まれます。

異議後の訴訟は、届出消費者も訴訟を追行することができるため、当然に訴訟は届出消費者に承継されます。訴訟代理人がない場合には中断及び受継の手続をとることになります（第53条第9項による民事訴訟法第124条第1項第6号の準用）。なお、授権を欠いた場合でも特定適格消費者団体の訴訟代理人の訴訟代理権が消滅せず、訴訟代理人がある場合には訴訟手続は中断しません（第53条第9項による民事訴訟法第58条第2項及び第124条第2項の準用）。

Q95 異議後の訴訟において訴えの変更が制限され、反訴が禁止される（第54条）のは、なぜですか。

A

1 訴えの変更の制限

異議後の訴訟は、簡易確定手続に引き続いて行われ、多数の請求について行われることが多いと考えられます。それぞれの請求について関連した請求を当事者の申立てにより一緒に審理することを認めると、全体としてみると、関連性の薄い請求が多数同一の手続に含まれることになり、審理が複雑化・長期化することとになります。

これを避けるため、原告は、届出消費者又は請求額の変更を内容とするものを除き、訴えの変更（民事訴訟法第143条第1項）をすることはできないものとしています（第54条第1項）。もっとも、届出債権の請求を理由付けるための主張を変更し、又は追加することは、そもそも訴えの変更に当たらないので、第54条第1項によっては制約されません。

例えば、共通義務確認訴訟では、不実告知による取消しを理由とする不当利得返還義務があることを確認した場合には、それを理由とした不当利得返還請求権が対象債権として届け出られることになりますが、異議後の訴訟において、不法行為の損害賠償請求権に変更し、又はその請求を追加することは許されません。一方、不当利得返還請求の理由を詐欺取消しに変更し、又はそのように追加することは、制約されません。

なお、請求額を増額することは可能です。増額したとしても、届出債権であることには変わりがない上、仮に、増額することができないとすると、別訴において主張するほかないこととなり、不都合であるからです。また、届出消費者について相続等による承継があった場合において、債権届出団体が訴訟追行しているときは、権利者を変更するため届出消費者を変更する訴えの変更をすることも可能です。

2 反訴の禁止

訴えの変更を制限するのと同様に、被告についても届出債権以外の債権を追加することは認めるべきではないので、反訴（民事訴訟法第146条第1項）が禁止されています（第54条第2項）。なお、事業者は別訴を起こすことは妨げられないから、反訴を禁止しても不利益は少ないものです。

もっとも、本条があるからといって、異議後の訴訟において相殺の主張が制限されるものではありません。

Q96　異議後の訴訟において、いわゆる拡大損害等の対象とならない損害について請求することができますか。

A　異議後の訴訟は、簡易確定手続を前提とするものであり、簡易確定手続で対象とならない人身損害などは、異議後の訴訟においても追加することはできません。

そもそも、本制度において人身損害に係る請求を対象としないこととした趣旨は、対象債権の確定手続における審理が複雑なものとならないようにすることにあるところ、異議後の訴訟でいわゆる拡大損害に関する請求を追加することができることとすれば、このような趣旨を没却することになるからです。

なお、届出消費者が人身損害などについて別訴を提起することはできます。

Q97　異議後の訴訟は個別の訴訟と併合することができますか。

A　異議後の訴訟においては民事訴訟法が適用されるところ、民事訴訟法は、裁判所は、弁論の併合をすることができる（民事訴訟法第152条第1項）としています(注)。したがって、重複した審理を避け訴訟経済に資するか、当事者の応訴負担などを考慮して、裁判所が相当と認める場合には、異議後の訴訟と個別の訴訟とについて弁論の併合をすることができます。なお、このような趣旨で弁論の併合を認めることと、訴えの変更（同法第143条第1項）や反訴（同法第146条第1項）を認めないこと（第54条）は矛盾するものではありません。

（注）　対象消費者が提起した対象債権に基づく訴訟が係属しているときには、債権届出をすることができず（第30条第4項）、債権届出が却下されます。基本的には、別の債権についての訴訟が係属しているか、あるいは同一の債権について事業者が債務不存在確認の訴えをした後に、債権届出がなされた場合（第30条第4項は「対象消費者が提起したその有する対象債権に基づく訴訟が係属しているとき」としているのでこのようなものは許されます。）に問題となると考えられます。

Q98 異議後の訴訟の係属中に相手方が破産した場合にはどのように取り扱われますか。

A 異議後の訴訟の係属中に相手方について破産手続開始の決定があった場合には、異議後の訴訟は中断するものと考えられます（破産法第44条第1項）(注)。

届出消費者は、破産手続において、自ら債権届出をしなければならず（破産法第100条第1項、同法第111条第1項）、破産手続において、債権の存否及び内容が確定されることになります。

なお、債権届出団体がまとめて破産債権の届出をすることは、特定適格消費者団体の業務とはされておらず（第65条第2項）、できないものと考えられます。

（注） 破産債権の届出について、破産管財人が認めず、又は破産債権者が異議を出したときは、異議後の訴訟については、破産債権の届出をした届出消費者が、破産管財人や異議を出した破産債権者の全員を相手方として、当該訴訟を受継することも考えられます（破産法第127条第1項）。

なお、特定適格消費者団体が破産した場合には、当該特定適格消費者団体は解散することになり（特定非営利活動促進法第31条第1項第6号、一般社団法人及び一般財団法人に関する法律第148条第1項第6号、同法第202条第1項第5号）、解散した場合には適格消費者団体の認定が失効することになっているので（消費者契約法第22条第4号）、特定適格消費者団体の認定も失効します（第74条第1項第5号）。この場合、内閣総理大臣が訴訟を受継する特定適格消費者団体を指定することになります（第87条第1項）。

Q99 特定適格消費者団体のする仮差押え（第56条第1項）の手続はどのようなものですか。

A

1　通常の仮差押えについて

一般に、仮差押えは、金銭債権についての将来の強制執行が妨げなく行われるように、債務者がその財産を処分するのを仮に禁止しておく保全処分をいいます。

仮差押命令の発令を受けるには、口頭弁論や債務者が立ち会うことができる審尋の期日を経る必要がなく、また、保全すべき権利及び保全の必要性を疎明することで足りる（民事保全法第13条第2項）ことから、一般に、判決などに比べ、迅速に受けることができます。

仮差押えの執行は、不動産に対する仮差押えであれば、仮差押えの登記をする方法等により（同法第47条第1項）、債権に対する仮差押えであれば、保全執行裁判所が第三債務者に対し債務者への弁済を禁止する命令を発する方法により行います（同法第50条第1項）。

仮差押えの執行により、債務者は目的財産についての処分を禁止され、これに違反してされた債務者の処分行為は、仮差押債権者に対抗できません。また、債権に対する仮差押の執行においては、上記のとおり、第三債務者は、被仮差押債権について弁済をすることを禁止されるから、これに違反して弁済がされたとしても、第三債務者は、弁済による債権の消滅を仮差押債権者に対抗できません。

2　特定適格消費者団体のする仮差押えの特例

このように、仮差押命令は、金銭債権を有すると主張する者が、民事保全法の規定により、申し立てることができるものです。ところが、本法において被害回復裁判手続を追行する資格を与えられている特定適格消費者団体は、自分が金銭債権を有すると主張しているわけではありません。

いわゆる悪質事業者等は、共通義務確認の訴えを提起しても、訴訟を追行している間に財産を散逸させてしてしまうことが想定されます。共通義務確認の訴えを提起している場合にも仮差押えを認める必要性があることから、民事保全法による仮差押命令の申立てをする資格を、共通義務確認の訴えを提起する特定適格消費者団体にも認め（第56条第1項、同条第2項）、保全すべき権利を特定する方法について特例を定めています（同条第3項）。

なお、特定適格消費者団体は、対象消費者から授権を受けて個々の対象債権を保全するため仮差押命令の申立てをすることは認められていません（同条第4項）。

一方、対象消費者は、特定適格消費者団体のする仮差押えがされた場合でも、対象債権について、簡易確定手続において届出をすることも、個別に訴え提起等をすることもできます。そのため、対象消費者は、自ら提起する訴えに係る権利を保全するため、個別に仮差押命令の申立てをすることができます。

3　仮差押命令の申立てにおいて主張立証すべき事項

特定適格消費者団体は、共通義務確認の訴えを提起できること（多数性、共通性、支配性[(注)]の要件を満たす事案であることが必要です。）に加え（第56条第2項）、対象債権及び対象消費者の範囲並びに当該特定適格消費者団体が取得する可能性のある債務名義に係る対象債権の総額を明らかにすることにより、仮差押命令の申立てをすることができます（第56条第3項）。

なお、このほかは、民事保全法の原則のとおり、保全の必要性を疎明し（民事保全法第13条、同法第20条第1項）、仮差押えの対象となる事業者の財産を特定し（同法第21条本文）、裁判所の決定があれば、担保を立てることが必要になります（同法第14第1項）。

（注）　簡易確定手続において対象債権の存否及び内容を適切かつ迅速に判断することが困難であるとはいえないことをいいます。

［通常の仮差押えと特定適格消費者団体のする仮差押えの比較］

	通常の仮差押え	特定適格消費者団体のする仮差押え
被保全権利の疎明	個別具体的な債権の内容及び額を明らかにして行う。	対象債権及び対象消費者の範囲並びに当該特定適格消費者団体が取得する可能性のある債務名義に係る対象債権の総額を明らかにすれば足りる。
保全命令手続における訴訟要件	・管轄 ・当事者能力 等	左に加えて、 ・共通義務確認の訴えを提起できることを明らかにする。
その他	・保全の必要性（財産の隠匿・散逸等のおそれ）の疎明 ・仮差押目的物の特定 ・裁判所の決定により担保を立てること	

Q100 「当該特定適格消費者団体が取得する可能性のある債務名義に係る対象債権の総額」（第56条第3項）はどのように明らかにすることになりますか。

A

1　基本的な考え方

特定適格消費者団体のする仮差押命令の申立てにおいては、特定適格消費者団体は、保全すべき権利について、「当該特定適格消費者団体が取得する可能性のある債務名義に係る対象債権の総額」を明らかにすれば足りるとしています（第56条第3項）。

特定適格消費者団体のする仮差押命令の申立てにおいて、特定適格消費者団体が明らかにしなければならないのは、当該団体が取得する可能性のある債務名義に係る対象債権の総額ですから、特定適格消費者団体は、被害総額全体ではなく、そのうち、対象消費者が自ら個別に仮差押えや訴訟追行をする可能性のある債権の額や、他の特定適格消費者団体による仮差押えの有無、他の特定適格消費者団体への債権届出の見込みなどを考慮した上で(注)、自らに債権届出が見込まれる範囲で適切に仮差押命令の申立てを行うことになります。

2　通常考えられる方法

「当該特定適格消費者団体が取得する可能性のある債務名義に係る対象債権の総額」は、事業者が作成し公表した契約者及び契約金額に関する資料や、国民生活センターのPIO-NET情報、特定適格消費者団体が収集した被害の発生状況に関する情報等を踏まえつつ、通常、

①　届出が見込まれる対象消費者が少なくともａ人存在する

②　１人当たりの債権額は少なくともｂ円である

よって、総額は、少なくともこの両者を掛け合わせた積（a×b円）となるという形で明らかにすることとなると考えられます。

（注）　なお、仮に、特定適格消費者団体のする仮差押えの被保全債権と、個別の対象消費者のする仮差押えの被保全債権とが重複するような事態が生じた場合には、事業者が、保全異議（民事保全法第26条）や保全取消し（同法第38条第１項）の申立てをするなどして、これを争うことができるものと考えられます。

Q101　仮差押命令の担保はどのようになりますか。

A　仮差押命令の担保は、違法・不当な仮差押えの執行によって債務者が被るであろう損害を担保するものです。そこで、特定適格消費者団体のする仮差押えにおいても、仮差押命令は、民事保全法の原則のとおり、担保を立てさせて、若しくは一定の期間内に担保を立てることを保全執行の実施の条件として、又は担保を立てさせないで発することができることとしました（民事保全法第14条第1項）。

また、仮差押命令の担保は、濫用的な保全命令の申立てを抑制したり、債務者審尋を伴わない迅速な発令を正当化したりする機能も有していることを踏まえ、特定適格消費者団体のする仮差押えにおいても、担保の額について特段の措置は盛り込んでいません。

Q102　事業者は特定適格消費者団体のする仮差押えについてどのように争い、また、被った損害の賠償をどのように求めることができますか。

A

1　仮差押命令を争う方法

特定適格消費者団体のする仮差押えにおいて、結果として、仮差押命令の被保全債権たる対象債権の総額が、実際に届出がされた対象債権の総額を上回ることもあり得ます。そのような場合で、実際に届出がされた対象債権の総額を被保全債権の額とすると、仮差押えを維持する必要性がもはや存在しなくなるようなときには、債務者たる事業者は、通常の民事保全制度と同様に、裁判所に仮差押命令の取消しを申し立てることができます（事情の変更による保全取消し。民事保全法第38条第1項）。

2　被った損害の賠償

特定適格消費者団体のする仮差押えにより、債務者たる事業者が損害賠償請求権を有することになる場合には、提供された担保に対して権利の行使をすることができます。

Q103 特定適格消費者団体のする仮差押えをした場合どのように被害回復をすることができますか。

A

1　通常の仮差押え

(1)　強制執行との関係

一般に、債務者から任意の弁済がない場合に、強制執行により債務者の特定の財産から自己の債権の満足を受けるためには、確定判決や和解調書などの債務名義に基づいて強制執行の申立てをする必要があります（民事執行法第22条）。仮差押債権者も、被害回復を図るには、債務名義を得た上で債務者の特定の財産（不動産、預金債権等）について強制執行の申立てをする必要があります。

また、仮差押債権者は、他の債権者の申立てにより開始された強制執行手続において配当を受領する資格があり、具体的には(2)及び(3)のとおりです。

(2)　不動産に対する強制執行の手続が開始された場合

仮差押債権者は、他の債権者の申立てにより開始された不動産競売手続において、仮差押えの登記の時期に応じ、不動産を売却した売却代金の配当受領資格を当然に有し（民事執行法第87条第1項3号）、又は、配当要求の終期までに配当要求をすることにより売却代金の配当受領資格を得ることができます（同法第51条第1項、同法第87条第1項第2号）。仮差押債権者の債権の存否は未確定であるから、仮差押債権者の債権に対する配当額は一旦供託されます（同法第91条第1項第2号）が、その後、仮差押債権者が本案訴訟において勝訴の確定判決や和解調書を取得するなどして、その権利が確定したときは、仮差押債権者は、配当による債権の満足を受けることができます（同法第92条第1項）。

(3)　債権に対する強制執行の手続が開始された場合

民事執行法第165条各号に掲げる時までに仮差押えの執行をした債権者は、他人の申立てにより開始された債権執行手続において配当が実施される場合に、配当受領資格を有します。仮差押債権者の債権が存在するか否かは、未確定であることから、仮差押債権者の債権に対する配当額は一旦供託されること、仮差押債権者は、その後本案訴訟において勝訴の確定判決や和解調書を取得するなどしてその権利が確定したときは、配当による債権の満足を受けることができることは、不動産に対する強制執行の場合と同様です（同法第166条第2項による同法第91条第1項第2号及び同法第92条第1項の準用）。

2　特定適格消費者団体のする仮差押え

仮差押えをした特定適格消費者団体は、対象債権の確定手続を経て届出債権が確定した場合には、強制執行の申立てをすることができます。また、他の債権者の申立てにより開始された強制執行手続において配当を受領する資格があります。

もっとも、仮差押えによる処分禁止の効力を前提に配当をするには、仮差押命令の申立てを行った特定適格消費者団体（特定適格消費者団体の認定が失効し又は取り消された場合は、第87条第1項の指定を受けた特定適格消費者団体）が届出債権の債務名義を取得した場合に限られます。また、仮差押債権者として配当を受領できるのは、当該団体に限られます。

他の特定適格消費者団体が債権届出をして届出債権が確定した場合や消費者が自ら訴えを提起して債務名義を取得した場合には、仮差押えによる処分禁止の効力を前提として配当をすることはできませんし、当該団体は仮差押債権者として配当を受領することはできません。

Q104 特定認定が失効し又は取り消されたときに被害回復裁判手続はどのような影響を受けますか。

A

1　内閣総理大臣による指定

特定認定（特定適格消費者団体の認定）が失効し又は取り消されたときは、内閣総理大臣は当該被害回復裁判手続を承継すべき者を指定し（第87条第1項）、指定を受けた者が当該手続を当然に承継することとなります。もっとも、共通義務確認訴訟及び債権届出前の簡易確定手続は、消費者からの授権を前提としない手続であり、他に当事者として特定適格消費者団体がある場合には当該他の特定適格消費者団体が引き続き手続を追行すれば足りるため、当該手続を承継すべき者は指定されません（同項ただし書）。

また、特定認定を失った特定適格消費者団体が、簡易確定手続申立てをしなければならない者である場合は同条第2項、債務名義上の当事者又は承継人である特定適格消費者団体である場合は同条第3項により、内閣総理大臣がそれぞれを承継すべき特定適格消費者団体を指定します。

2　手続の中断・受継

被害回復裁判手続の当事者である特定適格消費者団体の特定認定が失効し又は取り消されたときは、当該手続は中断し、法が規定する者がその手続を受け継ぐことになります（第61条第1項）。もっとも、共通義務確認訴訟及び債権届出前の簡易確定手続は、上記1のとおり、消費者からの授権を前提としない手続であり、他に当事者として特定適格消費者団体がある場合には当該他の特定適格消費者団体が引き続き手続を追行すれば足りることから、手続の承継も生じず、手続の中断（第87条第1項ただし書、第61条第3項）も生じません。

中断した当該手続を受継すべき者は、その手続の目的となる請求に係る手続追行権を承継した者であり、具体的には次の①から③までのとおりです（第87条第1項から第3項まで参照）。

①　当該手続が特定適格消費者団体にのみ当事者適格が認められる手続（共通義務確認訴訟の手続及び簡易確定決定前の簡易確定手続、仮差押えの手続）では、第87条第1項の指定を受けた特定適格消費者団体が手続を

受継すべき者となります（第61条第1項第1号）。

② 届出消費者が当事者となり得る手続（簡易確定決定後の簡易確定手続（簡易確定決定に対する異議の申立て）及び異議後の訴訟の手続）では、第87条第1項の指定を受けた特定適格消費者団体（届出消費者から第31条第1項、第53条第1項の授権を受けた場合）又は届出消費者が手続を受継すべき者となります（第61条第1項第2号）。

③ 民事執行に係る訴訟手続（執行文付与の訴えや請求異議の訴えに係る訴訟手続。第2条第9号ロ）の当事者適格は債務名義の表示に従って判断されるところ、特定適格消費者団体であった法人が手続追行主体となっていた手続については、第87条第3項の指定を受けた特定適格消費者団体が受継すべき者となります（第61条第1項第3号）。

なお、第61条第1項の中断事由がある場合でも、その特定適格消費者団体であった法人につき、訴訟代理人がいるときは、中断は生じません（第61条第2項）。

3 対象消費者の授権

特定認定が失効し又は取り消されたときは、その団体に対する授権は効力を失います（第31条第5項、第53条第8項による第31条第5項の準用）。特定認定が失効し又は取り消された以上、その団体は手続を追行することができませんので授権の効力を維持する必要はないためです（なお、簡易確定決定があるまでに授権を欠いたときには、債権届出の取下げがあったものとみなされますが、第31条第5項の規定により授権が効力を失った場合は除外しています（第31条第6項））。

特定適格消費者団体が、内閣総理大臣から手続を受け継ぐべき者として指定を受けても、対象債権の確定手続を追行するには授権が必要です（第31条第1項、第53条第1項）。特定認定が失効し又は取り消されたときは、手続は中断しますが（第61条第1項第1号）、簡易確定決定があるまでの簡易確定手続は届出消費者が自ら追行することができないため、指定を受けた特定適格消費者団体が新たな授権を得て受継をしないと、授権をしなかった消費者の手続を追行する者がおらず、手続を進行することができなくなります。そこで、本制度は、届出消費者は、1か月以内に新たな授権をすべきことを定め、期間内に授権がないときは、債権届出の取下げがあったものとみなすこととしています（第31条第7項、同条第8項）。

一方、異議後の訴訟においては、届出消費者が自ら訴訟を追行することができ、授権をしない場合には届出消費者が受継することができます。そして、届出消費者が授権もせず自ら受継もしない場合には、相手方が届出消費者に受継するように申し立てることができるほか（民事訴訟法第126条）、裁判所が続行命令をすることもできるので（同法第129条）、手続が中断したまま進行しないという事態は生じません。そのため、授権をすべき期間や取下げの擬制を規定していません。

なお、特定適格消費者団体が内閣総理大臣から手続を受け継ぐべき者として指定を受けた場合に、授権や授権契約を当然承継することとしていないのは、授権契約は当事者間の信頼関係に基づいて行われるものであるから、一方の当事者が他の者に代わった場合において、当然に契約関係が移転するものではなく、改めて個別に消費者から同意を得るべきものであるからです。

Q105　共通義務確認訴訟が係属する場合に、同一の被告と消費者との間の個別の訴訟にはどのような影響がありますか。

A　共通義務確認訴訟が係属する場合に、その請求と関連する請求についての消費者と被告事業者との間の個別の訴訟があるときは、主要争点に係る審理重複・訴訟不経済のほか、本制度の利用に先駆けて事業者が消費者に対して債務不存在確認の訴えを提起するなどして消費者が十分な応訴体制を整えられないまま当該訴訟の判決が確定するなど、本制度の実効性をそぎかねないことから、当該個別の訴訟について、その訴訟手続を中止することができるとしています（第62条第1項）。

これは、共通義務確認訴訟と個別の訴訟とは、いわゆる「二重起訴」には当たらない（当事者や訴訟物が異なる）ため、別個に進めることができるところ、このとき、被告事業者の応訴負担や司法資源の効率性の観点から、2つの訴えに係る審理の処理を調整できることが望ましいと考えられるため、個別の訴訟の受訴裁判所は、当事者の意見を聴いて、裁量により、個別の訴訟を中止することができるとするものです。

訴訟手続を中止する決定がされた場合において、消費者は、共通義務確認の訴えにおいて共通義務（第2条第4号に規定する義務）を認める判断がされたときは、個別の訴訟を取り下げて対象債権の確定手続に加入することが可能ですし、本制度を用いることなく、個別の訴訟を継続することも可能です。

もっとも、消費者が訴えを取り下げるには被告事業者の同意が必要であり、それが得られない場合は、消費者は簡易確定手続において同一の債権について債権届出をすることができず、共通義務確認の訴えにおける判断は、個別の訴訟において事実上の影響を持つことがあり得るにとどまりますが、中止をすることにより、個別の訴訟の審理が共通義務確認の審理よりも先に終結して結論が出されることを回避することができます。なお、中止された訴訟手続は、個別の訴訟の受訴裁判所が中止決定を取り消すことによって、続行されます。

なお、本制度では、中止を命ずるかどうかの判断について、受訴裁判所の適切な裁量に委ねることとし、当事者の意向も踏まえる観点から、当事者の意見を聴くこととしており、消費者が個別の訴訟の進行を希望するのであればその旨意見を述べることもできること、また、消費者としては、原告として当該個別の訴訟に係る訴えを提起していたのであれば、その訴えを自ら取り下げるなどしない限り、いずれ中止の決定が取り消され訴訟手続が再開されるものと考えられることから、個別の訴訟の手続を中止することによって、自ら権利を行使した消費者の権利実現が妨げられるといった事態が生じるものではありません。

Q106 債権届出団体は、強制執行をする場合には、届出消費者から改めて授権を得る必要はありますか。

A 簡易確定手続及び異議後の訴訟において債権届出団体が当事者となっていた場合には、簡易確定決定及び異議後の訴訟における判決では、裁判所は、相手方に対し、債権届出団体に金員を支払うことを命じています。

そのため、債権届出団体は、届出消費者から授権を受けることなく、自己の名で強制執行をすることができ、手続上配当を受領することができます(注)。

なお、届出消費者は承継執行文（民事執行法第27条第2項）を得て自ら強制執行をすることができます。

(注)　判決等をする手続と強制執行手続とを分離し、強制執行をする裁判所は、判決等の内容について審査することなく強制執行をするから、判決等に債権届出団体に支払うべき旨記載されている以上は、債権届出団体が強制執行をすることができ、手続上配当を受領することができるものです。このことは簡易確定手続授権契約又は訴訟授権契約で、消費者と特定適格消費者団体との内部関係において強制執行について委任するか否かにかかわらないものです。

Q107 本制度の手続追行主体を内閣総理大臣が認定することとしたのはなぜですか。

A 本制度における手続追行主体は、共通義務確認訴訟において、相当多数の消費者と事業者との間に存在する共通義務（第2条第4号に規定する義務）を審判対象（訴訟物）として確認する訴えを提起し、対象債権の確定手続において、対象消費者から授権を受けて、個別の債権に関する主張・立証を行い、最終的には個別の消費者に金銭を分配する等の業務を担う者となります。そのため、この手続追行主体は、消費者の被害回復を図るための役割を、責任を持って果たすことが制度的に担保されている者とする必要があります。

具体的には、①消費者被害に関する知識経験を有するとともに、消費者被害に対して、消費者利益を擁護する立場、事業者から独立した立場で活動ができ、実際にそのような活動を行うことを目的としつつその活動実績を有していること、②組織体制等が整備されていて、本制度に基づく手続を安定的かつ継続的に実施することができること、③本制度の信頼性を失墜させないよう適切な業務執行ができることが必要です。

これらの点に鑑みると、消費者契約法第13条第1項の規定に基づき内閣総理大臣の認定を受けた適格消費者団体が本制度の手続追行主体として相当です。

なお、訴えの提起ごとに裁判所が手続追行主体の適格性を判断する制度については、次のような点から制度の安定的運用、信頼性、実効性が損なわれるという指摘がされています。

① 適格性の要件の該当性について当事者間で争われ、その審理に時間を要することとなるため、迅速な紛争解決に結びつかないおそれがある。

② 被告となる事業者にとっても応訴負担が増加するおそれがある。

③ どの者が手続追行主体であるかがあらかじめ明確でないと、事業者への不当な要求や不必要な訴訟提起のおそれがある。

④ 消費者にとっては誰に自らの被害情報を伝えてよいか分からないおそれがある。

Q108　適格消費者団体とはどのようなものですか。

A　適格消費者団体とは、不特定かつ多数の消費者の利益のために消費者契約法等の規定による差止請求権を行使するのに必要な適格性を有する法人である消費者団体として、消費者契約法第13条の定めるところにより内閣総理大臣の認定を受けた者をいいます（消費者契約法第2条第4項）。

消費者契約法は、消費者被害の発生又は拡大を防止して消費者の利益の擁護を図るため、適格消費者団体が差止請求をすることができることとしています（同法第12条）。このような差止請求をする主体は、不特定かつ多数の消費者の利益を擁護する観点から真摯に差止請求をすることが期待できる者である必要があります。このような観点から適格消費者団体の認定をするための要件が消費者契約法第13条において定められています（Q109参照）。

Q109 適格消費者団体の認定要件はどのようなものですか。

A 適格消費者団体の認定要件は消費者契約法第13条第3項各号等に定められていますが、その主な内容は次のようなものがあります。

① 特定非営利活動法人又は一般社団法人若しくは一般財団法人であること（同項第1号）。

② 不特定かつ多数の消費者の利益の擁護を図るための活動を行うことを主たる目的としていること（同項第2号）。

③ 相当期間、継続的な活動実績を有していること（同項第2号）。

④ 組織体制や業務規程が適切に整備されていること（同項第3号）。

⑤ 理事会による業務執行の決定がされ、理事の構成についても理事の独立性が確保されているとともに、特定の事業者の関係者の数が一定割合を超えていないこと（同項第4号）。

⑥ 消費生活及び法律の専門家を確保していること（同項第5号）。

⑦ 差止請求関係業務を適正に遂行するに足りる経理的基礎を有していること（同項第6号）。

Q110　適格消費者団体の活動状況はどのようなものですか。

A　本制度は、平成18年の消費者契約法の一部改正によって導入され、平成19年6月の同改正法の施行により、制度の運用が開始されました。現在、11団体が適格消費者団体として認定され、消費者の利益擁護のための活動を行っています。その活動において、実際に裁判上の差止請求の訴えが提起されたのは33件となっており、裁判上の差止請求の訴えには至らなくても、裁判外における差止請求権の行使によって事業者が任意に改善をして解決をした例も多くあります。

このように、消費者団体訴訟制度は、被害回復ができないという限界はあるものの、行政ではない消費者団体ならではの柔軟かつ機動的な活動により、不特定多数の消費者の被害の発生又は拡大の防止という所期の成果が得られています。

Q111 特定適格消費者団体の要件はどのようなものですか。

A

1 本制度の手続追行主体

本制度は、消費者被害に関する知識経験を有するとともに、こうした消費者被害に対し、消費者利益を擁護する立場、事業者から独立した立場で活動ができる者が実施する必要があります（Q107参照）。それゆえ、本制度の手続追行主体として必要な要件は、次のような要素が必要です。

① 消費者利益を擁護する立場で活動ができること。

② 裁判手続を安定的に実施することができること。

③ 本制度の信頼性を失墜させないよう適切な業務執行ができること。

以上のことを踏まえると、本制度の手続追行主体はおのずから現在の適格消費者団体の要件を満たし適正な活動を行っていることが必要となります。

2 特定認定の要件

特定適格消費者団体の認定を受けるために必要な要件は、主に次のようなものがあります（第65条第4項各号）。

① 活動実績：差止請求関係業務を相当期間にわたり継続して適正に遂行していること（同項第1号）。

② 組織体制：被害回復関係業務を行う機関・部門その他の組織が設置され、必要な人員が必要な数だけ配置されていること（同項第2号）。

③ 業務規程：被害回復関係業務の実施方法（授権契約の内容、授権をした者の意思の確認の方法など）、情報管理及び秘密保持の方法、金銭その他の財産の管理の方法（同項第2号）。

④ 意思決定方法（理事・理事会等）：理事会における意思決定方法（多数決）、理事のうち1人以上は弁護士であること（同項第3号）。

⑤ 経理的基礎：被害回復関係業務を安定的かつ継続的に行うに足りる財政基盤を有していること。当該団体の規模、想定している訴訟の件数など業務の内容、継続的なボランティアの参画状況、他の業務の収支状況（他業から当該業務への収入補填の見込みなど）等を勘案して適正であること（同項第5号）。

⑥ 報酬・費用：被害回復関係業務に関して支払を受ける報酬又は費用が

ある場合には、これが消費者の利益の擁護の見地から不当な報酬又は費用の額でないこと（同項第6号）。

⑦　その他：被害回復関係業務以外の業務（差止請求関係業務を含む。）を行うことによって、被害回復関係業務の適正な遂行に支障を及ぼすおそれがないこと（同項第7号）。

Q112 特定適格消費者団体の要件は適格消費者団体の要件と比べどのような点が付加されていますか。

A 特定適格消費者団体の要件は、現行の適格消費者団体の要件と比べ、特定適格消費者団体が新たに被害回復関係業務を担うに当たっての適切な要件として主に次のようなものが付加されています。

① 新たな業務である被害回復に関係する業務について、適正に遂行するための体制・業務規程、経理的基礎を整備すること。

② 被害回復裁判手続の追行等の事務の実施の適正を確保し、当事者その他関係人らの利益を損なわないようにする観点から、理事に弁護士を選任すること。

③ 消費者から報酬及び費用の支払を受けるに当たり、適正な基準を策定していること。

[主な認定要件の比較]

	適格消費者団体の認定要件 (消費者契約法第13条第3項)	特定認定の要件 (第65条第4項)
法人格	・NPO法人、一般社団法人、一般財団法人	(左と同じ)
目的・活動実績	・不特定かつ多数の消費者の利益の擁護を図るための活動	【左に追加して】 ・差止請求関係業務を相当期間継続して適正に行っていること
組織体制・業務規程	・差止請求関係業務を適正に遂行するための体制、業務規程等の整備 ・消費生活相談員、弁護士等の消費生活の専門家による検討体制	【左に追加して】 ・被害回復関係業務についても適正に遂行できる体制、業務規程等の整備が必要
理事・理事会等	・理事会の設置 ・理事の構成が特定の事業者、業種に偏っていないこと	【左に追加して】 ・弁護士の理事を選任
経理的基礎	・差止請求関係業務を適正に遂行するための経理的基礎	【左に追加して】 ・被害回復関係業務についても適正に遂行できる経理的基礎
報酬及び費用	(消費者から徴収していない)	・合理的範囲内で受取可能 ・額の適正化を図る措置が必要

Q113 特定認定の要件として、差止請求関係業務を相当期間にわたり継続して適正に行っていることを定めているのはなぜですか。

A

1　必要性

本制度において共通義務確認訴訟に係る業務は、対象消費者全体のために事業者の行為の適否を問う業務であり、不特定かつ多数の消費者の利益のために行う差止請求関係業務に相当するものといえます。それゆえ、本制度の手続追行主体は、実際に、差止請求に係る訴訟を追行することや、裁判外の交渉により改善を求めることなど、差止請求関係業務を相当期間にわたり継続して適正に行っている実績を有していると認められることが必要となります（第65条第4項第1号）。

2　活動実績の内容

第65条第4項第1号にいう「相当期間にわたり継続して」とは、一定程度の期間中途切れることなく業務を行うという意味であり、特定認定（特定適格消費者団体の認定）の有効期間が3年間であることを踏まえ（第69条第1項）、特定認定が有効である間、安定的かつ継続的に被害回復関係業務を遂行することが期待できる者と判断するための期間を意味するものとなります。

また、「適正に」とは、例えば、消費者契約法第33条に基づく適合命令や改善命令を受けることなく差止請求関係業務を行っていることなどが考えられます。

3　活動実績の評価対象

活動実績の評価の対象となる活動は、適格消費者団体として適正に差止請求を行っていることが前提となることは当然です。

ただし、差止請求関係業務においては、裁判上の請求を行う際に、事前の申入れを行うことを法律上定めており（消費者契約法第41条）、結果として事業者が対応したような場合も、不特定かつ多数の消費者の利益のための活動を行っていると評価することができます。このため、特定認定の要件として裁判上の差止請求ないしその請求の認容の有無等は考慮要素となるとしても、それ自体を特定認定の要件とすることは、相当ではないと考えられます。

なお、活動実績の判断基準等については、認定・監督の指針（ガイドライン）等で明らかにすることを予定しています。

Q114 被害回復関係業務を適正に遂行するに足りる組織体制・経理的基礎とはどのようなものですか。

A 被害回復関係業務は、差止請求関係業務では生じなかった事務も適切に行う必要があることから、新たに付加される業務を安定的・継続的に遂行するに足りるだけの組織体制及び経理的基礎を要件とするものです（Q111、Q112参照）。

具体的には、差止請求関係業務においては生じなかった、次のような業務を滞りなく実施することが可能な組織体制を事案の規模や難易度に応じて構築する必要があります。

① 授権を受けることや授権をした者の意思確認
② 金銭の授受に関する事項
③ 対象消費者に対する通知・公告
④ 対象債権の確定手続の追行

そして、組織体制を構築するとともに、これら業務に係る費用等を負担したとしても継続的に被害回復関係業務を実施できるだけの経理的基礎が必要と考えられます。

なお、被害回復関係業務を適正に行う組織体制は、特定適格消費者団体になろうとする適格消費者団体自身が備えていることが必要であり、団体自身の組織体制に基づき評価されるものと考えられます。

Q115　弁護士を理事に選任し、弁護士に手続を追行させなければならないのは、なぜですか。

A

1　基本的な考え方

特定適格消費者団体は、本制度による裁判手続を追行する団体であることから、法律事務の専門性が求められます。

このため、特定適格消費者団体の意思決定に法律事務の専門性を有する者の知見を適正に関与させるべく、弁護士を理事に選任し、意思決定機関である理事会の議決に関与させることとしています（第65条第4項第3号ロ）。

また、次のような観点からも、弁護士の関与により当該業務の適正性を制度的に担保する必要があります。

① 質の低い訴訟追行等により消費者が不利益を受けるおそれがあること
② 事業者に対し不測の影響を与えるおそれがあること
③ 判決効が他の特定適格消費者団体にも及ぶこと
④ 消費者、事業者の法律の無知に乗じて不当な利益を得るおそれがあること

それゆえ、簡易確定手続を含む民事訴訟に関する手続、仮差押命令に関する手続及び執行抗告等については、第77条において弁護士に追行させなければならないと規定しています。基本的には、裁判所の許可を得れば弁護士でない者を代理人とすることができる手続では、この義務を課していません。

また、団体外の弁護士が訴訟代理人になることのほか、団体の理事や専門委員等の団体内の弁護士が訴訟代理人になることでもよく、また、団体の理事である弁護士が団体の代表者として訴訟を追行することでもよいと考えられます。

2　弁護士に追行させなければならない手続

「民事訴訟に関する手続」には、共通義務確認訴訟、異議後の訴訟のほか、執行文付与の訴えや請求異議の訴えに係る訴訟手続などの「民事執行に係る訴訟手続」（第2条第9号ロ）や仮差押命令に関する執行文付与の訴えなどの「仮差押えの執行に係る訴訟手続」（同号ロ）を含みます。

「仮差押えの執行に係る訴訟手続」とは、仮差押命令の申立てのほか、保全異議、保全取消し、保全抗告、担保の取消しなどに関する手続を含みます。

これらの規律により、特定適格消費者団体の業務の適正を制度的に確保し、本制度の安定性・信頼性を保つよう措置しています。

なお、本条は、一定の裁判手続について弁護士に追行させることを求めているものであり、例えば、授権をしようとする者への説明（第32条）や和解などをしようとする場合における授権をした者の意思を確認するための措置（第65条第5項）など、被害回復関係業務の全般について、弁護士に追行させることを求めるものではありません。

Q116 「不当な目的でみだりに」（第75条第2項）とはどのようなものですか。

A 本制度は、特定適格消費者団体の行為規範として、「不当な目的でみだりに」共通義務確認の訴えを提起することを禁止していることから（第75条第2項）、主張が根拠を欠いていたことを単に知っていた、あるいは知り得たということにとどまらず、自ら若しくは第三者の利益を図り、又は相手方を害する目的などの不当な目的が必要と考えられます。

そして、いかなる場合に「不当な目的でみだりに」に当たるかは、本制度の趣旨から定められるものと考えられることから、民事訴訟一般における訴えの提起が違法となる場合とは必ずしも一致するものではありません。

例えば、「不当な目的でみだりに」に当たり得るものとしては、次のような場合が含まれるものと考えられます。

① 例えば、訴えを提起することが、何らかの利益の見返りを得ることが目的である場合又は相手方の社会的信用を低下させることや、単なる嫌がらせ目的である場合（図利加害目的）など、およそ消費者の利益の擁護を図る目的がない場合

② 訴えの提起の時点から訴えが却下され又は請求が棄却されることが明らかであった場合に、特定適格消費者団体が、そのことを知りながらあるいは容易に知り得たにもかかわらず、不当な目的で共通義務確認の訴えを提起する場合

なお、「不当な目的でみだりに」に該当するかどうかの判断基準については、認定・監督の指針（ガイドライン）等で明らかにすることを予定しています。

Q117　特定適格消費者団体が報酬の支払を受けることができることとしたのはなぜですか。

A

1　報酬等の支払を受けることができること

特定適格消費者団体は、被害回復関係業務を実施するに当たり、次のような事務を実施することとなり、現行の差止請求関係業務に比べ事務作業量が大幅に増大することが見込まれています。

① 事案の分析・検討、共通義務確認訴訟における主張・立証
② 消費者への通知・公告、授権を受けることや授権をした者の意思確認
③ 金銭の授受に関する事項
④ 対象債権の確定手続の追行　　等

また、本制度は消費者被害の実効的な回復を図る制度であり、個々の消費者は、本制度の活用により、自らの被害を金銭的に回復するという具体的な利益を享受することになります。

そこで、本制度の持続性の観点から、これらの業務に不可避的に生ずる支出について、特定適格消費者団体が合理的かつ適正な範囲内で回収できるよう、特定適格消費者団体が授権をした消費者から、報酬及び費用の支払を受けることができることとしています（第76条）。

2　特定適格消費者団体が支払を受ける報酬及び費用に関する規律

特定適格消費者団体は、報酬及び費用の支払を受けることについて報酬及び費用に関する規程を定め、その規程について、内閣総理大臣が特定認定の際に審査することとしています（第65条第4項第6号）。

また、当該規程を改定する場合には、内閣総理大臣に届け出ることにより、消費者の利益が不当に害されることのないよう行政監督を行うこととしています（第70条、第66第2項第5号）。

なお、今後策定することとしている認定・監督の指針（ガイドライン）において、報酬及び費用の基礎とすることができる費目を具体的に定め、その積算により算定することとしつつ、さらに、消費者の人数、損害額、事件の規模等を勘案し、最終的に確保されるべき消費者の取戻分を一定額以上とすることを定めることによって、特定適格消費者団体が支払を受ける報酬及び

費用の上限等を示すことを予定しています。

3　弁護士法第72条との関係

特定適格消費者団体が行う訴訟追行等の事務は、弁護士法第72条にいう「法律事件」に関する「法律事務」に該当すると解されます。同条の規定が無資格者による他人の法律事務への介入を禁じている趣旨は、そのような行為が当事者その他関係人らの利益を損ない、法律秩序を害するおそれがあるからとされています。

このような点を踏まえ、本法において特定適格消費者団体が被害回復関係業務を行うに当たっては、次のような弊害を予防する必要があります（Q115参照）。

①　質の低い訴訟追行等により消費者が不利益を受けること

②　消費者、事業者の法律の無知に乗じて不当な利益を得ること　　等

それゆえ、特定適格消費者団体が被害回復関係業務を行うに当たっては、特定適格消費者団体の事務において弁護士の関与を強め実質的に関与させるよう、弁護士を理事に選任するとともに（第65条第4項第3号ロ）、被害回復関係業務を行う場合において民事訴訟に関する手続等の一定の手続を弁護士に行わせなければならないよう規定しています（第77条）。

このような措置をとった上で、第76条は弁護士法第72条の例外を定めています。

Q118 特定適格消費者団体は、（事業者から）寄附を受けることができますか。

A

1　寄附の受取

特定適格消費者団体は、その母体が、特定非営利活動法人又は一般社団法人・一般財団法人であることから（消費者契約法第13条第3項第1号）、その活動の原資として、会員からの会費を受けることや、消費者や事業者からの寄附を受けることは当然に許容されます。

それゆえ、特定適格消費者団体が何人からも財産上の利益を受けてはならないとすることは、特定適格消費者団体の活動を事実上停止させてしまうおそれがあることから適切ではないと考えられます。もっとも、例えば多額の寄附を受けた事業者の指示又は委託を受けて自ら検討することなくいわれるがまま、当該事業者と競合関係にある事業者に対して訴えを提起するなどの場合は、およそ事業者から独立して消費者の利益の擁護のために活動できる者として認定された団体として適正に被害回復関係業務を行っていると解することができず、不適切な権限の行使（第75条第1項）として改善命令（第85条第2項）等の行政処分の対象となることが考えられます。

2　活動の適正性確保

適格消費者団体は、その差止請求に係る相手方から、その差止請求権の行使に関し、不当に財産上の利益を収受することは、制度の信頼性を損ねることから消費者契約法第28条において禁止されています。これと同様に、本制度においても被害回復裁判手続に係る相手方から、その被害回復裁判手続の追行に関し、不当に財産上の利益を受けることがないよう規定するとともに（第83条）、この規定に抵触した場合には、改善命令（第85条第2項）、特定適格消費者団体の認定又は適格消費者団体の認定の取消し（第86条第2項）等の監督措置を講じることとなります。

なお、特定適格消費者団体の行う被害回復関係業務に関する会計については、特定適格消費者団体の活動状況とともに収支の状況を情報開示の対象とし、国民一般の閲覧に供することで、適正性を確保することとしています。

Q119　特定適格消費者団体として支払を受けた報酬又は費用を差止請求関係業務の費用に充てることはできますか。

A　被害回復関係業務を行うことに関し、特定適格消費者団体として得た報酬又は費用をどのような使途に充てるかについては、団体の裁量に委ねられるものと考えられます。特定適格消費者団体として支払を受けた報酬又は費用を適格消費者団体としての差止請求関係業務の費用に充てることは、それ自体差し支えないものと考えられます。

Q120 特定適格消費者団体の個人情報の取扱いについてはどのような規律がありますか。

A

1　個人情報に関する規律

特定適格消費者団体が取得する個人情報については、適正に管理し又は保持する必要があることとし、その利用に当たっては、当該個人情報を適正に取り扱う必要があることのみならず、原則として被害回復関係業務の目的の達成に必要な範囲内で保管し利用しなければならないこととされています（第79条）。

また、正当な理由がなく被害回復関係業務に関して知り得た秘密を漏らしてはならない（第80条）としています。「被害回復関係業務に関して知り得た秘密」とは、非公知の事実で、本人が他に知られないことにつき客観的に相当の利益を有するものをいいます。事業者の不当な行為に関して知り得る情報については、立入検査等の強制権限に基づくものではなく任意に知り得るものである以上、基本的に非公知のものとはいえない上、相手方が他に知られないことにつき客観的に相当の利益があるといえないので、「秘密」に該当しないと考えられます。また、たまたま見聞きした事項のような被害回復関係業務の遂行とは無関係に知り得た事項は該当しないと考えられます。

「正当な理由」としては、例えば、①秘密の主体である本人が承諾した場合、②法令上の義務（例えば、訴訟手続において証人として証言する場合等）に基づいて秘密事項を告知する場合などが該当します。

そして、特定適格消費者団体は、特定認定のための要件として、被害回復関係業務に関して知り得た情報の管理及び秘密の保持の方法を具体的に業務規程において定めなければならないこととしています（第65条第5項）。それゆえ、業務規程記載事項に反した個人情報の管理が行われた場合は、適合命令又は改善命令の対象となり（第85条）、場合によっては特定認定を取り消すこと（第86条第1項）をもって対応することも考えられます。

なお、特定適格消費者団体が業務規程に定める内容は、消費者庁から特定適格消費者団体に対して認定・監督の指針（ガイドライン）として示す予定としています。

2　罰則について

民間部門における個人情報の取扱いをめぐるトラブルについては、まずは自主的な取組によって解決が図られるべきものであることから、個人情報の流出そのものを対象とした罰則規定は設けてはいません。

ただし、本制度においては、特定適格消費者団体が、次のような行為を行った場合には、罰則の対象となることがあり得ます。

① 消費者から収集した消費者の被害に関する情報を当該消費者の同意を得ないまま一定の方法で利用した場合（第99条第6号）

② 個人情報が秘密（第80条）に該当する場合に故意に当該個人情報を流出させたような場合（第94条第2号）

Q121 特定適格消費者団体の適格性に疑義がある場合には是正を求めたい者はどのようなことができますか。

A 本制度においては、特定認定の申請があった際には、所定の書類を縦覧に供し、広く国民一般に対しても申請団体の適格性についての情報を求めることとしています（第67条）。

また、特定適格消費者団体の業務の適正な運営を確保し特定適格消費者団体の活動について情報を公開し理解を得るため、被害回復関係業務の実施状況についての情報も広く公開することとしています。具体的には、業務規程、経理に関する書類等について備え置くとともに、閲覧に供することとしています（第88条による読替後の消費者契約法第31条）。

なお、特定適格消費者団体の実態や活動に疑義がある場合には、特定認定の取消し等を申し出る制度を設けてはいませんが、監督者（消費者庁）に対して情報を提供することは可能であり、監督者はこれらの情報を端緒に必要な調査を行い、場合によっては適合命令又は改善命令等の監督措置を講じることとなります。

Q122 共通義務確認訴訟の判決を消費者庁はどのように周知するのですか。

A 本制度において、内閣総理大臣は、特定適格消費者団体から第78条第1項に掲げる所定の事項の報告を受けた際に、共通義務確認訴訟の確定判決の概要等を公表することとしています（第90条第1項）。この際、消費者庁は、消費者庁のウェブサイトに共通義務確認訴訟の確定判決の概要等を掲載することが想定されています。

消費者庁は、これに加えて国民生活センター、全国の消費生活センター等に必要な情報を提供するほか、報道機関への情報提供を積極的に行うなど、その情報が、高齢者やインターネットを通じたアクセスが難しい対象消費者をも含めて分かりやすく伝わるような方策を採る予定としています。

Q123　公布の日から起算して３年を超えない範囲内で施行するのはなぜですか。

A　本法は、民事裁判手続の特例を新たに設けるものであり、法律の施行までには、次のような準備作業が必要となります。

①　政令・内閣府令・認定・監督の指針（ガイドライン）の制定

②　裁判手続に関する最高裁判所規則の制定　　等

また、本制度が円滑かつ実効的に利用されるためには、上記の下位法令及びガイドライン等を含めた制度の全体像について、消費者や事業者等に対し、趣旨や内容等について十分周知・広報をすることが重要です。そのため、施行までには相当の期間を要することが想定されます。

それゆえ、本法の施行期日は、「公布の日から起算して三年を超えない範囲内において政令で定める日」とし、具体的な施行日は、準備状況を踏まえ政令で定めることとしています（附則第１条）。

Q124　施行前の事案について本制度の適用をしない（附則第２条）のはなぜですか。

A　本法施行前の事案について本制度を適用するとすれば、

① 事業者は、多数の消費者の請求権について、一時期にまとまって金銭の支払を求められることになること

② 情報開示義務（第28条第１項）など事業者には本制度特有の新たな義務を課すこととしていること

などから本制度が適用されることにより、事業者の予測可能性が害される側面があります。

そこで、事業者が本制度の適用を予測できなかったものは本制度の対象としないこととし、施行前の事案については、本制度を適用しないこととしました。

Q125 不法行為については加害行為を基準とし、その他の請求については契約を基準としているのはなぜですか。

A

1　不法行為以外の請求

附則第２条は、事業者が本制度の適用を予測できなかったものは本制度の対象としないとすることとし、施行前の事案については、本制度を適用しないこととしたものです。

事業者の金銭の支払義務が生じるに当たって、不法行為以外の請求については、一般的には契約が重要な原因となることから、契約の締結時を基準として本制度の適用の有無を定めています。

なお、クーリングオフには、一般に、申込みの撤回としてするものと契約の解除としてするものがありますが、不当利得に係る請求をするには、金銭を支払っていることが必要となり、金銭を受け取った事業者との間では契約の締結に至っていると認められることが多いものと考えられますので、クーリングオフを理由とする不当利得返還請求についても、契約の締結時を基準として判断することが可能です。

2　不法行為

不法行為については、契約の締結よりも、加害行為が重要な原因となることから、加害行為時を基準としています。事業者の支払義務が生じるに当たって何が重要な原因となるかの違いから、不法行為だけ加害行為を基準としていますが、本法施行前の事案について、事業者の予測可能性の観点から、本制度の適用を制限するという基本的な考え方に異なるところはありません。

事業者が施行後に加害行為を行っている以上、その行為について本制度に基づいて責任を追及したとしても、事業者の予測可能性を害するものではありません。

なお、施行前に契約を締結していたものの、施行後に加害行為があるとして、不法行為に基づく損害賠償請求をするには、当然、施行後に不法行為の要件である加害行為であると認められるだけの行為がされていることが必要です。

Q126 民事訴訟費用等に関する法律の一部改正（附則第9条）についてはどのようなことを定めていますか。

A

1　民事訴訟費用等に関する法律第3条第2項の改正関係

簡易確定決定に対して異議の申立てがあった場合に訴えの提起があったものとみなすこととしている（第52条第1項）ことから、通常の民事訴訟を提起した場合と同様に、これにより解決を求める届出消費者側が、その経済的利益の額に応じて手数料を支払うこととすべきです。そこで、民事訴訟費用等に関する法律（以下「費用法」といいます。）第3条第2項第3号を新設し、通常の民事訴訟を提起した場合の手数料の額から債権届出について納めた手数料の額を控除した額の手数料を納めなければならないこととしたものです（Q92参照）。

2　費用法別表第1の16の項イの改正関係

同項イを改正して、第14条の規定による簡易確定手続開始の申立てについては、申立手数料を1,000円と定めています。簡易確定手続についても、これを利用する当事者に、制度を運営するための費用の一部を合理的な範囲で負担させることが必要であり、その一環として申立手数料を納めさせることにしました（Q89参照）。

3　費用法別表第1の16の2の項の新設関係

同項は、第30条第1項の規定による債権届出については、手数料を、1個の債権につき1,000円と定めています。

簡易確定手続は、実質的には、特定適格消費者団体の債権届出により対象債権の確定という経済的紛争を扱う手続であるため、債権届出について手数料を納めさせることとするのが適当です。そして、一般的に少額な対象債権についての債権届出が多いと予想されること、事務手続を簡便にする必要があることから、経済的利益の額に応じたスライド制とするのではなく、定額なものとし、一律1,000円とすることにしました（Q90参照）。

Q127　民事執行法の一部改正（附則第10条）についてはどのようなことを定めていますか。

A　**1　民事執行法第22条の改正関係**

届出債権支払命令は、第44条第4項の規定により仮執行の宣言が付されたときは執行力を有することになるため、債務名義となります。しかしながら、確定前の届出債権支払命令は民事執行法第22条（以下本問において単に条番号のみ掲げるときは、民事執行法の条文を指します。）各号に掲げる債務名義には該当しないため、同条に第3号の3を追加して、これを民事執行法上の債務名義に該当する旨を規定したものです。

なお、届出債権支払命令は、仮執行の宣言が付されているか否かにかかわらず、適法な異議の申立てがなく確定すれば、「確定判決と同一の効力を有する」（本法第46条第6項）ことから、第22条第7号に規定する債務名義に該当します。第3号の3の「仮執行の宣言を付した届出債権支払命令」とは、確定前のものをいいます。これは、第3号の2の「仮執行の宣言を付した損害賠償命令」と同様です。

2　民事執行法第33条第2項の改正関係

仮執行の宣言を付した届出債権支払命令が債務名義になるとしたこと（第22条第3号の3の新設）、同条第7号に確定後の届出債権支払命令、簡易確定手続における認否及び和解に関するものが含まれることに伴い、これらの債務名義について執行文の付与の訴えを提起する場合、その訴えを管轄する裁判所を当該簡易確定手続が係属していた地方裁判所と定める（第33条第2項第1号の3の新設）とともに、同項第1号及び第6号につき、所要の改正を行うものです。

3　民事執行法第35条第1項の改正関係

仮執行の宣言を付した確定前の届出債権支払命令については、異議の申立てによりその内容を争うことが認められており（本法第46条第1項、同条第2項）、その内容を争うための訴訟である請求異議の訴えを認める必要がないことから、仮執行の宣言を付した判決、損害賠償命令（いずれも確定前のものに限ります。）と同様に、請求異議の訴えは認めないこととしたものです。

4 民事執行法第 173 条第 2 項、第 197 条第 1 項、第 201 条第 2 号の改正関係

そのほか、間接強制、財産開示手続について所要の改正を行っています。

Q128 消費者契約法の一部改正（附則第 11 条）についてはどのようなことを定めていますか。

A 本法において、一定の事由がある場合に内閣総理大臣は、特定適格消費者団体の認定又は適格消費者団体の認定を取り消すことができることとしています（第 86 条第 2 項）。それゆえ、消費者契約法における適格消費者団体の認定を取り消した場合に関する規定において、本法の規定による適格消費者団体の認定の取消しに係る規定を設けることにしました。

本法の規定による適格消費者団体認定の取消しは、当該特定適格消費者団体が消費者の利益を代表し、被害回復関係業務だけでなく、差止請求関係業務を担うのにふさわしくないと判断される事由があることに基づくものであり、そのような団体が適格消費者団体の認定の取消し後、短期間のうちに適格消費者団体の認定を受けられることとすることは、制度の信頼性の確保の観点から相当ではないことから、第 86 条第 2 項各号に掲げる事由により適格消費者団体の認定が取り消された場合を、適格消費者団体の認定の欠格事由とすることにし、必要な改正を行ったものです。

具体的には、消費者契約法第 13 条第 5 項（欠格事由）のほか、適格消費者団体の認定が取り消された場合に関する規定である同法第 34 条第 3 項（認定の取消事由があったことの認定）、同法第 35 条第 1 項、同条第 4 項（差止請求権の承継に係る指定等）においても「消費者の財産的被害の集団的な回復のための民事の裁判手続の特例に関する法律第八十六条第二項各号」に掲げる事由により適格消費者団体の認定が取り消された場合の記載をしています。

さらに、本法の規定又はその規定に基づく処分に違反して罰金の刑に処せされた場合にも消費者契約法の規定又はその規定に基づく処分に違反して罰金の刑に処せられた場合と同様に、適格消費者団体の認定の欠格事由とすることにしています。

資料1　消費者の財産的被害の集団的な回復のための民事の裁判手続の特例に関する法律について①

二段階型の訴訟制度：一段階目：事業者の共通義務の確認（注）
　　　　　　　　　　　二段階目：対象消費者の債権を**個別**に確定

（注）事業者が、相当多数の消費者に対して、これらの消費者に共通する事実上及び法律上の原因に基づき、金銭を支払う義務を負うべきことの確認

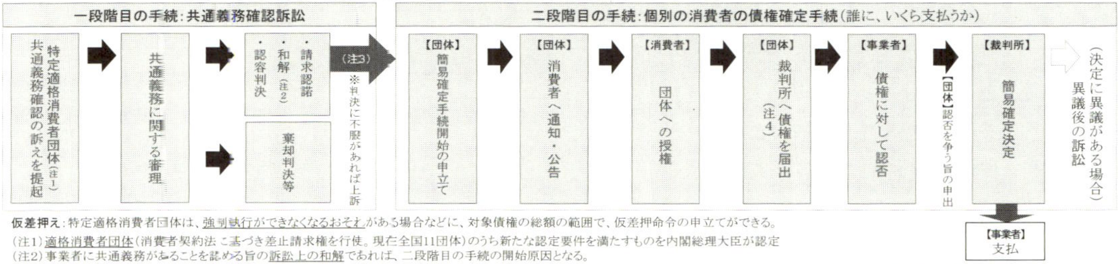

仮差押え：特定適格消費者団体は、強制執行ができなくなるおそれがある場合などに、対象債権の総額の範囲で、仮差押命令の申立てができる。

（注1）適格消費者団体（消費者契約法に基づき差止請求権を行使。現在全国11団体）のうち新たな認定要件を満たすものを内閣総理大臣が認定
（注2）事業者に共通義務があることを認める旨の訴訟上の和解であれば、二段階目の手続の開始原因となる。
（注3）一段階目の手続の判決の効力は、原告及び被告に及ぶほか、当該一段階目の手続の当事者以外の特定適格消費者団体及び二段階目の手続において債権を届け出た消費者にも及ぶ。
（注4）裁判所への債権届出により、共通義務確認の訴えの提起時に時効が中断する。

○経緯

・消費者契約法の一部を改正する法律案に対する附帯決議
（衆議院・参議院内閣委員会）（平成18年）
「消費者被害の救済の実効性を確保するため、適格消費者団体が損害賠償等を請求する制度について、・・・、その必要性等を検討すること。」

・消費者庁及び消費者委員会設置法附則（平成21年6月）
6　政府は、消費者庁関連三法の施行（平成21年9月）後三年を目途として、加害者の財産の隠匿又は散逸の防止に関する制度を含め多数の消費者に被害を生じさせた者の不当な収益をはく奪し、被害者を救済するための制度について検討を加え、必要な措置を講ずるものとする。

⇒平成25年4月19日、第183回国会提出（閣法第60号）。同年11月1日、衆議院において修正議決（全会一致）、同年12月4日、参議院において可決・成立（全会一致）。同月11日公布（法律第96号）。

○目的（第1条）

【消費者契約に関して相当多数の消費者に生じた財産的被害】
消費者と事業者との間の**情報の質・量や交渉力の格差**により、消費者が自ら回復を図ることには困難を伴う場合がある。
↓
財産的被害を集団的に回復するための裁判手続を創設
もって国民生活の安定向上と国民経済の健全な発展に寄与

○対象となる請求（第3条第1項）

事業者が消費者に対して負う金銭の支払義務であって、消費者契約に関する以下の請求に係るもの
（簡易確定手続で債権の存否・内容を**適切・迅速**に判断することが**困難**な場合は、訴えを却下できる。）

①**契約上の債務の履行の請求**（第1号）
②**不当利得に係る請求**（第2号）
③**契約上の債務の不履行による損害賠償の請求**（第3号）
④**瑕疵担保責任に基づく損害賠償の請求**（第4号）
⑤**不法行為に基づく民法の規定による損害賠償の請求**（第5号）

（注）被告となるのは、**消費者契約の相手方である事業者**
（⑤は、**債務の履行をする事業者、勧誘をする・させる・助長する事業者**も被告となり得る。）

○対象外の損害（第3条第2項）

・**いわゆる拡大損害**（消費者契約の目的となるもの以外の財産が滅失・損傷したことによる損害）（第1・3号）
・**逸失利益**（消費者契約の目的物の提供があれば得るはずであった利益を喪失したことによる損害）（第2・4号）
・**人身損害**（人の生命又は身体を害されたことによる損害）（第5号）
・**慰謝料**（精神上の苦痛を受けたことによる損害）（第6号）

資料2　消費者の財産的被害の集団的な回復のための民事の裁判手続の特例に関する法律について②

○一段階目の手続：共通義務確認訴訟（金銭の支払義務を確認）

管轄（第6条）

①：**被告の本店所在地**の管轄裁判所
②：**被告の事務所、営業所の所在地**の管轄裁判所
③：**不法行為があった地**の管轄裁判所（例：不当な勧誘行為があった地）
④：**義務履行地**の管轄裁判所（例：債権者である消費者の住所地）
⑤：**①～④の所在地を管轄する高等裁判所の所在地**の管轄裁判所　等
（請求権の届出をすることが見込まれる消費者が著しく多数である場合）

移送・併合（第6条・第7条）

・同一の共通義務確認訴訟　→　**移送・併合**して同一裁判所で**審理**
・同種の共通義務確認訴訟　→　**移送・併合**して同一裁判所で**審理可**

個別訴訟の中止（第62条）

・**共通義務確認訴訟**と、その共通義務に関連する請求権に係る**個別の訴訟**とが同時に係属した場合　→　**裁判所**は**個別の訴訟**を中止できる。

和解（第10条）

・共通義務があることを認める旨の**訴訟上の和解**　→　二段階目の手続の開始原因

○二段階目の手続：対象債権の確定手続（誰に、いくら支払うか）

申立期間（第15条）

・共通義務確認訴訟における判決の確定等の日から原則**一月以内**

簡易確定手続に消費者の加入を促す仕組み（第25条～第29条、第90条）

【裁判所】
・官報への公告（簡易確定手続開始決定の主文、対象債権・対象消費者の範囲等）
【特定適格消費者団体】
・対象債権を有する消費者に対し書面又は電磁的方法で個別に通知する義務
・**相当な方法**（インターネット等も可）により公告する義務
・通知・公告**費用**は**特定適格消費者団体が負担**
【事業者】（団体からの求めがあったとき）
・**裁判所の公告事項の公表義務**（インターネット等も可）
・対象消費者の**情報**が記載された**文書の開示義務**（不相当な費用又は時間を要する場合を除く。）　→　**団体の申立て**により、**裁判所**が当該**文書の開示**を命令
【消費者庁】
・**確定判決の概要等**を公表（インターネット等）

○仮差押え（第56条～第59条）（将来の強制執行を確保するための制度）

特定適格消費者団体は、仮差押命令の申立てができる。

	本制度	（参考）民事保全法
被保全権利の疎明	・**対象債権・対象消費者の範囲、対象債権の総額**	個別具体的な債権の内容及び額
保全命令手続における訴訟要件	・管轄　・当事者能力　等	
	・**共通義務確認の訴えを提起できる事案であること**	—
その他	・**保全の必要性**（財産の隠匿・散逸等のおそれ）の**疎明** ・仮差押目的物の特定　・裁判所の決定により**担保**を立てること	

○手続追行主体：特定適格消費者団体（新たな訴訟制度の手続追行主体）

⇒適格消費者団体（消費者契約法に基づき差止請求権を行使。現在全国11団体）の中から、新たな要件を満たすものを内閣総理大臣が認定（有効期間は3年）

認定要件（第65条）（被害回復関係業務を適切に遂行するための要件）

・**差止請求関係業務**を相当期間にわたり継続して適正に行っていること
・体制（**弁護士理事**の選任等）、**業務規程**、**経理的基礎**等が被害回復関係業務を適正に遂行するに足りること
・**授権契約の内容を業務規程の記載事項とし、監督の対象とすることで業務を適正化**
・支払を受ける**報酬又は費用**がある場合　…　その額又は算定方法、支払方法、その他の必要な事項を定めており、消費者の利益の擁護の見地から**不当なものでない**こと（**基準（上限等）をガイドラインに規定。**）　等

責務規定・行為規範（第75条～第88条、第93条～第99条）

・**濫訴等の禁止**　…　不当な目的でみだりに訴えの提起等の禁止
・**報酬**　…　被害回復業務を行うことに関し、**授権契約により対象消費者から**報酬を受ける旨を規定
・**弁護士に追行させる義務**　…　民事訴訟に関する手続等は弁護士が追行
・**通知・報告**…**一定の事項について他の特定適格消費者団体への通知、内閣総理大臣への報告**
・**個人情報の適正な管理**　…　被害回復関係業務において消費者の個人情報を適正に管理するための必要な措置
・**財産上の利益の受領禁止**　…　原則、被害回復裁判手続に係る相手方から、その被害回復裁判手続の追行に関し、金銭等の受領禁止（判決に基づく支払い等正当な場合を除く）
・**徹底した情報公開**　…　**定款、業務規程、財務諸表等の提出・公表、閲覧請求**
・**報告・立入検査**　等
⇒　これらの規定に違反した場合、内閣総理大臣（消費者庁）による監督の対象
・**所要の罰則を設ける**　（**適合命令・改善命令、特定認定の取消し**など）

○その他

・**特定適格消費者団体の連携促進**や、**国民生活センター等からの情報の提供**
・**施行期日**（公布の日から**3年**を超えない範囲内で**政令**で定める日（附則第3条、第4条及び第7条の規定は公布の日から施行））
・**経過措置**（**施行前に締結された契約に関する請求**（不法行為に基づく損害賠償の請求については、施行前に行われた加害行為に係る請求）**に係る金銭の支払義務には、適用しない**）

○衆議院修正（附則）

①　特定適格消費者団体がその**権限を濫用して事業者の事業活動に不当な影響を及ぼさないようにするための方策**について、速やかに**検討**を加え、必要な措置を講ずる。（附則第3条）
②　特定適格消費者団体による**業務の適正な遂行に必要な資金の確保、情報の提供等の支援の在り方**について、速やかに**検討**を加え、必要な措置を講ずる。（附則第4条）
③　**施行後3年**を経過した場合において、消費者の財産的被害の状況、特定適格消費者団体による業務の遂行の状況等を勘案し、**被害回復業務の適正な遂行を確保するための措置**並びに**対象となる請求及び損害の範囲**等この法律の規定について**検討**を加え、必要があると認めるときは所要の措置を講ずる。（附則第5条第1項）
④　この法律の施行の状況についての検討の年限を「施行後5年」から「**施行後3年**」に改める。（附則第5条第2項）
⑤　**施行前事案**に関する請求に係る金銭の支払義務に関し、重要消費者紛争解決手続（国民生活センター）等の**裁判外紛争解決手続の利用の促進等の措置**を講ずる。（附則第6条）
⑥　この法律の円滑な施行のため、この法律の趣旨及び内容について、**広報活動等を通じて国民に周知を図り**、その理解と協力を得るよう努める。（附則第7条）

資料3　消費者の財産的被害の集団的な回復のための民事の裁判手続の特例に関する法律（平成二十五年法律第九十六号）

目次

第一章　総則

（目的）

第一条　この法律は、消費者契約に関して相当多数の消費者に生じた財産的被害について、消費者と事業者との間の情報の質及び量並びに交渉力の格差により消費者が自らその回復を図ることには困難を伴う場合があることに鑑み、その財産的被害を集団的に回復するため、特定適格消費者団体が被害回復裁判手続を追行することができることとすることにより、消費者の利益の擁護を図り、もって国民生活の安定向上と国民経済の健全な発展に寄与することを目的とする。

（定義）

第二条　この法律において、次の各号に掲げる用語の意義は、当該各号に定めるところによる。

一　消費者　個人（事業を行う場合におけるものを除く。）をいう。

二　事業者　法人その他の社団又は財団及び事業を行う場合における個人をいう。

三　消費者契約　消費者と事業者との間で締結される契約（労働契約を除く。）をいう。

四　共通義務確認の訴え　消費者契約に関して相当多数の消費者に生じた財産的被害について、事業者が、これらの消費者に対し、これらの消費者に共通する事実上及び法律上の原因に基づき、個々の消費者の事情によりその金銭の支払請求に理由がない場合を除いて、金銭を支払う義務を負うべきことの確認を求める訴えをいう。

五　対象債権　共通義務確認の訴えの被告とされた事業者に対する金銭の支払請求権であって、前号に規定する義務に係るものをいう。

六　対象消費者　対象債権を有する消費者をいう。

七　簡易確定手続　共通義務確認の訴えに係る訴訟（以下「共通義務確認訴訟」という。）の結果を前提として、この法律の規定による裁判所に対する債権届出に基づき、相手方が認否をし、その認否を争う旨の申出がない場合はその認否により、その認否を争う旨の申出がある場合は裁判所の決定により、対象債権の存否及び内容を確定する裁判手続をいう。

八　異議後の訴訟　簡易確定手続における対象債権の存否及び内容を確定する決定（以下「簡易確定決定」という。）に対して適法な異議の申立てがあった後の当該請求に係る訴訟をいう。

九　被害回復裁判手続　次に掲げる手続をいう。

イ　共通義務確認訴訟の手続、簡易確定手続及び異議後の訴訟の手続

ロ　特定適格消費者団体が対象債権に関して取得した債務名義による民事執行の手続（民事執行法（昭和五十四年法律第四号）第三十三条第一項、第三十四条第一項、第三十五条第一項、第三十八条第一項、第九十条第一項及び第百五十七条第一項の訴えに係る訴訟手続（第六十一条第一項第三号において「民事執行に係る訴訟手続」という。）を含む。）及び特定適格消費者団体が取得する可能性のある債務名義に係る対象債権の実現を保全するための仮差押えの手続（民事保全法（平成元年法律第九十一号）第四十六条において準用する民事執行法第三十三条第一項、第三十四条第一項及び第三十八条第一項の訴えに係る訴訟手続（第六十一条第一項第一号において「仮差押えの執

行に係る訴訟手続」という。）を含む。）

十　特定適格消費者団体　被害回復裁判手続を追行するのに必要な適格性を有する法人である適格消費者団体（消費者契約法（平成十二年法律第六十一号）第二条第四項に規定する適格消費者団体をいう。以下同じ。）として第六十五条の定めるところにより内閣総理大臣の認定を受けた者をいう。

第二章　被害回復裁判手続

第一節　共通義務確認訴訟に係る民事訴訟手続の特例

（共通義務確認の訴え）

第三条　特定適格消費者団体は、事業者が消費者に対して負う金銭の支払義務であって、消費者契約に関する次に掲げる請求（これらに附帯する利息、損害賠償、違約金又は費用の請求を含む。）に係るものについて、共通義務確認の訴えを提起することができる。

一　契約上の債務の履行の請求

二　不当利得に係る請求

三　契約上の債務の不履行による損害賠償の請求

四　瑕疵《かし》担保責任に基づく損害賠償の請求

五　不法行為に基づく損害賠償の請求（民法（明治二十九年法律第八十九号）の規定によるものに限る。）

2　次に掲げる損害については、前項第三号から第五号までに掲げる請求に係る金銭の支払義務についての共通義務確認の訴えを提起することができない。

一　契約上の債務の不履行、物品、権利その他の消費者契約の目的となるもの（役務を除く。以下この号及び次号において同じ。）の瑕疵又は不法行為により、消費者契約の目的となるもの以外の財産が滅失し、又は損傷したことによる損害

二　消費者契約の目的となるものの提供があるとすればその処分又は使用により得るはずであった利益を喪失したことによる損害

三　契約上の債務の不履行、消費者契約の目的となる役務の瑕疵又は不法行為により、消費者契約による製造、加工、修理、運搬又は保管に係る物品その他の消費者契約の目的となる役務の対象となったもの以外の財産が滅失し、又は損傷したことによる損害

四　消費者契約の目的となる役務の提供があるとすれば当該役務を利用すること又は当該役務の対象となったものを処分し、若しくは使用することにより得るはずであった利益を喪失したことによる損害

五　人の生命又は身体を害されたことによる損害

六　精神上の苦痛を受けたことによる損害

3　次の各号に掲げる請求に係る金銭の支払義務についての共通義務確認の訴えについては、当該各号に定める者を被告とする。

一　第一項第一号から第四号までに掲げる請求　消費者契約の相手方である事業者

二　第一項第五号に掲げる請求　消費者契約の相手方である事業者若しくはその債務の履行をする事業者又は消費者契約の締結について勧誘をし、当該勧誘をさせ、若しくは当該勧誘を助長する事業者

4　裁判所は、共通義務確認の訴えに係る請求を認容する判決をしたとしても、事案の性質、当該判決を前提とする簡易確定手続において予想される主張及び立証の内容その他の事情を考慮して、当該簡易確定手続において対象債権の存否及び内容を適切かつ迅速に判断することが困難であると認めるときは、共通義務確認の訴えの全部又は一部を却下することができる。

（訴訟の目的の価額）

第四条　共通義務確認の訴えは、訴訟の目的の価額の算定については、財産権上の請求でない請求に係る訴えとみなす。

（訴状の記載事項）

第五条　共通義務確認の訴えの訴状には、対象債権及び対象消費者の範囲を記載して、請求の趣旨及び原因を特定しなければならない。

（管轄及び移送）

第六条　共通義務確認訴訟については、民事訴訟法（平成八年法律第百九号）第五条（第五号に係る部分を除く。）の規定は、適用しない。

2　次の各号に掲げる請求に係る金銭の支払義務についての共通義務確認の訴えは、当該各号に定める地を管轄する地方裁判所にも提起することができる。

一　第三条第一項第一号から第四号までに掲げる請求　義務履行地

二　第三条第一項第五号に掲げる請求　不法行為があった地

3　対象消費者の数が五百人以上であると見込まれるときは、民事訴訟法第四条第一項若しくは第五条第五号又は前項の規定による管轄裁判所の所在地を管轄する高等裁判所の所在地を管轄する地方裁判所にも、共通義務確認の訴えを提起することができる。

4　対象消費者の数が千人以上であると見込まれるときは、東京地方裁判所又は大阪地方裁判所にも、共通義務確認の訴えを提起することができる。

5　民事訴訟法第四条第一項、第五条第五号、第十一条第一項若しくは第十二条又は前三項の規定により二以上の地方裁判所が管轄権を有するときは、共通義務確認の訴えは、先に訴えの提起があった地方裁判所が管轄する。ただし、その地方裁判所は、著しい損害又は遅滞を避けるため必要があると認めるときは、申立て

により又は職権で、当該共通義務確認の訴えに係る訴訟の全部又は一部を他の管轄裁判所に移送することができる。

6　裁判所は、共通義務確認訴訟がその管轄に属する場合においても、他の裁判所に事実上及び法律上同種の原因に基づく請求を目的とする共通義務確認訴訟が係属している場合において、当事者の住所又は所在地、尋問を受けるべき証人の住所、争点又は証拠の共通性その他の事情を考慮して相当と認めるときは、申立てにより又は職権で、当該共通義務確認訴訟の全部又は一部について、当該他の裁判所に移送することができる。

（弁論等の必要的併合）

第七条　請求の内容及び相手方が同一である共通義務確認訴訟が数個同時に係属するときは、その弁論及び裁判は、併合してしなければならない。

2　前項に規定する場合には、当事者は、その旨を裁判所に申し出なければならない。

（補助参加の禁止）

第八条　消費者は、民事訴訟法第四十二条の規定にかかわらず、共通義務確認訴訟の結果について利害関係を有する場合であっても、特定適格消費者団体を補助するため、その共通義務確認訴訟に参加することができない。

（確定判決の効力が及ぶ者の範囲）

第九条　共通義務確認訴訟の確定判決は、民事訴訟法第百十五条第一項の規定にかかわらず、当該共通義務確認訴訟の当事者以外の特定適格消費者団体及び当該共通義務確認訴訟に係る対象消費者の範囲に属する第三十条第二項第一号に規定する届出消費者に対してもその効力を有する。

（共通義務確認訴訟における和解）

第十条　特定適格消費者団体は、共通義務確認訴訟において、当該共通義務確認訴訟の目的である第二条第四号に規定する義務の存否について、和解をすることができる。

（再審の訴え）

第十一条　共通義務確認の訴えが提起された場合において、原告及び被告が共謀して共通義務確認の訴えに係る対象消費者の権利を害する目的をもって判決をさせたときは、他の特定適格消費者団体は、確定した終局判決に対し、再審の訴えをもって、不服を申し立てることができる。

第二節　対象債権の確定手続

第一款　簡易確定手続

第一目　通則

（簡易確定手続の当事者等）

第十二条　簡易確定手続は、共通義務確認訴訟における請求を認容する判決が確定した時又は請求の認諾（第二条第四号に規定する義務が存することを認める旨の和解を含む。以下この款において同じ。）によって共通義務確認訴訟が終了した時に当事者であった特定適格消費者団体（第八十七条第二項の規定による指定があった場合には、その指定を受けた特定適格消費者団体）の申立てにより、当該判決が確定した時又は請求の認諾によって当該共通義務確認訴訟が終了した時に当事者であった事業者を相手方として、共通義務確認訴訟の第一審の終局判決をした地方裁判所（第一審において請求の認諾によって共通義務確認訴訟が終了したときは、当該共通義務確認訴訟が係属していた地方裁判所）が行う。

（任意的口頭弁論）

第十三条　簡易確定手続に関する裁判は、口頭弁論を経ないですることができる。

2　前項の規定により口頭弁論をしない場合には、裁判所は、当事者を審尋することができる。

第二目　簡易確定手続の開始

（簡易確定手続開始の申立義務）

第十四条　第十二条に規定する特定適格消費者団体は、正当な理由がある場合を除き、簡易確定手続開始の申立てをしなければならない。

（簡易確定手続開始の申立期間）

第十五条　簡易確定手続開始の申立ては、共通義務確認訴訟における請求を認容する判決が確定した日又は請求の認諾によって共通義務確認訴訟が終了した日（第八十七条第二項の規定による指定があった場合には、その指定を受けた日）から一月の不変期間内にしなければならない。

2　前条の規定により簡易確定手続開始の申立てをしなければならない特定適格消費者団体がその責めに帰することができない事由により前項の期間を遵守することができなかった場合には、その事由が消滅した後二週間以内に限り、簡易確定手続開始の申立てをすることができる。

（簡易確定手続開始の申立ての方式）

第十六条　簡易確定手続開始の申立ては、最高裁判所規則で定める事項を記載した書面でしなければならない。

（費用の予納）

第十七条　簡易確定手続開始の申立てをするときは、申立てをする特定適格消費者団体は、第二十二条第一項の規定による公告及び同条第二項の規定による通知に要する費用として裁判所の定める金額を予納しなければならない。

（簡易確定手続開始の申立ての取下げ）

第十八条　簡易確定手続開始の申立ては、裁判所の許可を得なければ、取り下げることができない。

2　民事訴訟法第二百六十一条第三項及び第二百六十二条第一項の規定は、前項の規定による申立ての取下げについて準用する。

（簡易確定手続開始決定）

第十九条　裁判所は、簡易確定手続開始の申立てがあった場合には、当該申立てが不適法であると認めるとき又は第十七条に規定する費用の予納がないときを除き、簡易確定手続開始の決定（以下「簡易確定手続開始決定」という。）をする。

2　簡易確定手続開始の申立てを却下する決定に対しては、即時抗告をすることができる。

（簡易確定手続開始決定の方式）

第二十条　簡易確定手続開始決定は、対象債権及び対象消費者の範囲を記載した決定書を作成してしなければならない。

（簡易確定手続開始決定と同時に定めるべき事項）

第二十一条　裁判所は、簡易確定手続開始決定と同時に、当該簡易確定手続開始決定に係る簡易確定手続開始の申立てをした特定適格消費者団体（第八十七条第一項の規定による指定があった場合には、その指定を受けた特定適格消費者団体。以下「簡易確定手続申立団体」という。）が第三十条第二項に規定する債権届出をすべき期間（以下「届出期間」という。）及びその債権届出に対して簡易確定手続の相手方（以下この款において単に「相手方」という。）が認否をすべき期間（以下「認否期間」という。）を定めなければならない。

（簡易確定手続開始の公告等）

第二十二条　裁判所は、簡易確定手続開始決定をしたときは、直ちに、官報に掲載して次に掲げる事項を公告しなければならない。

一　簡易確定手続開始決定の主文

二　対象債権及び対象消費者の範囲

三　簡易確定手続申立団体の名称及び住所

四　届出期間及び認否期間

2　裁判所は、簡易確定手続申立団体及び相手方に対し、前項の規定により公告すべき事項を通知しなければならない。

（重複する簡易確定手続開始の申立ての禁止）

第二十三条　簡易確定手続開始決定がされた事件については、特定適格消費者団体は、更に簡易確定手続開始の申立てをすることができない。

（届出期間又は認否期間の伸長）

第二十四条　裁判所は、必要があると認めるときは、申立てにより又は職権で、届出期間又は認否期間の伸長の決定をすることができる。

2　裁判所は、前項の規定により届出期間又は認否期間の伸長の決定をしたときは、簡易確定手続申立団体及び相手方に対し、その旨を通知しなければならない。

3　裁判所は、第一項の規定により届出期間又は認否期間の伸長の決定をしたときは、直ちに、官報に掲載してその旨を公告しなければならない。

第三目　簡易確定手続申立団体による通知及び公告等

（簡易確定手続申立団体による通知）

第二十五条　簡易確定手続開始決定がされたときは、簡易確定手続申立団体は、正当な理由がある場合を除き、届出期間の末日の一月前までに、知れている対象消費者に対し、次に掲げる事項を書面又は電磁的方法（電子情報処理組織を使用する方法その他の情報通信の技術を利用する方法をいう。以下同じ。）であって内閣府令で定めるものにより通知しなければならない。

一　被害回復裁判手続の概要及び事案の内容

二　共通義務確認訴訟の確定判決の内容（請求の認諾がされた場合には、その内容）

三　対象債権及び対象消費者の範囲

四　簡易確定手続申立団体の名称及び住所

五　簡易確定手続申立団体が支払を受ける報酬又は費用がある場合には、その額又は算定方法、支払方法その他必要な事項

六　対象消費者が簡易確定手続申立団体に対して第三十一条第一項の授権をする方法及び期間

七　その他内閣府令で定める事項

2　簡易確定手続申立団体が二以上ある場合において、いずれか一の簡易確定手続申立団体が前項の規定による通知をしたときは、他の簡易確定手続申立団体は、同項の規定にかかわらず、同項の規定による通知をすることを要しない。

（簡易確定手続申立団体による公告等）

第二十六条　簡易確定手続開始決定がされたときは、簡易確定手続申立団体は、正当な理由がある場合を除き、届出期間の末日の一月前までに、前条第一項各号に掲げる事項を相当な方法により公告しなければならない。

2　簡易確定手続申立団体が二以上ある場合において、いずれか一の簡易確定手続申立団体が前項の規定による公告をしたときは、他の簡易確定手続申立団体は、同項の規定にかかわらず、同項の規定による公告をすることを要しない。

3　第一項の規定による公告後、届出期間中に前条第一項第四号に掲げる事項に変

更があったときは、当該変更に係る簡易確定手続申立団体は、遅滞なく、その旨を、相当な方法により公告するとともに、裁判所及び相手方に通知しなければならない。この場合において、当該通知を受けた裁判所は、直ちに、官報に掲載してその旨を公告しなければならない。

4　第一項の規定による公告後、届出期間中に前条第一項第五号から第七号までに掲げる事項に変更があったときは、当該変更に係る簡易確定手続申立団体は、遅滞なく、その旨を、相当な方法により公告しなければならない。

（相手方による公表）

第二十七条　相手方は、簡易確定手続申立団体の求めがあるときは、遅滞なく、インターネットの利用、営業所その他の場所において公衆に見やすいように掲示する方法その他これらに類する方法により、届出期間中、第二十二条第一項各号に掲げる事項（同項第三号又は第四号に掲げる事項に変更があったときは、変更後の当該各号に掲げる事項）を公表しなければならない。

（情報開示義務）

第二十八条　相手方は、対象消費者の氏名及び住所又は連絡先（内閣府令で定めるものに限る。次項において同じ。）が記載された文書（電磁的記録（電子的方式、磁気的方式その他人の知覚によっては認識することができない方式で作られる記録であって、電子計算機による情報処理の用に供されるものをいう。以下同じ。）をもって作成されている場合における当該電磁的記録を含む。以下この条及び次条において同じ。）を所持する場合において、届出期間中に簡易確定手続申立団体の求めがあるときは、当該文書を当該簡易確定手続申立団体に開示することを拒むことができない。ただし、相手方が開示すべき文書の範囲を特定するために不相当な費用又は時間を要するときは、この限りでない。

2　前項に規定する文書の開示は、その写しの交付（電磁的記録については、当該電磁的記録を出力した書面の交付又は当該電磁的記録に記録された情報の電磁的方法による提供であって内閣府令で定めるもの）により行う。この場合において、相手方は、個人（対象消費者でないことが明らかである者を除く。）の氏名及び住所又は連絡先が記載された部分以外の部分を除いて開示することができる。

3　相手方は、第一項に規定する文書の開示をしないときは、簡易確定手続申立団体に対し、速やかに、その旨及びその理由を書面により通知しなければならない。

（情報開示命令等）

第二十九条　簡易確定手続申立団体は、届出期間中、裁判所に対し、情報開示命令（前条第一項の規定により相手方が簡易確定手続申立団体に開示しなければならない文書について、同条第二項に規定する方法による開示を相手方に命ずる旨の決定をいう。以下この条において同じ。）の申立てをすることができる。

2　情報開示命令の申立ては、文書の表示を明らかにしてしなければならない。
3　裁判所は、情報開示命令の申立てを理由があると認めるときは、情報開示命令を発する。
4　裁判所は、情報開示命令の申立てについて決定をする場合には、相手方を審尋しなければならない。
5　情報開示命令の申立てについての決定に対しては、即時抗告をすることができる。
6　情報開示命令は、執行力を有しない。
7　相手方が正当な理由なく情報開示命令に従わないときは、裁判所は、決定で、三十万円以下の過料に処する。
8　前項の決定に対しては、即時抗告をすることができる。
9　民事訴訟法第百八十九条の規定は、第七項の規定による過料の裁判について準用する。

第四目　対象債権の確定

（債権届出）

第三十条　簡易確定手続開始決定に係る対象債権については、簡易確定手続申立団体に限り、届け出ることができる。
2　前項の規定による届出（以下「債権届出」という。）は、届出期間内に、次に掲げる事項を記載した書面（以下この節において「届出書」という。）を簡易確定手続開始決定をした裁判所に提出してしなければならない。
一　対象債権について債権届出をする簡易確定手続申立団体、相手方及び届出消費者（対象債権として裁判所に債権届出があった債権（以下「届出債権」という。）の債権者である消費者をいう。以下同じ。）並びにこれらの法定代理人
二　請求の趣旨及び原因（請求の原因については、共通義務確認訴訟において認められた義務に係る事実上及び法律上の原因を前提とするものに限る。）
三　前二号に掲げるもののほか、最高裁判所規則で定める事項
3　簡易確定手続申立団体は、債権届出の時に対象消費者が事業者に対して対象債権に基づく訴えを提起するとすれば民事訴訟法第一編第二章第一節の規定により日本の裁判所が管轄権を有しないときは、第一項の規定にかかわらず、当該対象債権については、債権届出をすることができない。
4　簡易確定手続申立団体は、対象消費者が提起したその有する対象債権に基づく訴訟が裁判所に係属しているときは、第一項の規定にかかわらず、当該対象債権については、債権届出をすることができない。

（簡易確定手続についての対象消費者の授権）

第三十一条　簡易確定手続申立団体は、対象債権について債権届出をし、及び当該

対象債権について簡易確定手続を追行するには、当該対象債権に係る対象消費者の授権がなければならない。

2　前項の対象消費者は、簡易確定手続申立団体のうちから一の簡易確定手続申立団体を限り、同項の授権をすることができる。

3　第一項の授権をした対象消費者は、当該授権を取り消すことができる。

4　前項の規定による第一項の授権の取消しは、当該授権をした対象消費者又は当該授権を得た簡易確定手続申立団体から相手方に通知しなければ、その効力を生じない。

5　第一項の授権を得た簡易確定手続申立団体の第六十五条第一項に規定する特定認定が、第七十四条第一項各号に掲げる事由により失効し、又は第八十六条第一項各号若しくは第二項各号に掲げる事由により取り消されたときは、当該授権は、その効力を失う。

6　簡易確定決定があるまでに簡易確定手続申立団体が届出債権について第一項の授権を欠いたとき（前項の規定により当該授権がその効力を失ったときを除く。）は、当該届出債権については、債権届出の取下げがあったものとみなす。

7　債権届出に係る簡易確定手続申立団体（以下「債権届出団体」という。）の第六十五条第一項に規定する特定認定が、簡易確定決定があるまでに、第七十四条第一項各号に掲げる事由により失効し、又は第八十六条第一項各号若しくは第二項各号に掲げる事由により取り消されたときは、届出消費者は、第二項の規定にかかわらず、第八十七条第六項の規定による公示がされた後一月の不変期間内に、同条第一項の規定による指定を受けた特定適格消費者団体に第一項の授権をすることができる。

8　前項の届出消費者が同項の期間内に第一項の授権をしないときは、その届出債権については、債権届出の取下げがあったものとみなす。

9　簡易確定決定があった後に、届出消費者が第三項の規定により第一項の授権を取り消したときは、当該届出消費者は、更に簡易確定手続申立団体に同項の授権をすることができない。

（説明義務）

第三十二条　簡易確定手続申立団体は、前条第一項の授権に先立ち、当該授権をしようとする者に対し、内閣府令で定めるところにより、被害回復裁判手続の概要及び事案の内容その他内閣府令で定める事項について、これを記載した書面を交付し、又はこれを記録した電磁的記録を提供して説明をしなければならない。

（簡易確定手続授権契約の締結及び解除）

第三十三条　簡易確定手続申立団体は、やむを得ない理由があるときを除いては、簡易確定手続授権契約（対象消費者が第三十一条第一項の授権をし、簡易確定手続申立団体が対象債権について債権届出をすること及び簡易確定手続を追行することを約する契約をいう。以下同じ。）の締結を拒絶してはならない。

2　第三十一条第一項の授権を得た簡易確定手続申立団体は、やむを得ない理由があるときを除いては、簡易確定手続授権契約を解除してはならない。

（公平誠実義務等）

第三十四条　第三十一条第一項の授権を得た簡易確定手続申立団体は、当該授権をした対象消費者のために、公平かつ誠実に債権届出、簡易確定手続の追行及び第二条第九号ロに規定する民事執行の手続の追行（当該授権に係る債権に係る裁判外の和解を含む。）並びにこれらに伴い取得した金銭その他の財産の管理をしなければならない。

2　第三十一条第一項の授権を得た簡易確定手続申立団体は、当該授権をした対象消費者に対し、善良な管理者の注意をもって前項に規定する行為をしなければならない。

（届出書の送達）

第三十五条　裁判所は、第三十条第二項の規定による届出書の提出を受けたときは、次条第一項又は第六十三条第一項の規定により債権届出を却下する場合を除き、遅滞なく、当該届出書を相手方に送達しなければならない。

（不適法な債権届出の却下）

第三十六条　裁判所は、債権届出が不適法であると認めるとき、又は届出書の送達に必要な費用の予納がないときは、決定で、当該債権届出を却下しなければならない。

2　前項の決定に対しては、即時抗告をすることができる。

（簡易確定手続における和解）

第三十七条　債権届出団体は、簡易確定手続において、届出債権について、和解をすることができる。

（時効の中断）

第三十八条　債権届出があったときは、時効の中断に関しては、簡易確定手続の前提となる共通義務確認の訴えを提起した時に、裁判上の請求があったものとみなす。

（債権届出の内容の変更の制限）

第三十九条　債権届出団体は、届出期間内に限り、当該債権届出の内容を変更することができる。

（債権届出の取下げ）

第四十条　債権届出は、簡易確定決定に対し適法な異議の申立てがあるまで、その全部又は一部を取り下げることができる。ただし、簡易確定決定があった後にあっては、相手方の同意を得なければ、その効力を生じない。

2　民事訴訟法第二百六十一条第三項及び第二百六十二条第一項の規定は、前項の規定による債権届出の取下げについて準用する。

（届出消費者表の作成等）

第四十一条　裁判所書記官は、届出債権について、届出消費者表を作成しなければならない。

2　前項の届出消費者表には、各届出債権について、その内容その他最高裁判所規則で定める事項を記載しなければならない。

3　届出消費者表の記載に誤りがあるときは、裁判所書記官は、申立てにより又は職権で、いつでもその記載を更正する処分をすることができる。

（届出債権の認否）

第四十二条　相手方は、届出期間内に債権届出があった届出債権の内容について、認否期間内に、認否をしなければならない。

2　認否期間内に前項の認否（以下「届出債権の認否」という。）がないときは、相手方において、届出期間内に債権届出があった届出債権の内容の全部を認めたものとみなす。

3　相手方が、認否期間内に届出債権の内容の全部を認めたときは、当該届出債権の内容は、確定する。

4　裁判所書記官は、届出債権の認否の内容を届出消費者表に記載しなければならない。

5　第三項の規定により確定した届出債権については、届出消費者表の記載は、確定判決と同一の効力を有する。この場合において、債権届出団体は、確定した届出債権について、相手方に対し、届出消費者表の記載により強制執行をすることができる。

（認否を争う旨の申出）

第四十三条　債権届出団体は、前条第三項の規定により届出債権の内容が確定したときを除き、届出債権の認否に対し、認否期間の末日から一月の不変期間内に、裁判所に届出債権の認否を争う旨の申出（以下単に「認否を争う旨の申出」という。）をすることができる。

2　裁判所は、認否を争う旨の申出が不適法であると認めるときは、決定で、これを却下しなければならない。

3　前項の決定に対しては、即時抗告をすることができる。

4　裁判所書記官は、認否を争う旨の申出の有無を届出消費者表に記載しなければならない。

（簡易確定決定）

第四十四条　裁判所は、適法な認否を争う旨の申出があったときは、第三十六条第一項又は第六十三条第一項の規定により債権届出を却下する場合を除き、簡易確定決定をしなければならない。

2　裁判所は、簡易確定決定をする場合には、当事者双方を審尋しなければならない。

3　簡易確定決定は、主文及び理由の要旨を記載した決定書を作成してしなければならない。

4　届出債権の支払を命ずる簡易確定決定（第五十五条及び第八十三条第一項第二号において「届出債権支払命令」という。）については、裁判所は、必要があると認めるときは、申立てにより又は職権で、担保を立てて、又は立てないで仮執行をすることができることを宣言することができる。

5　第三項の決定書は、当事者に送達しなければならない。この場合においては、簡易確定決定の効力は、当事者に送達された時に生ずる。

（証拠調べの制限）

第四十五条　簡易確定決定のための審理においては、証拠調べは、書証に限りすることができる。

2　文書の提出又は対照の用に供すべき筆跡若しくは印影を備える物件の提出の命令は、することができない。

3　前二項の規定は、裁判所が職権で調査すべき事項には、適用しない。

（異議の申立て等）

第四十六条　当事者は、簡易確定決定に対し、第四十四条第五項の規定による送達を受けた日から一月の不変期間内に、当該簡易確定決定をした裁判所に異議の申立てをすることができる。

2　届出消費者は、簡易確定決定に対し、債権届出団体が第四十四条第五項の規定による送達を受けた日から一月の不変期間内に、当該簡易確定決定をした裁判所に異議の申立てをすることができる。

3　裁判所は、異議の申立てが不適法であると認めるときは、決定で、これを却下しなければならない。

4　前項の決定に対しては、即時抗告をすることができる。

5　適法な異議の申立てがあったときは、簡易確定決定は、仮執行の宣言を付したものを除き、その効力を失う。

6　適法な異議の申立てがないときは、簡易確定決定は、確定判決と同一の効力を有する。

7　民事訴訟法第三百五十八条及び第三百六十条の規定は、第一項及び第二項の異議について準用する。

（認否を争う旨の申出がないときの届出債権の確定等）

第四十七条　適法な認否を争う旨の申出がないときは、届出債権の内容は、届出債権の認否の内容により確定する。

2　前項の規定により確定した届出債権については、届出消費者表の記載は、確定判決と同一の効力を有する。この場合において、債権届出団体は、確定した届出債権について、相手方に対し、届出消費者表の記載により強制執行をすることができる。

第五目　費用の負担

（個別費用を除く簡易確定手続の費用の負担）

第四十八条　簡易確定手続の費用（債権届出の手数料及び簡易確定手続における届出債権に係る申立ての手数料（次条第一項及び第三項において「個別費用」と総称する。）を除く。以下この条において同じ。）は、各自が負担する。

2　前項の規定にかかわらず、裁判所は、事情により、同項の規定によれば当事者がそれぞれ負担すべき費用の全部又は一部を、その負担すべき者以外の当事者に負担させることができる。

3　裁判所は、簡易確定手続に係る事件が終了した場合において、必要があると認めるときは、申立てにより又は職権で、簡易確定手続の費用の負担を命ずる決定をすることができる。

4　前項の決定に対しては、即時抗告をすることができる。

5　民事訴訟法第六十九条から第七十二条まで及び第七十四条の規定は、簡易確定手続の費用の負担について準用する。

（個別費用の負担）

第四十九条　裁判所は、届出債権について簡易確定手続に係る事件が終了した場合（第五十二条第一項の規定により訴えの提起があったものとみなされた場合には、異議後の訴訟が終了した場合）において、必要があると認めるときは、申立てにより又は職権で、当該事件に関する個別費用の負担を命ずる決定をすることができる。

2　前項の決定に対しては、即時抗告をすることができる。

3　民事訴訟法第一編第四章第一節（第六十五条、第六十六条、第六十七条第二項及び第七十三条を除く。）の規定は、個別費用の負担について準用する。

第六目　補則

（民事訴訟法の準用）

第五十条　特別の定めがある場合を除き、簡易確定手続については、その性質に反しない限り、民事訴訟法第二条、第十四条、第十六条、第二十一条、第二十二条、

第一編第二章第三節、第三章（第三十条、第四十条から第四十九条まで、第五十二条及び第五十三条を除く。）、第五章（第八十七条、第二節、第百十六条及び第百十八条を除く。）及び第七章、第二編第一章（第百三十三条、第百三十四条、第百三十七条第二項及び第三項、第百三十八条第一項、第百三十九条、第百四十条並びに第百四十三条から第百四十六条までを除く。）、第三章（第百五十六条の二、第百五十七条の二、第百五十八条、第百五十九条第三項、第百六十一条第三項及び第三節を除く。）、第四章（第七節を除く。）、第五章（第二百四十五条、第二百四十九条から第二百五十二条まで、第二百五十三条第二項、第二百五十四条、第二百五十五条、第二百五十八条第二項から第四項まで並びに第二百五十九条第一項及び第二項を除く。）及び第六章（第二百六十一条から第二百六十三条まで及び第二百六十六条を除く。）、第三編第三章、第四編並びに第八編（第四百三条第一項第二号及び第四号から第六号までを除く。）の規定を準用する。

（送達の特例）

第五十一条　前条において準用する民事訴訟法第百四条第一項前段の規定による届出がない場合には、送達は、次の各号に掲げる区分に応じ、それぞれ当該各号に定める場所においてする。

一　共通義務確認訴訟において民事訴訟法第百四条第一項前段の規定による届出があった場合　当該届出に係る場所

二　共通義務確認訴訟において民事訴訟法第百四条第一項前段の規定による届出がなかった場合　当該共通義務確認訴訟における同条第三項に規定する場所

第二款　異議後の訴訟に係る民事訴訟手続の特例

（訴え提起の擬制等）

第五十二条　簡易確定決定に対し適法な異議の申立てがあったときは、債権届出に係る請求については、当該債権届出の時に、当該債権届出に係る債権届出団体（当該債権届出に係る届出消費者が当該異議の申立てをしたときは、その届出消費者）を原告として、当該簡易確定決定をした地方裁判所に訴えの提起があったものとみなす。この場合においては、届出書を訴状と、第三十五条の規定による送達を訴状の送達とみなす。

2　前項の規定により訴えの提起があったものとみなされる事件は、同項の地方裁判所の管轄に専属する。

3　前項の事件が係属する地方裁判所は、著しい損害又は遅滞を避けるため必要があると認めるときは、同項の規定にかかわらず、申立てにより又は職権で、その事件に係る訴訟を民事訴訟法第四条第一項又は第五条第一号、第五号若しくは第九号の規定により管轄権を有する地方裁判所に移送することができる。

（異議後の訴訟についての届出消費者の授権）

第五十三条　債権届出団体は、異議後の訴訟を追行するには、届出消費者の授権がなければならない。

2　届出消費者は、その届出債権に係る債権届出団体に限り、前項の授権をすることができる。

3　届出消費者が第八項において準用する第三十一条第三項の規定により第一項の授権を取り消し、又は自ら異議後の訴訟を追行したときは、当該届出消費者は、更に債権届出団体に同項の授権をすることができない。

4　債権届出団体は、正当な理由があるときを除いては、訴訟授権契約（届出消費者が第一項の授権をし、債権届出団体が異議後の訴訟を追行することを約する契約をいう。以下同じ。）の締結を拒絶してはならない。

5　第一項の授権を得た債権届出団体は、正当な理由があるときを除いては、訴訟授権契約を解除してはならない。

6　第一項の授権を得た債権届出団体は、当該授権をした届出消費者のために、公平かつ誠実に異議後の訴訟の追行及び第二条第九号ロに規定する民事執行の手続の追行（当該授権に係る債権に係る裁判外の和解を含む。）並びにこれらに伴い取得した金銭その他の財産の管理をしなければならない。

7　第一項の授権を得た債権届出団体は、当該授権をした届出消費者に対し、善良な管理者の注意をもって前項に規定する行為をしなければならない。

8　第三十一条第三項から第五項まで及び第三十二条の規定は、第一項の授権について準用する。

9　民事訴訟法第五十八条第二項並びに第百二十四条第一項（第六号に係る部分に限る。）及び第二項の規定は、異議後の訴訟において債権届出団体が第一項の授権を欠くときについて準用する。

（訴えの変更の制限等）

第五十四条　異議後の訴訟においては、原告は、訴えの変更（届出消費者又は請求額の変更を内容とするものを除く。）をすることができない。

2　異議後の訴訟においては、反訴を提起することができない。

（異議後の判決）

第五十五条　仮執行の宣言を付した届出債権支払命令に係る請求について第五十二条第一項の規定により訴えの提起があったものとみなされた場合において、当該訴えについてすべき判決が届出債権支払命令と符合するときは、その判決において、届出債権支払命令を認可しなければならない。ただし、届出債権支払命令の手続が法律に違反したものであるときは、この限りでない。

2　前項の規定により届出債権支払命令を認可する場合を除き、仮執行の宣言を付した届出債権支払命令に係る請求について第五十二条第一項の規定により訴えの提起があったものとみなされた場合における当該訴えについてすべき判決においては、届出債権支払命令を取り消さなければならない。

第三節　特定適格消費者団体のする仮差押え

（特定適格消費者団体のする仮差押え）

第五十六条　特定適格消費者団体は、当該特定適格消費者団体が取得する可能性のある債務名義に係る対象債権の実現を保全するため、民事保全法の規定により、仮差押命令の申立てをすることができる。

2　特定適格消費者団体は、保全すべき権利に係る金銭の支払義務について共通義務確認の訴えを提起することができる場合に限り、前項の申立てをすることができる。

3　第一項の申立てにおいては、保全すべき権利について、対象債権及び対象消費者の範囲並びに当該特定適格消費者団体が取得する可能性のある債務名義に係る対象債権の総額を明らかにすれば足りる。

4　特定適格消費者団体は、対象債権について、第一項の規定によるもののほか、保全命令の申立てをすることができない。

（管轄）

第五十七条　前条第一項の申立てに関する民事保全法第十一条の規定の適用については、共通義務確認の訴えを本案の訴えとみなす。

2　民事保全法第十二条第一項及び第三項の規定の適用については、共通義務確認訴訟の管轄裁判所を本案の管轄裁判所とみなす。

（保全取消しに関する本案の特例）

第五十八条　第五十六条第一項の申立てに係る仮差押命令（以下単に「仮差押命令」という。）に関する民事保全法第三十七条第一項、第三項及び第四項の規定の適用については、当該申立てに係る仮差押えの手続の当事者である特定適格消費者団体がした共通義務確認の訴えの提起を本案の訴えの提起とみなす。

2　前項の共通義務確認の訴えに係る請求を認容する判決が確定したとき又は請求の認諾（第二条第四号に規定する義務が存することを認める旨の和解を含む。）によって同項の共通義務確認の訴えに係る訴訟が終了したときは、同項の特定適格消費者団体が簡易確定手続開始の申立てをすることができる期間及び当該特定適格消費者団体を当事者とする簡易確定手続又は異議後の訴訟が係属している間は、民事保全法第三十七条第一項及び第三項の規定の適用については、本案の訴えが係属しているものとみなす。

3　民事保全法第三十八条及び第四十条の規定の適用については、第五十六条第一項の申立てに係る仮差押えの手続の当事者である特定適格消費者団体が提起した共通義務確認訴訟に係る第一審裁判所（当該共通義務確認訴訟が控訴審に係属するときは、控訴裁判所）を本案の裁判所とみなす。

（仮差押えをした特定適格消費者団体の義務）

第五十九条　特定適格消費者団体は、仮差押命令に係る仮差押えの執行がされている財産について強制執行の申立てをし、又は当該財産について強制執行若しくは担保権の実行の手続がされている場合において配当要求をするときは、当該特定適格消費者団体が取得した債務名義及び取得することとなる債務名義に係る届出債権を平等に取り扱わなければならない。

第四節　補則

（訴訟代理権の不消滅）

第六十条　訴訟代理権は、被害回復裁判手続の当事者である特定適格消費者団体の第六十五条第一項に規定する特定認定が、第七十四条第一項各号に掲げる事由により失効し、又は第八十六条第一項各号若しくは第二項各号に掲げる事由により取り消されたことによっては、消滅しない。

（手続の中断及び受継）

第六十一条　次の各号に掲げる手続の当事者である特定適格消費者団体の第六十五条第一項に規定する特定認定が、第七十四条第一項各号に掲げる事由により失効し、又は第八十六条第一項各号若しくは第二項各号に掲げる事由により取り消されたときは、その手続は、中断する。この場合において、それぞれ当該各号に定める者は、その手続を受け継がなければならない。

一　共通義務確認訴訟の手続、簡易確定手続（次号に掲げる簡易確定手続を除く。）又は仮差押命令に係る仮差押えの手続（仮差押えの執行に係る訴訟手続を含む。）　第八十七条第一項の規定による指定を受けた特定適格消費者団体

二　簡易確定手続（簡易確定決定があった後の手続に限る。）又は異議後の訴訟の手続　第八十七条第一項の規定による指定を受けた特定適格消費者団体（第三十一条第一項又は第五十三条第一項の授権を得た場合に限る。）又は届出消費者

三　特定適格消費者団体が対象債権に関して取得した債務名義に係る民事執行に係る訴訟手続　第八十七条第三項の規定による指定を受けた特定適格消費者団体

2　前項の規定は、訴訟代理人がある間は、適用しない。

3　第一項（第一号に係る部分に限る。）の規定は、共通義務確認訴訟又は簡易確定手続（特定適格消費者団体であった法人が債権届出をした場合を除く。）において、他に当事者である特定適格消費者団体がある場合には、適用しない。

（関連する請求に係る訴訟手続の中止）

第六十二条　共通義務確認訴訟が係属する場合において、当該共通義務確認訴訟の当事者である事業者と対象消費者との間に他の訴訟が係属し、かつ、当該他の訴訟が当該共通義務確認訴訟の目的である請求又は防御の方法と関連する請求に係るものであるときは、当該他の訴訟の受訴裁判所は、当事者の意見を聴いて、決定で、その訴訟手続の中止を命ずることができる。

2　前項の受訴裁判所は、同項の決定を取り消すことができる。

（共通義務確認訴訟の判決が再審により取り消された場合の取扱い）

第六十三条　簡易確定手続開始決定の前提となった共通義務確認訴訟の判決が再審により取り消された場合には、簡易確定手続が係属する裁判所は、決定で、債権届出（当該簡易確定手続開始決定の前提となった共通義務確認訴訟の判決が取り消されたことによってその前提を欠くこととなる部分に限る。）を却下しなければならない。

2　前項の決定に対しては、即時抗告をすることができる。

3　第一項の場合には、第五十二条第一項の規定により訴えの提起があったものとみなされる事件が係属する裁判所は、判決で、当該訴え（当該簡易確定手続開始決定の前提となった共通義務確認訴訟の判決が取り消されたことによってその前提を欠くこととなる部分に限る。）を却下しなければならない。

（最高裁判所規則）

第六十四条　この章に定めるもののほか、被害回復裁判手続に関し必要な事項は、最高裁判所規則で定める。

第三章　特定適格消費者団体

第一節　特定適格消費者団体の認定等

（特定適格消費者団体の認定）

第六十五条　適格消費者団体は、内閣総理大臣の認定（以下「特定認定」という。）を受けた場合に限り、被害回復関係業務を行うことができる。

2　前項に規定する「被害回復関係業務」とは、次に掲げる業務をいう。

一　被害回復裁判手続に関する業務（第三十一条第一項又は第五十三条第一項の授権に係る債権に係る裁判外の和解を含む。）

二　前号に掲げる業務の遂行に必要な消費者の被害に関する情報の収集に係る業務

三　第一号に掲げる業務に付随する対象消費者に対する情報の提供及び金銭その他の財産の管理に係る業務

3　特定認定を受けようとする適格消費者団体は、内閣総理大臣に特定認定の申請をしなければならない。

4　内閣総理大臣は、前項の申請をした適格消費者団体が次に掲げる要件の全てに適合しているときに限り、特定認定をすることができる。

一　差止請求関係業務（消費者契約法第十三条第一項に規定する差止請求関係業務をいう。以下同じ。）を相当期間にわたり継続して適正に行っていると認められること。

二　第二項に規定する被害回復関係業務（以下単に「被害回復関係業務」という。）の実施に係る組織、被害回復関係業務の実施の方法、被害回復関係業務に関して知り得た情報の管理及び秘密の保持の方法、被害回復関係業務の実施に関する金銭その他の財産の管理の方法その他の被害回復関係業務を適正に遂行するための体制及び業務規程が適切に整備されていること。

三　その理事に関し、次に掲げる要件に適合するものであること。

イ　被害回復関係業務の執行を決定する機関として理事をもって構成する理事会が置かれており、かつ、定款で定めるその決定の方法が次に掲げる要件に適合していると認められること。

(1)　当該理事会の決議が理事の過半数又はこれを上回る割合以上の多数決により行われるものとされていること。

(2)　共通義務確認の訴えの提起その他の被害回復関係業務の執行に係る重要な事項の決定が理事その他の者に委任されていないこと。

ロ　理事のうち一人以上が弁護士であること。

四　共通義務確認の訴えの提起その他の被害回復裁判手続についての検討を行う部門において消費者契約法第十三条第三項第五号イ及びロに掲げる者（以下「専門委員」と総称する。）が共にその専門的な知識経験に基づいて必要な助言を行い又は意見を述べる体制が整備されていることその他被害回復関係業務を遂行するための人的体制に照らして、被害回復関係業務を適正に遂行することができる専門的な知識経験を有すると認められること。

五　被害回復関係業務を適正に遂行するに足りる経理的基礎を有すること。

六　被害回復関係業務に関して支払を受ける報酬又は費用がある場合には、その額又は算定方法、支払方法その他必要な事項を定めており、これが消費者の利益の擁護の見地から不当なものでないこと。

七　被害回復関係業務以外の業務を行うことによって被害回復関係業務の適正な遂行に支障を及ぼすおそれがないこと。

5　前項第二号の業務規程には、被害回復関係業務の実施の方法、被害回復関係業務に関して知り得た情報の管理及び秘密の保持の方法、被害回復関係業務の実施に関する金銭その他の財産の管理の方法その他の内閣府令で定める事項が定められていなければならない。この場合において、業務規程に定める被害回復関係業務の実施の方法には、簡易確定手続授権契約及び訴訟授権契約の内容並びに請求の放棄、和解又は上訴の取下げをしようとする場合において第三十一条第一項又は第五十三条第一項の授権をした者（第七十六条において単に「授権をした者」という。）の意思を確認するための措置、前項第四号の検討を行う部門における専門委員からの助言又は意見の聴取に関する措置及び役員、職員又は専門委員が被害回復裁判手続の相手方と特別の利害関係を有する場合の措置その他業務の公正な実施の確保に関する措置が含まれていなければならない。

6　次のいずれかに該当する適格消費者団体は、特定認定を受けることができない。

一　この法律、消費者契約法その他消費者の利益の擁護に関する法律で政令で定めるもの若しくはこれらの法律に基づく命令の規定又はこれらの規定に基づく処分に違反して罰金の刑に処せられ、その刑の執行を終わり、又はその刑の執行を受けることがなくなった日から三年を経過しないもの

二　第八十六条第一項各号又は第二項各号に掲げる事由により特定認定を取り消され、その取消しの日から三年を経過しないもの

三　役員のうちに次のいずれかに該当する者のあるもの

イ　この法律、消費者契約法その他消費者の利益の擁護に関する法律で政令で定めるもの若しくはこれらの法律に基づく命令の規定又はこれらの規定に基づく処分に違反して罰金の刑に処せられ、その刑の執行を終わり、又はその刑の執行を受けることがなくなった日から三年を経過しない者

ロ　特定適格消費者団体が第八十六条第一項各号又は第二項各号に掲げる事由により特定認定を取り消された場合において、その取消しの日前六月以内に当該特定適格消費者団体の役員であった者でその取消しの日から三年を経過しないもの

（特定認定の申請）

第六十六条　前条第三項の申請は、次に掲げる事項を記載した申請書を内閣総理大臣に提出してしなければならない。

一　名称及び住所並びに代表者の氏名

二　被害回復関係業務を行おうとする事務所の所在地

三　前二号に掲げるもののほか、内閣府令で定める事項

2　前項の申請書には、次に掲げる書類を添付しなければならない。

一　定款

二　差止請求関係業務を相当期間にわたり継続して適正に行っていることを証する書類

三　被害回復関係業務に関する業務計画書

四　被害回復関係業務を適正に遂行するための体制が整備されていることを証する書類
五　業務規程
六　役員、職員及び専門委員に関する次に掲げる書類
イ　氏名、役職及び職業を記載した書類
ロ　住所、略歴その他内閣府令で定める事項を記載した書類
七　最近の事業年度における財産目録、貸借対照表、収支計算書その他の経理的基礎を有することを証する書類
八　被害回復関係業務に関して支払を受ける報酬又は費用がある場合には、その額又は算定方法、支払方法その他必要な事項を記載した書類
九　前条第六項各号のいずれにも該当しないことを誓約する書面
十　被害回復関係業務以外に行う業務の種類及び概要を記載した書類
十一　その他内閣府令で定める書類

（特定認定の申請に関する公告及び縦覧）

第六十七条　内閣総理大臣は、特定認定の申請があった場合には、遅滞なく、内閣府令で定めるところにより、その旨並びに前条第一項第一号及び第二号に掲げる事項を公告するとともに、同条第二項各号（第六号ロ、第九号及び第十一号を除く。）に掲げる書類を、公告の日から二週間、公衆の縦覧に供しなければならない。

（特定認定の公示等）

第六十八条　内閣総理大臣は、特定認定をしたときは、内閣府令で定めるところにより、当該特定適格消費者団体の名称及び住所、被害回復関係業務を行う事務所の所在地並びに当該特定認定をした日を公示するとともに、当該特定適格消費者団体に対し、その旨を書面により通知するものとする。

2　特定適格消費者団体は、内閣府令で定めるところにより、特定適格消費者団体である旨を、被害回復関係業務を行う事務所において見やすいように掲示しなければならない。

3　特定適格消費者団体でない者は、その名称中に特定適格消費者団体であると誤認されるおそれのある文字を用い、又はその業務に関し、特定適格消費者団体であると誤認されるおそれのある表示をしてはならない。

（特定認定の有効期間等）

第六十九条　特定認定の有効期間は、当該特定認定の日から起算して三年とする。ただし、当該特定認定の日における当該特定認定に係る消費者契約法第十三条第一項の認定の有効期間の残存期間が特定認定の有効期間より短い場合には、同項の認定の有効期間の残存期間と同一とする。

2　特定認定の有効期間の満了後引き続き被害回復関係業務を行おうとする特定適格消費者団体は、その有効期間の更新を受けなければならない。

3　前項の有効期間の更新を受けようとする特定適格消費者団体は、当該有効期間の満了の日の九十日前から六十日前までの間（以下この項において「更新申請期間」という。）に、内閣総理大臣に前項の有効期間の更新の申請をしなければならない。ただし、災害その他やむを得ない事由により更新申請期間にその申請をすることができないときは、この限りでない。

4　前項の申請があった場合において、当該有効期間の満了の日までにその申請に対する処分がされないときは、従前の特定認定は、当該有効期間の満了後もその処分がされるまでの間は、なお効力を有する。

5　前項の場合において、第二項の有効期間の更新がされたときは、その特定認定の有効期間は、従前の特定認定の有効期間の満了の日の翌日から起算するものとする。

6　第六十五条（第一項、第二項及び第六項第二号を除く。）、第六十六条、第六十七条及び前条第一項の規定は、第二項の有効期間の更新について準用する。ただし、第六十六条第二項各号に掲げる書類については、既に内閣総理大臣に提出されている当該書類の内容に変更がないときは、その添付を省略することができる。

（変更の届出）

第七十条　特定適格消費者団体は、第六十六条第一項各号に掲げる事項又は同条第二項各号（第二号及び第十一号を除く。）に掲げる書類に記載した事項に変更があったときは、遅滞なく、内閣府令で定めるところにより、その旨を記載した届出書を内閣総理大臣に提出しなければならない。ただし、その変更が内閣府令で定める軽微なものであるときは、この限りでない。

（合併の届出及び認可等）

第七十一条　特定適格消費者団体である法人が他の特定適格消費者団体である法人と合併をしたときは、合併後存続する法人又は合併により設立された法人は、合併により消滅した法人のこの法律の規定による特定適格消費者団体としての地位を承継する。

2　前項の規定により合併により消滅した法人のこの法律の規定による特定適格消費者団体としての地位を承継した法人は、遅滞なく、その旨を内閣総理大臣に届け出なければならない。

3　特定適格消費者団体である法人が特定適格消費者団体でない法人（適格消費者団体である法人に限る。）と合併をした場合には、合併後存続する法人又は合併により設立された法人は、その合併について内閣総理大臣の認可がされたときに限り、合併により消滅した法人のこの法律の規定による特定適格消費者団体としての地位を承継する。

4　前項の認可を受けようとする特定適格消費者団体は、その合併がその効力を生ずる日の九十日前から六十日前までの間（以下この項において「認可申請期間」という。）に、内閣総理大臣に認可の申請をしなければならない。ただし、災害その他やむを得ない事由により認可申請期間にその申請をすることができないときは、この限りでない。

5　前項の申請があった場合において、その合併がその効力を生ずる日までにその申請に対する処分がされないときは、合併後存続する法人又は合併により設立された法人は、その処分がされるまでの間は、合併により消滅した法人のこの法律の規定による特定適格消費者団体としての地位を承継しているものとみなす。

6　第六十五条（第一項及び第二項を除く。）、第六十六条、第六十七条及び第六十八条第一項の規定は、第三項の認可について準用する。

7　特定適格消費者団体である法人は、特定適格消費者団体でない法人と合併をする場合において、第四項の申請をしないときは、その合併がその効力を生ずる日までに、その旨を内閣総理大臣に届け出なければならない。

8　内閣総理大臣は、第二項又は前項の規定による届出があったときは、内閣府令で定めるところにより、その旨を公示するものとする。

（事業の譲渡の届出及び認可等）

第七十二条　特定適格消費者団体である法人が他の特定適格消費者団体である法人に対し被害回復関係業務に係る事業の全部の譲渡をしたときは、その譲渡を受けた法人は、その譲渡をした法人のこの法律の規定による特定適格消費者団体としての地位を承継する。

2　前項の規定によりその譲渡をした法人のこの法律の規定による特定適格消費者団体としての地位を承継した法人は、遅滞なく、その旨を内閣総理大臣に届け出なければならない。

3　特定適格消費者団体である法人が特定適格消費者団体でない法人（適格消費者団体である法人に限る。）に対し被害回復関係業務に係る事業の全部の譲渡をした場合には、その譲渡を受けた法人は、その譲渡について内閣総理大臣の認可がされたときに限り、その譲渡をした法人のこの法律の規定による特定適格消費者団体としての地位を承継する。

4　前項の認可を受けようとする特定適格消費者団体は、その譲渡の日の九十日前から六十日前までの間（以下この項において「認可申請期間」という。）に、内閣総理大臣に認可の申請をしなければならない。ただし、災害その他やむを得ない事由により認可申請期間にその申請をすることができないときは、この限りでない。

5　前項の申請があった場合において、その譲渡の日までにその申請に対する処分がされないときは、その譲渡を受けた法人は、その処分がされるまでの間は、その譲渡をした法人のこの法律の規定による特定適格消費者団体としての地位を承継しているものとみなす。

6　第六十五条（第一項及び第二項を除く。）、第六十六条、第六十七条及び第六十八条第一項の規定は、第三項の認可について準用する。

7　特定適格消費者団体である法人は、特定適格消費者団体でない法人に対し被害回復関係業務に係る事業の全部の譲渡をする場合において、第四項の申請をしないときは、その譲渡の日までに、その旨を内閣総理大臣に届け出なければならない。

8　内閣総理大臣は、第二項又は前項の規定による届出があったときは、内閣府令で定めるところにより、その旨を公示するものとする。

（業務廃止の届出）

第七十三条　特定適格消費者団体が被害回復関係業務を廃止したときは、法人の代表者は、遅滞なく、その旨を内閣総理大臣に届け出なければならない。

2　内閣総理大臣は、前項の規定による届出があったときは、内閣府令で定めるところにより、その旨を公示するものとする。

（特定認定の失効）

第七十四条　特定適格消費者団体について、次のいずれかに掲げる事由が生じたときは、特定認定は、その効力を失う。

一　特定認定の有効期間が経過したとき（第六十九条第四項に規定する場合にあっては、更新拒否処分がされたとき）。

二　特定適格消費者団体である法人が特定適格消費者団体でない法人と合併をした場合において、その合併が第七十一条第三項の認可を経ずにその効力を生じたとき（同条第五項に規定する場合にあっては、その合併の不認可処分がされたとき）。

三　特定適格消費者団体である法人が特定適格消費者団体でない法人に対し被害回復関係業務に係る事業の全部の譲渡をした場合において、その譲渡が第七十二条第三項の認可を経ずにされたとき（同条第五項に規定する場合にあっては、その譲渡の不認可処分がされたとき）。

四　特定適格消費者団体が被害回復関係業務を廃止したとき。

五　消費者契約法第十三条第一項の認定が失効し、又は取り消されたとき。

2　内閣総理大臣は、前項各号に掲げる事由が生じたことを知った場合において、特定適格消費者団体であった法人を当事者とする被害回復裁判手続が現に係属しているときは、その被害回復裁判手続が係属している裁判所に対し、その特定認定が失効した旨を書面により通知しなければならない。

第二節　被害回復関係業務等

（特定適格消費者団体の責務）

第七十五条　特定適格消費者団体は、対象消費者の利益のために、被害回復関係業務を適切に実施しなければならない。

2　特定適格消費者団体は、不当な目的でみだりに共通義務確認の訴えの提起その他の被害回復関係業務を実施してはならない。

3　特定適格消費者団体は、被害回復関係業務について他の特定適格消費者団体と相互に連携を図りながら協力するように努めなければならない。

（報酬）

第七十六条　特定適格消費者団体は、授権をした者との簡易確定手続授権契約又は訴訟授権契約で定めるところにより、被害回復関係業務を行うことに関し、報酬を受けることができる。

（弁護士に追行させる義務）

第七十七条　特定適格消費者団体は、被害回復関係業務を行う場合において、民事訴訟に関する手続（簡易確定手続を含む。）、仮差押命令に関する手続及び執行抗告（仮差押えの執行の手続に関する裁判に対する執行抗告を含む。）に係る手続については、弁護士に追行させなければならない。

（他の特定適格消費者団体への通知等）

第七十八条　特定適格消費者団体は、次に掲げる場合には、内閣府令で定めるところにより、遅滞なく、その旨を他の特定適格消費者団体に通知するとともに、その旨及びその内容を内閣総理大臣に報告しなければならない。この場合において、当該特定適格消費者団体が、当該通知及び報告に代えて、全ての特定適格消費者団体及び内閣総理大臣が電磁的方法を利用して同一の情報を閲覧することができる状態に置く措置であって内閣府令で定めるものを講じたときは、当該通知及び報告をしたものとみなす。

一　共通義務確認の訴えの提起又は第五十六条第一項の申立てをしたとき。

二　共通義務確認訴訟の判決の言渡し又は第五十六条第一項の申立てについての決定の告知があったとき。

三　前号の判決に対する上訴の提起又は同号の決定に対する不服の申立てがあったとき。

四　第二号の判決又は同号の決定が確定したとき。

五　共通義務確認訴訟における和解が成立したとき。

六　前二号に掲げる場合のほか、共通義務確認訴訟又は仮差押命令に関する手続が終了したとき。

七　共通義務確認訴訟に関し、請求の放棄、和解、上訴の取下げその他の内閣府令で定める手続に係る行為であって、それにより確定判決及びこれと同一の効力を有するものが存することとなるものをしようとするとき。

八　簡易確定手続開始の申立て又はその取下げをしたとき。

九　簡易確定手続開始決定があったとき。

十　第二十五条第一項の規定による通知をしたとき。

十一　第二十六条第一項、第三項又は第四項の規定による公告をしたとき。

十二　その他被害回復関係業務に関し内閣府令で定める手続に係る行為がされたとき。

2　内閣総理大臣は、前項の規定による報告を受けたときは、全ての特定適格消費者団体及び内閣総理大臣が電磁的方法を利用して同一の情報を閲覧することができる状態に置く措置その他の内閣府令で定める方法により、他の特定適格消費者団体に当該報告の日時及び概要その他内閣府令で定める事項を伝達するものとする。

（個人情報の取扱い）

第七十九条　特定適格消費者団体は、被害回復関係業務に関し、消費者の個人情報（個人に関する情報であって、特定の個人を識別することができるもの（他の情報と照合することにより特定の個人を識別することができることとなるものを含む。）をいう。第三項において同じ。）を保管し、又は利用するに当たっては、その業務の目的の達成に必要な範囲内でこれを保管し、及び利用しなければならない。ただし、当該消費者の同意がある場合その他正当な事由がある場合は、この限りでない。

2　特定適格消費者団体は、被害回復関係業務に関し、消費者から収集した消費者の被害に関する情報を被害回復裁判手続に係る相手方その他の第三者が当該被害に係る消費者を識別することができる方法で利用するに当たっては、あらかじめ、当該消費者の同意を得なければならない。

3　特定適格消費者団体は、被害回復関係業務において消費者の個人情報を適正に管理するために必要な措置を講じなければならない。

（秘密保持義務）

第八十条　特定適格消費者団体の役員、職員若しくは専門委員又はこれらの職にあった者は、正当な理由がなく、被害回復関係業務に関して知り得た秘密を漏らしてはならない。

（氏名等の明示）

第八十一条　特定適格消費者団体の被害回復関係業務に従事する者は、その被害回復関係業務を行うに当たり、被害回復裁判手続に係る相手方の請求があったときは、当該特定適格消費者団体の名称、自己の氏名及び特定適格消費者団体における役職又は地位その他内閣府令で定める事項を、その相手方に明らかにしなければならない。

（情報の提供）

第八十二条　特定適格消費者団体は、対象消費者の財産的被害の回復に資するため、対象消費者に対し、共通義務確認の訴えを提起したこと、共通義務確認訴訟の確定判決の内容その他必要な情報を提供するよう努めなければならない。

（財産上の利益の受領の禁止等）

第八十三条　特定適格消費者団体は、次に掲げる場合を除き、その被害回復裁判手続に係る相手方から、その被害回復裁判手続の追行に関し、寄附金、賛助金その他名目のいかんを問わず、金銭その他の財産上の利益を受けてはならない。

一　届出債権の認否、簡易確定決定、異議後の訴訟における判決若しくは請求の認諾又は和解に基づく金銭の支払として財産上の利益を受けるとき。

二　被害回復裁判手続における判決（確定判決と同一の効力を有するもの、仮執行の宣言を付した届出債権支払命令及び第五十六条第一項の申立てについての決定を含む。次号において同じ。）又は第四十八条第三項若しくは第四十九条第一項若しくは民事訴訟法第七十三条第一項の決定により訴訟費用（簡易確定手続の費用、和解の費用及び調停手続の費用を含む。）を負担することとされた相手方から当該訴訟費用に相当する額の償還として財産上の利益を受けるとき。

三　被害回復裁判手続における判決に基づく民事執行の執行費用に相当する額の償還として財産上の利益を受けるとき。

2　特定適格消費者団体の役員、職員又は専門委員は、特定適格消費者団体の被害回復裁判手続に係る相手方から、その被害回復裁判手続の追行に関し、寄附金、賛助金その他名目のいかんを問わず、金銭その他の財産上の利益を受けてはならない。

3　特定適格消費者団体又はその役員、職員若しくは専門委員は、特定適格消費者団体の被害回復裁判手続に係る相手方から、その被害回復裁判手続の追行に関し、寄附金、賛助金その他名目のいかんを問わず、金銭その他の財産上の利益を第三者に受けさせてはならない。

4　前三項に規定する被害回復裁判手続に係る相手方からその被害回復裁判手続の追行に関して受け又は受けさせてはならない財産上の利益には、その相手方がその被害回復裁判手続の追行に関してした不法行為によって生じた損害の賠償として受け又は受けさせる財産上の利益は含まれない。

（区分経理）

第八十四条　特定適格消費者団体は、被害回復関係業務に係る経理を他の業務に係る経理と区分して整理しなければならない。

第三節　監督

（適合命令及び改善命令）

第八十五条　内閣総理大臣は、特定適格消費者団体が、第六十五条第四項第二号から第七号までに掲げる要件のいずれかに適合しなくなったと認めるときは、当該特定適格消費者団体に対し、これらの要件に適合するために必要な措置をとるべきことを命ずることができる。

2　内閣総理大臣は、前項に定めるもののほか、特定適格消費者団体が第六十五条第六項第三号に該当するに至ったと認めるとき、特定適格消費者団体又はその役員、職員若しくは専門委員が被害回復関係業務の遂行に関しこの法律の規定に違反したと認めるとき、その他特定適格消費者団体の業務の適正な運営を確保するため必要があると認めるときは、当該特定適格消費者団体に対し、人的体制の改善、違反の停止、業務規程の変更その他の業務の運営の改善に必要な措置をとるべきことを命ずることができる。

（特定認定の取消し等）

第八十六条　内閣総理大臣は、特定適格消費者団体について、次のいずれかに掲げる事由があるときは、特定認定を取り消すことができる。

一　偽りその他不正の手段により特定認定、第六十九条第二項の有効期間の更新又は第七十一条第三項若しくは第七十二条第三項の認可を受けたとき。

二　第六十五条第四項各号に掲げる要件のいずれかに適合しなくなったとき。

三　第六十五条第六項第一号又は第三号に該当するに至ったとき。

四　前三号に掲げるもののほか、この法律若しくはこの法律に基づく命令の規定又はこれらの規定に基づく処分に違反したとき（次項第二号に該当する場合を除く。）。

2　内閣総理大臣は、前項の規定による取消しのほか、特定適格消費者団体について、次のいずれかに掲げる事由があるときは、特定認定又は消費者契約法第十三条第一項の認定を取り消すことができる。

一　被害回復裁判手続において、特定適格消費者団体がその相手方と通謀して請求の放棄又は対象消費者の利益を害する内容の和解をしたときその他対象消費者の利益に著しく反する訴訟その他の手続の追行を行ったと認められるとき。

二　第八十三条第一項又は第三項の規定に違反したとき。

三　当該特定適格消費者団体の役員、職員又は専門委員が第八十三条第二項又は第三項の規定に違反したとき。

3　特定適格消費者団体が、第七十八条第一項の規定に違反して同項の通知又は報告をしないで、共通義務確認の訴えに関し、同項第七号に規定する行為をしたときは、内閣総理大臣は、当該特定適格消費者団体について前項第一号に掲げる事由があるものとみなすことができる。

4　内閣総理大臣は、第一項又は第二項の規定による取消しをしたときは、内閣府令で定めるところにより、その旨及びその取消しをした日を公示するとともに、特定適格消費者団体であった法人に対し、その旨を書面により通知するものとする。この場合において、当該特定適格消費者団体であった法人を当事者とする被害回復裁判手続が現に係属しているときは、その被害回復裁判手続が係属している裁判所に対しても、その取消しをした旨を書面により通知しなければならない。

（手続を受け継ぐべき特定適格消費者団体の指定等）

第八十七条　被害回復裁判手続（第二条第九号ロに規定する民事執行の手続を除く。）の当事者である特定適格消費者団体に係る特定認定が、第七十四条第一項各号に掲げる事由により失効し、若しくは前条第一項各号若しくは第二項各号に掲げる事由により取り消されるとき、又はこれらの事由により既に失効し、若しくは既に取り消されているときは、内閣総理大臣は、当該被害回復裁判手続を受け継ぐべき特定適格消費者団体として他の特定適格消費者団体を指定するものとする。ただし、共通義務確認訴訟又は簡易確定手続（特定適格消費者団体であった法人が債権届出をした場合を除く。）において、他に当事者である特定適格消費者団体があるときは、この限りでない。

2　第十四条の規定により簡易確定手続開始の申立てをしなければならない特定適格消費者団体に係る特定認定が、第七十四条第一項各号に掲げる事由により失効し、若しくは前条第一項各号若しくは第二項各号に掲げる事由により取り消されるとき、又はこれらの事由により既に失効し、若しくは既に取り消されているときは、内閣総理大臣は、第十四条の規定により簡易確定手続開始の申立てをしなければならない特定適格消費者団体として他の特定適格消費者団体を指定するものとする。ただし、同条の規定により簡易確定手続開始の申立てをしなければならない特定適格消費者団体が他にあるときは、この限りでない。

3　対象債権に係る債務名義を取得した特定適格消費者団体又はその民事執行法第二十三条第一項第三号に規定する承継人である特定適格消費者団体に係る特定認定が、第七十四条第一項各号に掲げる事由により失効し、若しくは前条第一項各号若しくは第二項各号に掲げる事由により取り消されるとき、又はこれらの事由により既に失効し、若しくは既に取り消されているときは、内閣総理大臣は、同法第二十三条第一項第三号に規定する承継人となるべき特定適格消費者団体として他の特定適格消費者団体を指定するものとする。

4　内閣総理大臣は、前三項の規定による指定を受けた特定適格消費者団体（以下この項及び次項において「指定特定適格消費者団体」という。）について、特定認定が、第七十四条第一項各号に掲げる事由により失効し、若しくは既に失効し、又は前条第一項各号若しくは第二項各号に掲げる事由により取り消されるときは、指定特定適格消費者団体に係る指定を取り消さなければならない。

5　第一項から第三項までの規定による指定は、指定特定適格消費者団体が受け継ぐことになった手続をその指定前に追行していた者に次のいずれかに掲げる事由が生じたことを理由として取り消すことができない。

一　特定認定の取消処分、特定認定の有効期間の更新拒否処分若しくは第七十一条第三項の合併若しくは第七十二条第三項の事業の全部の譲渡の不認可処分（以下この号において「特定認定取消処分等」という。）が取り消され、又は特定認定取消処分等の取消し若しくはその無効若しくは不存在の確認の判決が確定したとき。

二　消費者契約法第十三条第一項の認定の取消処分、同項の認定の有効期間の更新拒否処分若しくは同法第十九条第三項の合併若しくは同法第二十条第三項の事業の全部の譲渡の不認可処分（以下この号において「認定取消処分等」という。）が取り消され、又は認定取消処分等の取消し若しくはその無効若しくは不存在の確認の判決が確定したとき。

6　内閣総理大臣は、第一項から第三項までの規定による指定をしたときは、内閣府令で定めるところにより、その旨及びその指定をした日を公示するとともに、その指定を受けた特定適格消費者団体に対し、その旨を書面により通知するものとする。第四項の規定により当該指定を取り消したときも、同様とする。

7　前項前段の場合において、特定適格消費者団体であった法人を当事者とする被害回復裁判手続が現に係属しているときは、内閣総理大臣は、その被害回復裁判手続が係属している裁判所に対しても、その指定をした旨を書面により通知しなければならない。

8　次の各号に掲げる場合には、当該各号の指定を受けた特定適格消費者団体は、遅滞なく、知れている届出消費者に、各別にその旨を通知しなければならない。

一　第一項の規定による指定がされた場合（特定適格消費者団体であった法人が簡易確定手続（当該特定適格消費者団体であった法人が債権届出をした場合に限る。）又は異議後の訴訟の手続の当事者であったときに限る。）

二　第三項の規定による指定がされた場合

9　第一項から第三項までの規定による指定がされたときは、特定適格消費者団体であった法人は、遅滞なく、その指定を受けた特定適格消費者団体に対し、その指定の対象となった事件について、対象消費者のために保管する物及び被害回復関係業務に関する書類を移管し、その他被害回復関係業務をその指定を受けた特定適格消費者団体に引き継ぐために必要な一切の行為をしなければならない。

第四節　補則

（消費者契約法の特例）

第八十八条　特定適格消費者団体である適格消費者団体に対する消費者契約法の規定の適用については、次の表の上欄に掲げる同法の規定中同表の中欄に掲げる字句は、それぞれ同表の下欄に掲げる字句とする。

第二十九条第一項	その行う差止請求関係業務	その行う差止請求関係業務及び消費者裁判手続特例法第六十五条第二項に規定する被害回復関係業務（以下単に「被害回復関係業務」という。）
	、差止請求関係業務	、差止請求関係業務及び被害回復関係業務
第三十一条第二項	差止請求関係業務その他の業務がこの法律	差止請求関係業務、被害回復関係業務その他の業務がこの法律及び消費者裁判手続特例法
第三十一条第三項第七号	差止請求関係業務	差止請求関係業務及び被害回復関係業務
第三十二条第一項	この法律	この法律又は消費者裁判手続特例法

（官公庁等への協力依頼）

第八十九条　内閣総理大臣は、この法律の実施のため必要があると認めるときは、官庁、公共団体その他の者に照会し、又は協力を求めることができる。

（判決等に関する情報の公表）

第九十条　内閣総理大臣は、消費者の財産的被害の防止及び救済に資するため、特定適格消費者団体から第七十八条第一項（第一号及び第七号を除く。）の規定による報告を受けたときは、インターネットの利用その他適切な方法により、速やかに、共通義務確認訴訟の確定判決（確定判決と同一の効力を有するものを含む。）の概要、当該特定適格消費者団体の名称及び当該共通義務確認訴訟の相手方の氏名又は名称その他内閣府令で定める事項を公表するものとする。

2　前項に規定する事項のほか、内閣総理大臣は、被害回復関係業務に関する情報を広く国民に提供するため、インターネットの利用その他適切な方法により、特定適格消費者団体の名称及び住所並びに被害回復関係業務を行う事務所の所在地その他内閣府令で定める必要な情報を公表することができる。

3　内閣総理大臣は、独立行政法人国民生活センターに、前二項に規定する情報の公表に関する業務を行わせることができる。

（特定適格消費者団体への協力等）

第九十一条　独立行政法人国民生活センター及び地方公共団体は、内閣府令で定めるところにより、特定適格消費者団体の求めに応じ、当該特定適格消費者団体が被害回復関係業務を適切に遂行するために必要な限度において、当該特定適格消費者団体に対し、消費生活に関する消費者と事業者との間に生じた苦情に係る相談に関する情報で内閣府令で定めるものを提供することができる。

2　前項の規定により情報の提供を受けた特定適格消費者団体は、当該情報を当該被害回復関係業務の用に供する目的以外の目的のために利用し、又は提供してはならない。

（権限の委任）

第九十二条　内閣総理大臣は、この章の規定による権限（政令で定めるものを除く。）を消費者庁長官に委任する。

第四章　罰則

第九十三条　特定適格消費者団体の役員、職員又は専門委員が、特定適格消費者団体の被害回復裁判手続に係る相手方から、寄附金、賛助金その他名目のいかんを問わず、当該特定適格消費者団体における次に掲げる行為の報酬として、金銭その他の財産上の利益を受け、又は第三者（当該特定適格消費者団体を含む。）に受けさせたときは、三年以下の懲役又は三百万円以下の罰金に処する。

一　共通義務確認の訴えの提起、簡易確定手続の申立て、債権届出、簡易確定手続若しくは異議後の訴訟に関する民事執行の申立て又は第五十六条第一項の申立てをしないこと又はしなかったこと。

二　第三十一条第一項又は第五十三条第一項の授権に係る債権に係る裁判外の和解をすること又はしたこと。

三　被害回復裁判手続を終了させること又は終了させたこと。

2　前項の利益を供与した者も、同項と同様とする。

3　第一項の場合において、犯人又は情を知った第三者が受けた財産上の利益は、没収する。その全部又は一部を没収することができないときは、その価額を追徴する。

4　第一項の罪は、日本国外においてこれらの罪を犯した者にも適用する。

5　第二項の罪は、刑法（明治四十年法律第四十五号）第二条の例に従う。

第九十四条　次のいずれかに該当する者は、百万円以下の罰金に処する。

一　偽りその他不正の手段により特定認定、第六十九条第二項の有効期間の更新

又は第七十一条第三項若しくは第七十二条第三項の認可を受けた者

二　第八十条の規定に違反して、被害回復関係業務に関して知り得た秘密を漏らした者

第九十五条　次のいずれかに該当する者は、五十万円以下の罰金に処する。

一　第六十六条第一項（第六十九条第六項、第七十一条第六項及び第七十二条第六項において準用する場合を含む。）の申請書又は第六十六条第二項各号（第六十九条第六項、第七十一条第六項及び第七十二条第六項において準用する場合を含む。）に掲げる書類に虚偽の記載をして提出した者

二　第六十八条第三項の規定に違反して、特定適格消費者団体であると誤認されるおそれのある文字をその名称中に用い、又はその業務に関し、特定適格消費者団体であると誤認されるおそれのある表示をした者

第九十六条　法人（法人でない団体で代表者又は管理人の定めのあるものを含む。以下この項において同じ。）の代表者若しくは管理人又は法人若しくは人の代理人、使用人その他の従業者が、その法人又は人の業務に関して、前三条の違反行為をしたときは、行為者を罰するほか、その法人又は人に対しても、各本条の罰金刑を科する。

2　法人でない団体について前項の規定の適用がある場合には、その代表者又は管理人が、その訴訟行為につき法人でない団体を代表するほか、法人を被告人又は被疑者とする場合の刑事訴訟に関する法律の規定を準用する。

第九十七条　次のいずれかに該当する者は、百万円以下の過料に処する。

一　第十四条の規定に違反して、正当な理由がないのに簡易確定手続開始の申立てを怠った者

二　第三十三条第一項の規定に違反して、やむを得ない理由がないのに簡易確定手続授権契約の締結を拒んだ者

三　第三十三条第二項の規定に違反して、やむを得ない理由がないのに簡易確定手続授権契約を解除した者

第九十八条　次のいずれかに該当する者は、五十万円以下の過料に処する。

一　第二十五条第一項若しくは第二十六条第三項前段の規定による通知をすることを怠り、又は不正の通知をした者

二　第二十六条第一項、第三項前段若しくは第四項の規定による公告をすることを怠り、又は不正の公告をした者

第九十九条　次のいずれかに該当する者は、三十万円以下の過料に処する。

一　第五十三条第四項の規定に違反して、正当な理由がないのに訴訟授権契約の締結を拒んだ者

二　第五十三条第五項の規定に違反して、正当な理由がないのに訴訟授権契約を

解除した者

三　第六十八条第二項の規定による掲示をせず、又は虚偽の掲示をした者

四　第七十条、第七十一条第二項若しくは第七項、第七十二条第二項若しくは第七項又は第七十三条第一項の規定による届出をせず、又は虚偽の届出をした者

五　第七十八条第一項前段の規定による通知若しくは報告をせず、又は虚偽の通知若しくは報告をした者

六　第七十九条第二項の規定に違反して、消費者の被害に関する情報を利用した者

七　第八十一条の規定に違反して、同条の請求を拒んだ者

八　第八十七条第九項の規定による被害回復関係業務の引継ぎを怠った者

九　第九十一条第二項の規定に違反して、情報を同項に定める目的以外の目的のために利用し、又は提供した者

附　則

（施行期日）

第一条　この法律は、公布の日から起算して三年を超えない範囲内において政令で定める日から施行する。ただし、附則第三条、第四条及び第七条の規定は、公布の日から施行する。

（経過措置）

第二条　この法律は、この法律の施行前に締結された消費者契約に関する請求（第三条第一項第五号に掲げる請求については、この法律の施行前に行われた加害行為に係る請求）に係る金銭の支払義務には、適用しない。

（検討等）

第三条　政府は、この法律の趣旨にのっとり、特定適格消費者団体がその権限を濫用して事業者の事業活動に不当な影響を及ぼさないようにするための方策について、事業者、消費者その他の関係者の意見を踏まえて、速やかに検討を加え、その結果に基づいて必要な措置を講ずるものとする。

第四条　政府は、特定適格消費者団体による被害回復関係業務の適正な遂行に必要な資金の確保、情報の提供その他の特定適格消費者団体に対する支援の在り方について、速やかに検討を加え、その結果に基づいて必要な措置を講ずるものとする。

第五条　政府は、この法律の施行後三年を経過した場合において、消費者の財産的被害の発生又は拡大の状況、特定適格消費者団体による被害回復関係業務の遂行の状況その他この法律の施行の状況等を勘案し、その被害回復関係業務の適正な遂行を確保するための措置並びに共通義務確認の訴えを提起することができる金銭の支払義務に係る請求及び損害の範囲を含め、この法律の規定について検討を

加え、必要があると認めるときは、その結果に基づいて所要の措置を講ずるものとする。

2　政府は、前項に定める事項のほか、この法律の施行後三年を経過した場合において、この法律の施行の状況について検討を加え、必要があると認めるときは、その結果に基づいて所要の措置を講ずるものとする。

第六条　政府は、第三条第一項各号に掲げる請求に係る金銭の支払義務であって、附則第二条に規定する請求に係るものに関し、当該請求に係る消費者の財産的被害が適切に回復されるよう、重要消費者紛争解決手続（独立行政法人国民生活センター法（平成十四年法律第百二十三号）第十一条第二項に規定する重要消費者紛争解決手続をいう。）等の裁判外紛争解決手続（裁判外紛争解決手続の利用の促進に関する法律（平成十六年法律第百五十一号）第一条に規定する裁判外紛争解決手続をいう。）の利用の促進その他の必要な措置を講ずるものとする。

第七条　政府は、この法律の円滑な施行のため、この法律の趣旨及び内容について、広報活動等を通じて国民に周知を図り、その理解と協力を得るよう努めるものとする。

（登録免許税法の一部改正）

第八条　登録免許税法（昭和四十二年法律第三十五号）の一部を次のように改正する。

別表第一第五十号の次に次のように加える。

五十の二　被害回復裁判手続に係る特定適格消費者団体の認定		
消費者の財産的被害の集団的な回復のための民事の裁判手続の特例に関する法律（平成二十五年法律第九十六号）第六十五条第一項（特定適格消費者団体の認定）の認定（更新の認定を除く。）	認定件数	一件につき一万五千円

（民事訴訟費用等に関する法律の一部改正）

第九条　民事訴訟費用等に関する法律（昭和四十六年法律第四十号）の一部を次のように改正する。

第三条第二項中「した者」の下に「（第三号に掲げる場合において消費者の財産的被害の集団的な回復のための民事の裁判手続の特例に関する法律（平成二十五年法律第第九十六号）第四十六条第二項の規定により届出消費者が異議の申立てをしたときは、その届出消費者）」を加え、同項に次の一号を加える。

三　消費者の財産的被害の集団的な回復のための民事の裁判手続の特例に関する

法律第五十二条第一項の規定により債権届出の時に訴えの提起があつたものとみなされたとき。

別表第一の一六の項イ中「その他」を「、消費者の財産的被害の集団的な回復のための民事の裁判手続の特例に関する法律第十四条の規定による申立てその他」に改め、同項の次に次のように加える。

一六の二	消費者の財産的被害の集団的な回復のための民事の裁判手続の特例に関する法律第三十条第二項の債権届出	一個の債権につき千円

（民事執行法の一部改正）

第十条　民事執行法の一部を次のように改正する。

第二十二条第三号の二の次に次の一号を加える。

三の三　仮執行の宣言を付した届出債権支払命令

第三十三条第二項第一号中「次号」の下に「、第一号の三」を加え、同項第一号の二の次に次の一号を加える。

一の三　第二十二条第三号の三に掲げる債務名義並びに同条第七号に掲げる債務名義のうち届出債権支払命令並びに簡易確定手続における届出債権の認否及び和解に係るもの　簡易確定手続が係属していた地方裁判所

第三十三条第二項第六号中「第一号の二」の下に「及び第一号の三」を加える。

第三十五条第一項中「、第三号の二又は第四号」を「又は第三号の二から第四号まで」に改める。

第百七十三条第二項中「第一号の二」の下に「、第一号の三」を加える。

第百九十七条第一項及び第二百一条第二号中「、第四号」を「から第四号まで」に改める。

（消費者契約法の一部改正）

第十一条　消費者契約法の一部を次のように改正する。

第十三条第五項第一号中「この法律」の下に「、消費者の財産的被害の集団的な回復のための民事の裁判手続の特例に関する法律（平成二十五年法律第九十六号。以下「消費者裁判手続特例法」という。）」を加え、同項第二号中「第三十四条第一項各号」の下に「若しくは消費者裁判手続特例法第八十六条第二項各号」を加え、「同条第三項」を「第三十四条第三項」に改め、同項第六号イ中「禁錮《こ》」を「禁錮」に改め、「この法律」の下に「、消費者裁判手続特例法」を加え、同号ロ中「第三十四条第一項各号」の下に「若しくは消費者裁判手続特例法第八十六条第二項各号」を加え、「同条第三項」を「第三十四条第三項」に改める。

第三十四条第三項中「除く。）」の下に「若しくは消費者裁判手続特例法第八十六条第二項各号に掲げる事由」を加え、「関し同項第四号」を「関し第一項第四号」に改める。

第三十五条第一項及び第四項第一号中「前条第一項各号」の下に「若しくは消費者裁判手続特例法第八十六条第二項各号」を加える。

資料４　消費者の財産的被害の集団的な回復のための民事の裁判手続の特例に関する法律　新旧対照条文

1　登録免許税法（昭和四十二年法律第三十五号）（附則第八条関係）

（傍線部分は改正部分）

<table>
<tr><th>改正後</th><th>改正前</th></tr>
<tr>
<td>別表第一　課税範囲、課税標準及び税率の表（第二条、第五条、第九条、第十条、第十三条、第十五条―第十七条、第十七条の三―第十九条、第二十三条、第二十四条、第三十四条―第三十四条の三関係）
<table>
<tr><td>登記、登録、特許、免許、許可、認可、認定、指定又は技能証明の事項</td><td>課税標準</td><td>税率</td></tr>
<tr><td colspan="3">一～五十　（略）</td></tr>
<tr><td colspan="3">五十の二　被害回復裁判手続に係る特定適格消費者団体の認定</td></tr>
<tr><td>消費者の財産的被害の集団的な回復のための民事の裁判手続の特例に関する法律（平成二十五年法律第九十六号）第六十五条第一項（特定適格消費者団体の認定）の認定（更新の認定を除く。）</td><td>認定件数</td><td>一件につき一万五千円</td></tr>
<tr><td colspan="3">五十一～百六十　（略）</td></tr>
</table>
</td>
<td>別表第一　課税範囲、課税標準及び税率の表（第二条、第五条、第九条、第十条、第十三条、第十五条―第十七条、第十七条の三―第十九条、第二十三条、第二十四条、第三十四条―第三十四条の三関係）
<table>
<tr><td>登記、登録、特許、免許、許可、認可、認定、指定又は技能証明の事項</td><td>課税標準</td><td>税率</td></tr>
<tr><td colspan="3">一～五十　（同左）</td></tr>
<tr><td colspan="3">（新設）</td></tr>
<tr><td colspan="3">五十一～百六十　（同左）</td></tr>
</table>
</td>
</tr>
</table>

2　民事訴訟費用等に関する法律（昭和四十六年法律第四十号）（附則第九条関係）

改正後	改正前
（申立ての手数料） 第三条　（略） 2　次の各号に掲げる場合には、当該各号の申立てをした者（第三号に掲げる場合において消費者の財産的被害の集団的な回復のための民事の裁判手続の特例に関する法律（平成二十五年法律第九十六号）第四十六条第二項の規定により届出消費者が異議の申立てをしたときは、その届出消費者）は、訴えを提起する場合の手数料の額から当該申立てについて納めた手数料の額を控除した額の手数料を納めなければならない。	（申立ての手数料） 第三条　（同左） 2　次の各号に掲げる場合には、当該各号の申立てをした者は、訴えを提起する場合の手数料の額から当該申立てについて納めた手数料の額を控除した額の手数料を納めなければならない。
一　民事訴訟法第二百七十五条第二項又は第三百九十五条若しくは第三百九十八条第一項（同法第四百二条第二項において準用する場合を含む。）の規定により和解又は支払督促の申立ての時に訴えの提起があつたものとみなされたとき。	一　（同左）
二　労働審判法（平成十六年法律第四十五号）第二十二条第一項（同法第二十三条第二項及び第二十四条第二項において準用する場合を含む。）の規定により労働審判手続の申立ての時に訴えの提起があつたものとみなされたとき。	二　（同左）
三　消費者の財産的被害の集団的な回復のための民事の裁判手続の特例に関する法律第五十二条第一項の規定により債権届出の時に訴えの提起があつたものとみなされたとき。	（新設）
3・4　（略）	3・4　（同左）

改正後			改正前		
別表第一（第三条、第四条関係）			別表第一（第三条、第四条関係）		
項	上欄	下欄	項	上欄	下欄
一～一五　（略）			一～一五　（同左）		
一六	イ　仲裁法第十二条第二項、第十六条第三項、第十七条第二項から第五項まで、第十九条第四項、第二十条、第二十三条第五項又は第三十五条第一項の規定による申立て、非訟事件手続法の規定により裁判を求める申立て、配偶者からの暴力の防止及び被害者の保護等に関する法律（平成十三年法律第三十一号）第十条第一項から第四項までの規定による申立て、国際的な子の奪取の民事上の側面に関する条約の実施に関する法律第百二十二条第一項の規定による申立て、消費者の財産的被害の集団的な回復のための民事の裁判手続の特例に関する法律第十四条の規定による申立てその他の裁判所の裁判を求	千円	一六	イ　仲裁法第十二条第二項、第十六条第三項、第十七条第二項から第五項まで、第十九条第四項、第二十条、第二十三条第五項又は第三十五条第一項の規定による申立て、非訟事件手続法の規定により裁判を求める申立て、配偶者からの暴力の防止及び被害者の保護等に関する法律（平成十三年法律第三十一号）第十条第一項から第四項までの規定による申立て、国際的な子の奪取の民事上の側面に関する条約の実施に関する法律第百二十二条第一項の規定による申立てその他の裁判所の裁判を求める申立てで、基本となる手続が開始されるもの（第九条第一項若しくは第二項又は第十条第二項の規定による	千円

改正後			改正前		
	めるる申立てで、基本となる手続が開始されるもの（第九条第一項若しくは第三項又は第十条第二項の規定による申立て及びこの表の他の項に掲げる申立てを除く。） ロ　（略）			申立て及びこの表の他の項に掲げる申立てを除く。） ロ　（同左）	
一六の二	消費者の財産的被害の集団的な回復のための民事の裁判手続の特例に関する法律第三十条第二項の債権届出	一個の債権につき千円	（新設）		
一七～一九　（略）			一七～一九　（同左）		
この表の各項の上欄に掲げる申立てには、当該申立てについての規定を準用し、又はその例によるものとする規定による申立てを含むものとする。			（同左）		

3　民事執行法（昭和五十四年法律第四号）（附則第十条関係）

改正後	改正前
（債務名義）	（債務名義）
第二十二条　強制執行は、次に掲げるもの（以下「債務名義」という。）により行う。	第二十二条　（同左）
一　確定判決	一　（同左）
二　仮執行の宣言を付した判決	二　（同左）
三　抗告によらなければ不服を申し立てることができない裁判（確定しなければその効力を生じない裁判にあつては、確定したものに限る。）	三　（同左）
三の二　仮執行の宣言を付した損害賠償命令	三の二　（同左）
三の三　仮執行の宣言を付した届出債権支払命令	（新設）
四　仮執行の宣言を付した支払督促	四　（同左）
四の二　訴訟費用、和解の費用若しくは非訟事件（他の法令の規定により非訟事件手続法（平成二十三年法律第五十一号）の規定を準用することとされる事件を含む。）若しくは家事事件の手続の費用の負担の額を定める裁判所書記官の処分又は第四十二条第四項に規定する執行費用及び返還すべき金銭の額を定める裁判所書記官の処分（後者の処分にあつては、確定したものに限る。）	四の二　（同左）
五　金銭の一定の額の支払又はその他の代替物若しくは有価証券の一定の数量の給付を目的とする請求について公証人が作成した公正証書で、債務者が直ちに強制執行に服する旨の陳述が記載されているもの（以下「執行証書」という。）	五　（同左）
六　確定した執行判決のある外国裁判所の判決	六　（同左）

改正後	改正前
六の二　確定した執行決定のある仲裁判断	六の二　（同左）
七　確定判決と同一の効力を有するもの（第三号に掲げる裁判を除く。）	七　（同左）
（執行文付与の訴え）	（執行文付与の訴え）
第三十三条　（略）	第三十三条　（同左）
2　前項の訴えは、次の各号に掲げる債務名義の区分に応じ、それぞれ当該各号に定める裁判所が管轄する。	2　（同左）
一　第二十二条第一号から第三号まで、第六号又は第六号の二に掲げる債務名義並びに同条第七号に掲げる債務名義のうち次号、第一号の三及び第六号に掲げるもの以外のもの　第一審裁判所	一　第二十二条第一号から第三号まで、第六号又は第六号の二に掲げる債務名義並びに同条第七号に掲げる債務名義のうち次号及び第六号に掲げるもの以外のもの　第一審裁判所
一の二　第二十二条第三号の二に掲げる債務名義並びに同条第七号に掲げる債務名義のうち損害賠償命令並びに損害賠償命令事件に関する手続における和解及び請求の認諾に係るもの　損害賠償命令事件が係属していた地方裁判所	一の二　（同左）
一の三　第二十二条第三号の三に掲げる債務名義並びに同条第七号に掲げる債務名義のうち届出債権支払命令並びに簡易確定手続における届出債権の認否及び和解に係るもの　簡易確定手続が係属していた地方裁判所	（新設）
二　第二十二条第四号に掲げる債務名義のうち次号に掲げるもの以外のもの　仮執行の宣言を付した支払督促を発した裁判所書記官の所属する簡易裁判所（仮執行の宣言を付した支払督促に係る請求が簡易裁判所の管轄に属しないものであるときは、その簡易裁判所の所在地を管轄する地方裁判所）	二　（同左）
三　第二十二条第四号に掲げる債務名義のうち民事訴訟法第百三十二条の十第	三　（同左）

改正後	改正前
一項本文の規定による支払督促の申立て又は同法第四百二条第一項に規定する方式により記載された書面をもつてされた支払督促の申立てによるもの　当該支払督促の申立てについて同法第三百九十八条（同法第四百二条第二項において準用する場合を含む。）の規定により訴えの提起があつたものとみなされる裁判所	
四　第二十二条第四号の二に掲げる債務名義　同号の処分をした裁判所書記官の所属する裁判所	四　（同左）
五　第二十二条第五号に掲げる債務名義　債務者の普通裁判籍の所在地を管轄する裁判所（この普通裁判籍がないときは、請求の目的又は差し押さえることができる債務者の財産の所在地を管轄する裁判所）	五　（同左）
六　第二十二条第七号に掲げる債務名義のうち和解若しくは調停（上級裁判所において成立した和解及び調停を除く。）又は労働審判に係るもの（第一号の二及び第一号の三に掲げるものを除く。）　和解若しくは調停が成立した簡易裁判所、地方裁判所若しくは家庭裁判所（簡易裁判所において成立した和解又は調停に係る請求が簡易裁判所の管轄に属しないものであるときは、その簡易裁判所の所在地を管轄する地方裁判所）又は労働審判が行われた際に労働審判事件が係属していた地方裁判所	六　第二十二条第七号に掲げる債務名義のうち和解若しくは調停（上級裁判所において成立した和解及び調停を除く。）又は労働審判に係るもの（第一号の二に掲げるものを除く。）　和解若しくは調停が成立した簡易裁判所、地方裁判所若しくは家庭裁判所（簡易裁判所において成立した和解又は調停に係る請求が簡易裁判所おの管轄に属しないものであるときは、その簡易裁判所の所在地を管轄する地方裁判所）又は労働審判が行われた際に労働審判事件が係属していた地方裁判所
（請求異議の訴え）	（請求異議の訴え）
第三十五条　債務名義（第二十二条第二号又は第三号の二から第四号までに掲げる債務名義で確定前のものを除く。以下こ	第三十五条　債務名義（第二十二条第二号、第三号の二又は第四号に掲げる債務名義で確定前のものを除く。以下この項にお

改正後	改正前
の項において同じ。）に係る請求権の存在又は内容について異議のある債務者は、その債務名義による強制執行の不許を求めるために、請求異議の訴えを提起することができる。裁判以外の債務名義の成立について異議のある債務者も、同様とする。	いて同じ。）に係る請求権の存在又は内容について異議のある債務者は、その債務名義による強制執行の不許を求めるために、請求異議の訴えを提起することができる。裁判以外の債務名義の成立について異議のある債務者も、同様とする。
2・3　（略）	2・3　（同左）
第百七十三条　（略）	第百七十三条　（同左）
2　前項の執行裁判所は、第三十三条第二項各号（第一号の二、第一号の三及び第四号を除く。）に掲げる債務名義の区分に応じ、それぞれ当該債務名義についての執行文付与の訴えの管轄裁判所とする。	2　前項の執行裁判所は、第三十三条第二項各号（第一号の二及び第四号を除く。）に掲げる債務名義の区分に応じ、それぞれ当該債務名義についての執行文付与の訴えの管轄裁判所とする。
（実施決定）	（実施決定）
第百九十七条　執行裁判所は、次のいずれかに該当するときは、執行力のある債務名義の正本（債務名義が第二十二条第二号、第三号の二から第四号まで若しくは第五号に掲げるもの又は確定判決と同一の効力を有する支払督促であるものを除く。）を有する金銭債権の債権者の申立てにより、債務者について、財産開示手続を実施する旨の決定をしなければならない。ただし、当該執行力のある債務名義の正本に基づく強制執行を開始することができないときは、この限りでない。	第百九十七条　執行裁判所は、次のいずれかに該当するときは、執行力のある債務名義の正本（債務名義が第二十二条第二号、第三号の二、第四号若しくは第五号に掲げるもの又は確定判決と同一の効力を有する支払督促であるものを除く。）を有する金銭債権の債権者の申立てにより、債務者について、財産開示手続を実施する旨の決定をしなければならない。ただし、当該執行力のある債務名義の正本に基づく強制執行を開始することができないときは、この限りでない。
一・二　（略）	一・二　（同左）
2～6　（略）	2～6　（同左）
（財産開示事件の記録の閲覧等の制限）	（財産開示事件の記録の閲覧等の制限）
第二百一条　財産開示事件の記録中財産開示期日に関する部分についての第十七条の規定による請求は、次に掲げる者に限	第二百一条　（同左）

改正後	改正前
り、することができる。	
一　申立人	一　（同左）
二　債務者に対する金銭債権について執行力のある債務名義の正本（債務名義が第二十二条第二号、第三号の二から第四号まで若しくは第五号に掲げるもの又は確定判決と同一の効力を有する支払督促であるものを除く。）を有する債権者	二　債務者に対する金銭債権について執行力のある債務名義の正本（債務名義が第二十二条第二号、第三号の二、第四号若しくは第五号に掲げるもの又は確定判決と同一の効力を有する支払督促であるものを除く。）を有する債権者
三　債務者の財産について一般の先取特権を有することを証する文書を提出した債権者	三　（同左）
四　債務者又は開示義務者	四　（同左）

4　消費者契約法（平成十二年法律第六十一号）（附則第十一条関係）

改正後	改正前
（適格消費者団体の認定） 第十三条（略） 2～4（略） 5　次のいずれかに該当する者は、第一項の認定を受けることができない。	（適格消費者団体の認定） 第十三条　（同左） 2～4　（同左） 5　次のいずれかに該当する者は、第一項の認定を受けることができない。
一　この法律、消費者の財産的被害の集団的な回復のための民事の裁判手続の特例に関する法律（平成二十五年法律第九十六号。以下「消費者裁判手続特例法」という。）その他消費者の利益の擁護に関する法律で政令で定めるもの若しくはこれらの法律に基づく命令の規定又はこれらの規定に基づく処分に違反して罰金の刑に処せられ、その刑の執行を終わり、又はその刑の執行を受けることがなくなった日から三年を経過しない法人	一　この法律その他消費者の利益の擁護に関する法律で政令で定めるもの若しくはこれらの法律に基づく命令の規定又はこれらの規定に基づく処分に違反して罰金の刑に処せられ、その刑の執行を終わり、又はその刑の執行を受けることがなくなった日から三年を経過しない法人
二　第三十四条第一項各号若しくは消費者裁判手続特例法第八十六条第二項各号に掲げる事由により第一項の認定を取り消され、又は第三十四条第三項の規定により同条第一項第四号に掲げる事由があった旨の認定がされ、その取消し又は認定の日から三年を経過しない法人	二　第三十四条第一項各号に掲げる事由により第一項の認定を取り消され、又は同条第三項の規定により同条第一項第四号に掲げる事由があった旨の認定がされ、その取消し又は認定の日から三年を経過しない法人
三～五　（略）	三～五　（同左）
六　（略） イ　禁錮以上の刑に処せられ、又はこの法律、消費者裁判手続特例法その他消費者の利益の擁護に関する法律で政令で定めるもの若しくはこれらの法律に基づく命令の規定若しくはこれらの規定に基づく処分に違反して罰金の刑に処せられ、その刑の執行を終わり、又はその刑の執行を受けることがなくなった日から三年を	六　（同左） イ　禁錮《こ》以上の刑に処せられ、又はこの法律その他消費者の利益の擁護に関する法律で政令で定めるもの若しくはこれらの法律に基づく命令の規定若しくはこれらの規定に基づく処分に違反して罰金の刑に処せられ、その刑の執行を終わり、又はその刑の執行を受けることがなくなった日から三年を経過しない者

改正後	改正前
経過しない者	
ロ　適格消費者団体が第三十四条第一項各号若しくは消費者裁判手続特例法第八十六条第二項各号に掲げる事由により第一項の認定を取り消され、又は第三十四条第三項の規定により同条第一項第四号に掲げる事由があった旨の認定がされた場合において、その取消し又は認定の日前六月以内に当該適格消費者団体の役員であった者でその取消し又は認定の日から三年を経過しないもの	ロ　適格消費者団体が第三十四条第一項各号に掲げる事由により第一項の認定を取り消され、又は同条第三項の規定により同条第一項第四号に掲げる事由があった旨の認定がされた場合において、その取消し又は認定の日前六月以内に当該適格消費者団体の役員であった者でその取消し又は認定の日から三年を経過しないもの
ハ　（略）	ハ　（同左）
（認定の取消し等）	（認定の取消し等）
第三十四条　（略）	第三十四条　（同左）
一～七　（略）	一～七　（同左）
2　（略）	2　（同左）
3　第十二条の二第一項第二号本文に掲げる場合であって、当該他の適格消費者団体に係る第十三条第一項の認定が、第二十二条各号に掲げる事由により既に失効し、又は第一項各号に掲げる事由（当該確定判決等に係る訴訟等の手続に関する同項第四号に掲げる事由を除く。）若しくは消費者裁判手続特例法第八十六条第二項各号に掲げる事由により既に取り消されている場合においては、内閣総理大臣は、当該他の適格消費者団体につき当該確定判決等に係る訴訟等の手続に関し第一項第四号に掲げる事由があったと認められるとき（前項の規定により同号に掲げる事由があるものとみなすことができる場合を含む。）は、当該他の適格消費者団体であった法人について、その旨の認定をすることができる。	3　第十二条の二第一項第二号本文に掲げる場合であって、当該他の適格消費者団体に係る第十三条第一項の認定が、第二十二条各号に掲げる事由により既に失効し、又は第一項各号に掲げる事由（当該確定判決等に係る訴訟等の手続に関する同項第四号に掲げる事由を除く。）により既に取り消されている場合においては、内閣総理大臣は、当該他の適格消費者団体につき当該確定判決等に係る訴訟等の手続に関し同項第四号に掲げる事由があったと認められるとき（前項の規定により同号に掲げる事由があるものとみなすことができる場合を含む。）は、当該他の適格消費者団体であった法人について、その旨の認定をすることができる。
4・5　（略）	4・5　（同左）

改正後	改正前
（差止請求権の承継に係る指定等） 第三十五条　適格消費者団体について、第十二条の二第一項第二号本文の確定判決等で強制執行をすることができるものが存する場合において、第十三条第一項の認定が、第二十二条各号に掲げる事由により失効し、若しくは前条第一項各号若しくは消費者裁判手続特例法第八十六条第二項各号に掲げる事由により取り消されるとき、又はこれらの事由により既に失効し、若しくは既に取り消されているときは、内閣総理大臣は、当該適格消費者団体の有する当該差止請求権を承継すべき適格消費者団体として他の適格消費者団体を指定するものとする。	（差止請求権の承継に係る指定等） 第三十五条　適格消費者団体について、第十二条の二第一項第二号本文の確定判決等で強制執行をすることができるものが存する場合において、第十三条第一項の認定が、第二十二条各号に掲げる事由により失効し、若しくは前条第一項各号に掲げる事由により取り消されるとき、又はこれらの事由により既に失効し、若しくは既に取り消されているときは、内閣総理大臣は、当該適格消費者団体の有する当該差止請求権を承継すべき適格消費者団体として他の適格消費者団体を指定するものとする。
2・3　（略）	2・3　（同左）
4　（略） 一　指定適格消費者団体について、第十三条第一項の認定が、第二十二条各号に掲げる事由により失効し、若しくは既に失効し、又は前条第一項各号若しくは消費者裁判手続特例法第八十六条第二項各号に掲げる事由により取り消されるとき。 二　（略）	4　（同左） 一　指定適格消費者団体について、第十三条第一項の認定が、第二十二条各号に掲げる事由により失効し、若しくは既に失効し、又は前条第一項各号に掲げる事由により取り消されるとき。 二　（同左）
5～10　（略）	5～10　（同左）

資料5　消費者の財産的被害の集団的な回復のための民事の裁判手続の特例に関する法律による消費者契約法の読替え

（傍線部分は読替部分）

読替後	読替前
（業務の範囲及び区分経理） 第二十九条　適格消費者団体は、その行う差止請求関係業務及び消費者裁判手続特例法第六十五条第二項に規定する被害回復関係業務（以下単に「被害回復関係業務」という。）に支障がない限り、定款の定めるところにより、差止請求関係業務及び被害回復関係業務以外の業務を行うことができる。 2　（略）	（業務の範囲及び区分経理） 第二十九条　適格消費者団体は、その行う差止請求関係業務に支障がない限り、定款の定めるところにより、差止請求関係業務以外の業務を行うことができる。 2　（略）
（財務諸表等の作成、備置き、閲覧等及び提出等） 第三十一条　（略） 2　適格消費者団体は、内閣府で定めるところにより、毎事業年度、その差止請求関係業務、被害回復関係業務その他の業務がこの法律及び消費者裁判手続特例法の規定に従い適正に遂行されているかどうかについて、その業務の遂行の状況の調査に必要な学識経験を有する者が行う調査を受けなければならない。 3　適格消費者団体の事務所には、内閣府令で定めるところにより、次に掲げる書類を備え置かなければならない。 一～六　（略） 七　差止請求関係業務及び被害回復関係業務以外の業務を行う場合には、その業務の種類及び概要を記載した書類 八　（略） 4～6　（略）	（財務諸表等の作成、備置き、閲覧等及び提出等） 第三十一条　（略） 2　適格消費者団体は、内閣府令で定めるところにより、毎事業年度、その差止請求関係業務その他の業務がこの法律の規定に従い適正に遂行されているかどうかについて、その業務の遂行の状況の調査に必要な学識経験を有する者が行う調査を受けなければならない。 3　適格消費者団体の事務所には、内閣府令で定めるところにより、次に掲げる書類を備え置かなければならない。 一～六　（略） 七　差止請求関係業務以外の業務を行う場合には、その業務の種類及び概要を記載した書類 八　（略） 4～6　（略）

読替後	読替前
（報告及び立入検査） 第三十二条　内閣総理大臣は、この法律又は消費者裁判手続特例法の実施に必要な限度において、適格消費者団体に対し、その業務若しくは経理の状況に関し報告をさせ、又はその職員に、適格消費者団体の事務所に立ち入り、業務の状況若しくは帳簿、書類その他の物件を検査させ、若しくは関係者に質問させることができる。 ２・３　（略）	（報告及び立入検査） 第三十二条　内閣総理大臣は、この法律の実施に必要な限度において、適格消費者団体に対し、その業務若しくは経理の状況に関し報告をさせ、又はその職員に、適格消費者団体の事務所に立ち入り、業務の状況若しくは帳簿、書類その他の物件を検査させ、若しくは関係者に質問させることができる。 ２・３　（略）

資料6　集団的消費者被害救済制度の今後の検討に向けての意見

平成23年8月26日
消費者委員会

集団的消費者被害救済制度については、消費者庁及び消費者委員会設置法附則第6項において、同法の施行後3年を目途として、「加害者の財産の隠匿又は散逸の防止に関する制度を含め多数の消費者に被害を生じさせた者の不当な収益をはく奪し、被害者を救済するための制度について検討を加え、必要な措置を講ずるもの」とされており、消費者基本計画（平成22年3月30日閣議決定・平成23年7月8日一部改定）において、「平成23年夏を目途に制度の詳細を含めた結論を得た上、平成24年常会への法案提出を目指」すとされている。

そこで、消費者委員会においては、集団的消費者被害救済制度専門調査会を平成22年8月に設置し、同専門調査会は15回にわたって調査・審議を行い、平成23年8月に専門調査会報告書として取りまとめた。

消費者委員会としては、関係省庁に対して、本専門調査会報告書を踏まえて、制度の具体的な仕組みづくりを進めることを求める。その際には、さらに以下の点についても留意することを求める。

① 今後、集団的消費者被害救済制度の具体的な仕組みづくりを行う過程で、幅広く関係者から意見を聴取した上で、速やかな立法化を目指して検討作業を進めること。

② 8月18日に、消費者庁の「財産の隠匿・散逸防止策及び行政による経済的不利益賦課制度に関する検討チーム」の取りまとめが公表された。集団的消費者被害の救済・抑止をより効果的に行うためには、行政的手法を活用することが不可欠であることから、引き続き、取り組むべき課題について検討を進めること。

③ 今回は、現行の民事訴訟制度の大部分を所与のものとして検討を行ったが、中長期的には、今回の立法による救済の対象からはずれる類型の集団的消費者被害や、さらには個別の消費者被害における被害回復の実効性を高めるという観点から、証拠収集等を含む民事訴訟制度全体の見直しについても考えていく必要があること。

④ 集団的消費者被害事案の中には、刑事捜査によらなければ事案の解明や収益の所在の確認に至らないものが相当数含まれており、今後も、刑事的手法の重要性は減じるものではなく、新たな被害救済制度と適切な役割分担を検討すべきであること。

出典：消費者委員会「集団的消費者被害救済制度の今後の検討に向けての意見」（平成23年8月26日）

資料7　集団的消費者被害救済制度専門調査会報告書

集団的消費者被害救済制度専門調査会
報告書

平成23年8月

消費者委員会　集団的消費者被害救済制度専門調査会

目次

はじめに

近年、消費生活相談件数は依然として高水準のまま推移しており、その内容は産業技術の発達や経済活動の複雑化に伴い、多様化する傾向を見せている。また、少額同種の被害が多発するという特性がある消費者被害では、紛争解決に要する費用及び労力との関係のみならず、消費者と事業者との間における情報や交渉力の非対称性等の構造的格差から、消費者が事業者に対する請求権を有していたとしても、個々の消費者が自ら訴えを提起して被害の回復を図ることを断念しがちである。

このような観点から、消費者被害の防止と円滑な被害回復の方策の必要性が長年指摘されてきたところ、消費者団体訴訟制度（内閣総理大臣の認定を受けた適格消費者団体が、事業者の不当な行為について差止請求をすることができる制度）の創設等の施策が講じられることで、消費者被害の防止については一定の成果が得られたものの、消費者被害の特性を踏まえたより実効的な集団的消費者被害救済制度の在り方を検討する必要性が指摘されてきた（参考１）。

消費者庁及び消費者委員会設置法附則第６項では、「消費者庁関連三法の法施行後３年を目途として、加害者の財産の隠匿又は散逸の防止に関する制度を含め多数の消費者に被害を生じさせた者の不当な収益を剥奪し、被害者を救済するための制度について検討を加え、必要な措置を講ずるもの」とされ、また同法案に対する附帯決議においては、いわゆる父権訴訟、適格消費者団体による損害賠償等団体訴訟制度等の活用を含めた幅広い検討を行うこととされている（参考２）。

また、集団的消費者被害救済制度については、平成 21 年９月に取りまとめられた内閣府国民生活局「集団的消費者被害回復制度等に関する研究会」報告書を踏まえ、平成 22 年９月に取りまとめられた消費者庁「集団的消費者被害救済制度研究会」報告書において、集団的消費者被害救済制度に係る論点の整理と選択肢の提示が行われている。

さらに、消費者基本計画（平成 22 年３月 30 日閣議決定、平成 23 年７月８日一部改定）においては、集団的消費者被害救済制度について、平成 23 年夏に制度の詳細を含めた結論を得るとともに、平成 24 年常会への法案提出を目指すこととしている（参考３）。

これらの経緯を踏まえ、集団的な消費者被害の救済に関する制度の在り方を調査・審議するため、消費者委員会は平成 22 年８月に集団的消費者被害救済制度専門調査会を設置し、平成 22 年 10 月 28 日に第１回専門調査会を開催した。以降、平成 23 年８月 19 日までに専門調査会を計 15 回開催し、訴訟制度に関して調査・審議を行った（参考４、５）。これまでの調査・審議を踏まえ、本専門調査会は、集団的な消費者被害の救済に関する制度の在り方について、以下のとおり報告書の取りまとめを行ったので、消費者委員会に報告する。

第１　消費者被害の実態と新たな訴訟制度の必要性

１．消費者被害の実態

（１）消費者被害の現状を PIO-NET[1]情報に基づき概観すると、消費生活相談件数は依然として約 90 万件と高い水準で推移している（参考６）。その内訳を見ると、取引に関する相談（「契約・解約」と「販売方法」のいずれかが問題となっているもの）が多く寄せられており、取引に関する相談の件数は全体の約86%となる70 万件超と依然として多いことが示されている（後掲図１）。

（２）消費者被害の金額について見ると、2009 年度の相談件数で上位を占める商品役務に関する相談について金額帯ごとの割合に関しては、「サラ金・フリーローン」に関する相談などで、やや高額な相談が多く見られるが、「アダルト情報サイト」、「賃貸アパート・マンション」、「移動通信サービス」に関する相談などでは、50 万円未満の相談が９割以上を占めている。（参考７）。他方、①平均契約金額及び②平均既支払金額を見ると、「サラ金・フリーローン」で①2,935,357 円②630,233 円、「アダルト情報サイト」で①101,061 円②8,938 円、「デジタルコンテンツ」で①224,444 円②59,322 円、「商品一般」で①988,840 円②96,024 円、「賃貸アパート・マンション」で①254,806 円②142,991 円となっている（参考８）。また、販売方法・手口別に見た場合において、①平均契約金額及び②平均既支払金額を見ると、「インターネット通販」で①177,067 円②72,848 円、「家庭訪販」で①1,480,987 円②784,527 円、「電話勧誘販売」で①1,421,857 円②989,786 円となっているほか、「次々販売」で①2,492,341 円②2,058,270 円、「利殖商法」で①6,099,662 円②4,831,055 円、「過量販売」で①2,270,807 円②1,728,917 円となっており、一概に消費者被害が少額の被害にはとどまっていない実情がうかがえる結果となっている（参考９）。

さらに、高額な被害が生じていることがうかがわれる販売手法について、契約当事者の平均年齢を見ると、「家庭訪販」で男性 58.8 歳・女性 62.3 歳、「電話勧誘販売」で男性 52.9 歳・女性 57.8 歳、「次々販売」で男性 57.0 歳・女性 61.4 歳、「利殖商法」で男性 58.5 歳・女性 64.3 歳、「過量販売」で男性 56.4 歳・女性 57.3 歳となっており、比較的高い年齢層において高額な被害が発生している特徴がある（参考９）。

---

[1] 全国消費生活情報ネットワーク・システム（国民生活センターと全国の消費生活センターをネットワークで結び、消費者から消費生活センターに寄せられる消費生活に関する苦情相談情報（消費生活相談情報）の収集を行っているシステム。）をいう。

（３）被害に遭った際の行動について見ると、内閣府国民生活選好度調査（平成 19 年度）によると、平成 18 年の１年間に消費者被害を受けたことがあると回答した者に、その被害についてどこかに相談したり伝えたりしたかについて尋ねたところ、「どこにも相談することも伝えることもしなかった」と答えた者が 32.1%となっており、被害を受けても何ら解決策を模索することなく泣き寝入りをしている場合が多いことがうかがえる（後掲図２）。

また、消費者庁が行った消費生活ウォッチャー調査[2]に基づいて、「被害に遭ったときの実際の対応」と「被害に遭ったと想定した場合の対応」について比較したところ、被害を受けた場合に、相談後に被害回復のための行動を何かとるかどうかについて大きな差異が見られる。すなわち、被害を実際に受けていない場合には、相談後特に行動をとらないと考えている割合が低く、消費者は被害を受けた場合には何らかの被害回復のための行動をとることを想定している。その一方で実際に被害を受けた場合には、相談をしても特に行動をとらなかったとする割合が高くなっており、消費者被害を受けた場合、被害回復のための行動をとりにくいという実情がうかがえる。また、弁護士・司法書士、相談機関等に交渉を依頼するかどうかについて尋ねたところ、被害に遭っていない消費者が被害に遭った場合に依頼すると答えた割合は 54.0%であるのに対し、実際に被害に遭った消費者が依頼したと答えた割合が 6.2%となっており、被害回復のために専門家の知見が活用されているとは言い難い状況が見受けられる（後掲図３）。そのほか、被害や問題に遭った者が問題処理行動においてどのような過程をたどったかについて調査した例では、商品・サービスに関連して問題経験があった者[3]を 1000 とした場合、「弁護士などに相談・依頼」した割合は 37 となり、「裁判所手続」に至った割合は９となっている[4]（後掲図４）。

2 消費者庁が行った施策の認知度や消費者行政に対する評価等を調査テーマとして設定し、当該施策等の効果の検証や消費者庁が行う施策に必要な情報を収集することにより、消費者の視点に立った消費者行政の推進に資するものとして行う調査。
3「商品やサービスの内容、品質、代金について何か問題を経験されたことがありますか（訪問・勧誘販売、通信販売、インターネット上での売買を含む）の問に対して問題を経験したと答えた者」
4 村山眞雄＝松村良之編『紛争行動調査基本集計書』（2006 年）

○図１　相談の内容別に見た推移[5]（国民生活センター『2009年度のPIO-NETにみる消費生活相談の概要』表４より[6]）

相談内容別分類	2007年度		2008年度		2009年度	
	件数	割合（%）	件数	割合（%）	件数	割合（%）
契約・解約	855,561	81.4	761,434	80.1	703,591	78.2
販売方法	426,080	40.6	368,944	38.8	342,992	38.1
価格・料金	163,302	15.5	151,263	15.9	149,668	16.6
品質・機能・役務品質	104,450	9.9	102,733	10.8	110,866	12.3
接客対応	101,109	9.6	99,856	10.5	114,647	12.7
表示・広告	45,355	4.3	41,808	4.4	41,318	4.6
法規・基準	39,806	3.8	36,097	3.8	32,302	3.6
安全・衛生	31,184	3.0	30,163	3.2	33,006	3.7
取引	933,359	88.9	835,074	87.9	775,268	86.2
安全・品質	113,373	10.8	110,832	11.7	120,742	13.4

○図２　国民生活選好度調査（平成19年度）より
消費者被害の相談状況について（抄）

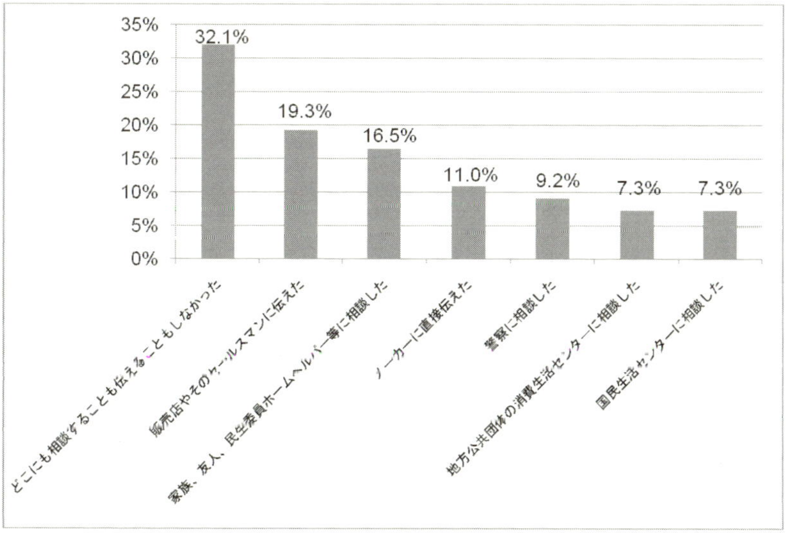

[5] 表中の割合は、年度別総件数を100として算出した値であり、相談内容別分類は複数回答。
[6] http://www.kokusen.go.jp/pdf/n-20100804_3.pdf

被害に遭ったときに相談しなかった理由（抄）

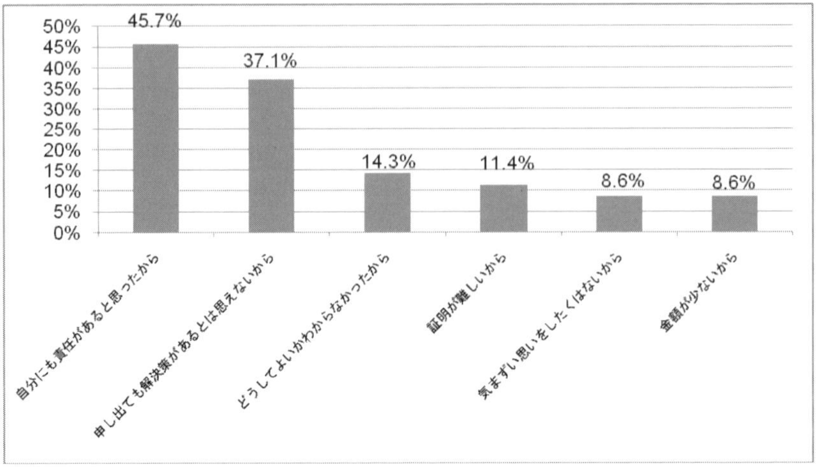

○図３　被害に遭ったときの実際の対応と、被害に遭ったと想定した場合の対応について（「平成22年度第１回消費生活ウォッチャー調査」より）

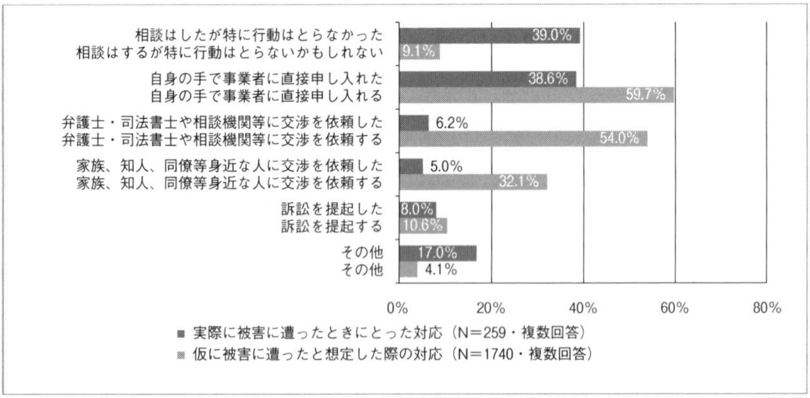

○図４　商品・サービスに係る紛争の問題処理過程の構造（村山眞雄＝松村良之編『紛争行動調査基本集計書』165頁より）

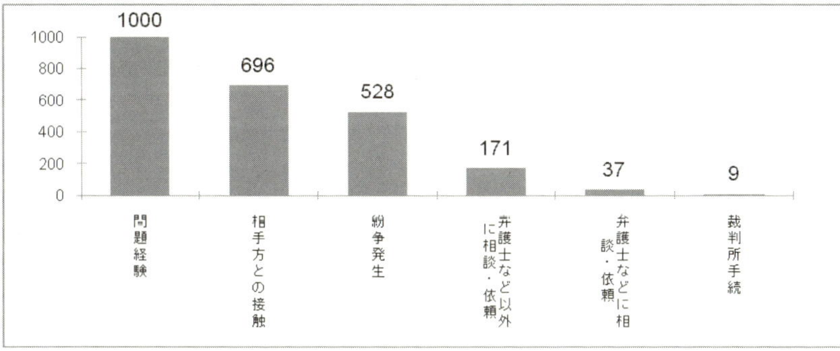

２．新たな訴訟制度の必要性

被害救済は、被害者がその請求権を行使することにより図ることが基本であり、当事者間の交渉や裁判外紛争解決手続を利用すること等によっても被害救済を図ることができなければ、最終的には訴訟手続によることとなる。民法や消費者契約法等の実体法により請求権の発生が認められるとしても、その請求権を行使するための手続が整えられていなければ、結局、被害救済は図られないこととなり、この観点からは、消費者がその請求権を行使するための手続が十分に備えられていなければならないと考えられる。

しかしながら、被害に遭った消費者が現行の訴訟制度を利用するためには相応の費用・労力を要するところ、消費者被害事案においては、事業者による事業活動が反復継続的に行われることに伴って多数の同種被害が発生する一方、消費者と事業者との間には情報の質及び量並びに交渉力の格差があり、事案の全容を把握することができない消費者個人では事案の解明が困難であることや、個々の被害が少額であることが多いこと、更には、消費者が被害に遭っていることを自覚しないことがあること等により、個々の消費者が個別に訴えを提起することによって被害救済を図ることが困難である。

これに関し、我が国においては、既に選定当事者や少額訴訟等の制度が存在しているが、消費者被害事案では消費者相互の関係が希薄であることが多く、選定者と選定当事者とが相互に知り合うような前提を欠くこと、先行する訴訟の帰すうを見定めてこれらの制度を活用する手立てがあるわけでもないこと、事実上又は法律上の複雑な争点を含み当事者が多数に及ぶ場合もあること等から、必ずしもこれらの制度だけでは消費者被害の救済を図る上で十分とはいえない状況にある。また、消費者団体訴訟制度において、適格消費者団体が事業者の不当な行為について差止請求をすることにより、消費者被害の未然防止・拡大防止はある程度図られるが、被害の救済そのものを図ることはできない。さらに、国民生活センターの重要紛争解決手続等のいわゆる裁判外紛争解決手続も活用されており、事案に応じた柔軟な解決も図られているところであるが、相手方事業者が手続に応じない事案も見られるなど、任意の紛争解決手続であることの限界もあると考えられる。

こうした状況を踏まえ、消費者の請求権の実効性を確保するためには、できる限り多数の消費者の請求権を束ねて訴訟を追行することが有効と考えられ、こうした観点から、消費者被害の特性に応じた実効性のある新たな訴訟制度を創設することが適当である。

そして、一定の主体が可能な限り請求権を取りまとめ、一つの手続において紛争の一回的解決を図ることにより、司法資源の効率的な活用を図ることができるとともに、事業者にとっても、個々の消費者との紛争を別々の手続において解決するよりも、応訴負担を軽減し、裁判所における公正な手続の下で多数の消費者との紛争の解決を図ることができるという利点もあると考えられる。また、このような訴訟制度により、消費者被害の救済の実効性を確保することは、当該被害を生じさせた事業者のみならず、同種の事業を行う他の事業者や消費者一般に対しても、何が違法な行為であるかを具体的に示すこととなり、消費者被害の防止につながるだけでなく、ひいては公正で適正な紛争解決の促進にもつながるものである。

なお、新たな訴訟制度を創設するとしても、それは、実体法上既に認められている消費者の請求権を束ねて行使することができるという選択肢を増やすものにすぎず、事業者に新たな義務を生じさせるものではない。また、当事者間の交渉や裁判外紛争解決手続の利用を何ら妨げるものではなく、事案に応じた適切で柔軟な解決を図るという観点からは、むしろ、当事者間の交渉や裁判外紛争解決手続の利用等によって被害救済を図ることができるのであれば、それは望ましいことである。その観点からは、適切な訴訟制度が存在することは、当事者間の交渉や裁判外紛争解決手続の利用の障害になるものではなく、むしろ、その制度を背景として、当事者間の交渉や裁判外紛争解決手続の利用を促進するという側面もある。さらに、事業者が責任を認めており適切な解決を求めているというような場合であっても、当事者間の交渉や現行の裁判外紛争解決手続の利用において、多数の消費者の請求権を束ねて紛争の一回的解決を図ることは必ずしも容易ではないところ、新たな訴訟制度における和解を活用することなどにより、早期に紛争を解決することが可能であると考えられる。

第2　手続の枠組み

1．諸外国の制度について

諸外国においても、集団的な消費者被害事案に対応することのできる様々な制度が設けられているとともに、特に近年、各国における独自の制度創設の動向が見られる。

関連する諸外国の制度としては、概要、個々の権利者による授権ないし届出等を要しないオプト・アウト型（いわば離脱型）、授権ないし届出を要するオプト・イン型（いわば参加型）、両者の併用型がある。また、訴訟手続を二段階に分け、まず責任原因に関する審理・判断を行い、それを踏まえて個々の権利の損害賠償額等の個別争点についての審理・判断を行う二段階型の制度と、そのような区別をしない制度とがある（参考10）。

具体的には、アメリカのオプト・アウト型クラス・アクションは、請求権を束ねて紛争の一回的解決を図るという意味では徹底した制度であるが、民事訴訟の一般的制度の在り方と弁護士制度の在り方とが相まって弊害が生じているとの指摘もあり、アメリカ国内でも制度改正が行われている。カナダには、二段階型のオプト・アウト型クラス・アクションがある。また、ブラジルにおいては、二段階型の集団的権利の行使のための訴訟手続がある。伝統的にオプト・イン型の制度を持っていたヨーロッパ諸国では、アメリカのクラス・アクションをそのまま導入することには否定的であるものの、伝統的なオプト・イン型の制度のみでは実効的な紛争解決が難しいことから、部分的にオプト・アウト型の制度を導入したり（デンマーク、ノルウェー）、二段階型の制度としてオプト・インをしやすくするなどの工夫を検討する（フランス（いわゆるグループ訴権法案））などしている。

2．手続モデルについて

（1）集団的消費者被害救済制度研究会報告書においては、上記の諸外国の制度や制度設計に関する提案を整理し、A案からD案の4つのモデル案が示されている（参考11）。

A案は、手続を二段階に分け、一段階目の手続において、事業者の責任原因等の対象消費者の請求に共通する争点（以下「共通争点」という。）に関して判決をした後、対象消費者が二段階目の手続に加入し、最終的には対象消費者の請求について判決をするものであり、ブラジルの制度やフランスのグループ訴権法案を参考にしたものである。

B案は、手続を二段階に分け、除外の申出をした消費者に係るものを除き、共通争点を審理して判決をした後、対象消費者が二段階目の手続に加入し、最終的には対象消費者の請求について判決をするものであり、カナダのクラス・アクションを参考にしたものである。

Ｃ案は、除外の申出をした消費者に係るものを除き、対象消費者の請求権の成否を一括して審理し、総員に対して支払うべき金額の総額について判決をするものであり、アメリカのクラス・アクションを参考にしたものである。

Ｄ案は、手続追行主体が授権を受け、多くの消費者の請求権を束ねて審理し、判決をするものであり、スウェーデンの集団訴訟などを参考にしたものである。

（２）本専門調査会においては、以上を前提に比較検討をすることとしたが、Ｄ案については、既存の法制度と整合性が取りやすいという利点があるものの、訴訟の帰すうが分からない段階では対象消費者が申出をためらうことが多いといった指摘があり、消費者被害救済の観点からは、現行制度と比べより実効性のあるものとしてＡ案ないしＣ案が提案されているところであるので、それらを中心に検討することとした。

Ｂ案における一段階目の手続の判決、Ｃ案における判決については、判決の効力が有利・不利を問わず対象消費者にも及ぶとされることにより、紛争の一回的解決を徹底するといった長所ないし利点がある一方、その裏返しとして、判決の効力を有利にも不利にも受ける対象消費者の手続保障が特に重要であり、手続から除外を申し出る機会を与えるための通知・公告が確実に行われる必要がある。この点については、例えば、どのように除外を申し出る機会を与えれば手続保障として十分であるのかといった課題のみならず、そもそも除外を申し出る機会を与えれば手続保障として十分であるのかといった理論的な課題や、通知をするための対象者の特定を手続の早期の段階でどのように行うのか、通知・公告の費用を誰がどのように負担するのかといった実務的な課題が多数残されていると考えられる。

さらに、Ｃ案については、多くの事案では、実体法に特別な損害算定のルールを置かなければ、個々の対象消費者を特定せずにその総員に対して支払うべき金額の総額を算定することは困難と考えられる上、分配手続についても、誰がどのようにして適切な分配者を選任し監督するのか、分配方法に関する争いをどのように解決するのか、分配に際して金員に過不足が生じた場合の取扱いなど制度設計上の課題が多数残されていると考えられる。

これに対し、Ａ案については、一段階目の手続において、共通争点が審理・判断され、その判決の結果を二段階目の手続において消費者が有利に活用することができることとするものであり、対象消費者の手続保障の問題を回避することができるとともに、被害を受けた消費者が訴訟手続に関わりやすくなるという点において、消費者被害を救済する制度として、相応に実効性があると考えられる。

（３）そこで、本専門調査会としては、紛争の一回的解決を図ること等のＢ案及びＣ案の長所ないし利点と考えられるところをできる限り加味しつつ、判決効の拡張によって不利益を受ける被告の利益にも配慮して、Ａ案について具体的な制度設計を検討することとした。その際、我が国の既存の民事訴訟制度との整合性を図るとともに、後述するとおり、適切な手続追行主体の選定等により、制度の濫用その他の弊害が発生しないように制度設計を検討することとした。なお、Ｃ案については、本制度の施行後の状況を踏まえ、その長所ないし利点と考えられるところを更に加味すること等について引き続き検討すべきとの指摘もあった。

３．手続の概要

（１）手続の概要は以下のとおりであり、第３、第４において詳論する（参考12）。

（２）一段階目の手続

①〔訴えの提起〕

新たな認定を受けた適格消費者団体が、共通争点について確認を求める訴えを提起する。

②〔共通争点に関する審理〕

裁判所は、共通争点について、原則として、民事訴訟法の規律に従い審理をする。

和解等により訴訟が終了することもあり得る。

③〔判決〕

裁判所は、共通争点について確認する判決を行う。判決は、二段階目の手続に加入した対象消費者に対しても効力が及ぶこととする。

④〔上訴〕

判決について、原告及び被告は、上訴をすることができる。

（３）二段階目の手続

①〔簡易な手続の開始〕

一段階目の手続における（一部）認容判決が確定したときは、一段階目の手続の原告であった適格消費者団体（以下「申立団体」という。）が、二段階目の手続開始の申立てをする。

②〔手続開始の決定〕

裁判所は、申立てを受けて、二段階目の手続を開始する決定をする。

二段階目の手続を開始する決定をするときは、同時に対象消費者が有する請求権の届出をすべき期間を定めることとする。

③〔二段階目の手続への加入を促すための通知・公告〕

申立団体は、二段階目の手続に加入することのできる対象消費者のうち知れたる者に対し、原則として個別通知をし、また、インターネット等を利用するなど相当な方法による公告をすることとする。

④〔二段階目の手続への対象消費者の加入〕

申立団体は、対象消費者からの授権を受け、裁判所に対し、対象消費者の請求権の届出を行う（以下、この方法により加入した対象消費者を「加入消費者」という。）。

⑤〔簡易な手続の審理〕

届出内容（加入消費者の有する請求権の存否及びその数額）について、相手方事業者が一定期間内に異議を述べなかったときは、届出内容は確定する。相手方事業者が異議を述べた場合には、申立団体は裁判所に対し、届出内容についての決定を求めることができることとする。

⑥〔簡易な手続における決定〕

裁判所は、加入消費者の請求権の存否及びその数額について決定をする。

⑦〔異議申立て（異議訴訟提起）〕

裁判所の決定に対して不服のある加入消費者は、申立団体に授権をすることにより、又は自ら異議を申し立てることができ、不服のある相手方事業者も異議を申し立てることができることとする。

⑧〔訴訟手続における審理・判決〕

裁判所は、異議申立てをした加入消費者の請求について、原則として、民事訴訟法の規律に従って審理をし、判決をする。

第３　一段階目の手続

１．訴えの提起

（１）手続追行主体

① 考え方

前述のとおり、本制度は、一段階目の手続において、多数の消費者と事業者との間の共通争点について確認し、その結果を、二段階目の手続において、対象消費者が有利に活用することによって多数の消費者被害の救済を図ろうとするものである。

ここで、一段階目の手続において確認を求める事項は、「多数の消費者に共通する事業者の行為の評価（法律関係又は事実関係）」と捉えられ、個々の対象消費者に帰属する請求権の責任原因を基礎付けるものであると考えられる。そうだとすると、手続追行主体については、必ずしも対象消費者又は対象消費者から授権を受けた者としなければならないわけではなく、むしろ、多数の消費者の利益を代表し、真摯かつ適切に共通争点に係る訴訟追行をすることが期待できる者に対して共通争点についての確認の利益を付与することとすることにも十分合理性があると考えられる。

また、手続追行主体は、共通争点の確認請求に係る訴えの提起に始まり、対象消費者に対する通知・公告や、対象消費者から授権を受けて、個別の請求権に関する主張・立証、和解の交渉、強制執行手続の申立てを経て、最終的には、対象消費者に対する金員の配当に至る一連の業務を適切に遂行することができる者であることが必要と考えられる（参考13）。

このような本制度における訴えの性質及び手続追行主体が遂行すべき業務の内容に鑑みると、手続追行主体は、多数の消費者と事業者との間の紛争につき、十分な情報収集及び事業者から独立した立場からの分析・検討をすることができ、これを踏まえ、消費者利益を擁護する立場から、合理的な根拠に基づいて訴訟手続を追行することが期待できる者とすることが必要かつ適当と考えられる。こうした観点からは、消費者被害に関する知識経験及び消費者の利益の擁護に関する活動実績を有するとともに、事業者からの一定の独立性と、一定の組織体制及び経理的基礎を備えており、行政（内閣総理大臣）から認定を受けた適格消費者団体（消費者契約法第２条第４項。参考14）こそが、真摯かつ適切な訴訟追行を行うことについて制度的に担保されているということができ、これを手続追行主体とすることが適当である。

ただし、現行の適格消費者団体が遂行する差止請求関係業務と本制度における新たな業務との差異を踏まえ、後述のとおり認定要件に関して所要の見直しをした上で、新たに認定を受けた適格消費者団体を手続追行主体とすることとする。その際、いわゆる弁護団との連携等によっても相応に業務を遂行することができると考えられることから、認定要件の見直しの範囲を必要最小限のものとするとともに、運用においても留意することとする。

適格消費者団体以外の者については、いわゆる被害者集団を念頭に、一定の要件の下に手続追行主体とすべきとの意見もあったが、その具体的な要件、認定の主体・手続等について更に検討する必要があり、本制度の施行後の状況を踏まえ、引き続き検討すべきである。

② 本制度に係る訴訟手続の追行主体となる適格消費者団体の認定要件（参考15）

組織体制及び業務規程並びに経理的基礎について、新たな業務を遂行する上で相応のものでなければならないことを踏まえ、所要の見直しをする。

また、理事及び理事会、差止請求関係業務以外の業務並びに欠格事由についても、新たな業務が加わること等の関係から所要の見直しをする。

③ 責務規定・行為規範（参考16）

現在、差止請求関係業務の行為規範として定められているものについて、多数の消費者の利益のために、適切に本制度の手続を追行することや適格消費者団体相互の連携など同種の規定を置くとともに、財産上の利益の受領の禁止、区分経理並びに帳簿書類の作成及び保存といった金員の授受に関する規定について、所要の見直しをする。このほか、

ア 対象消費者の個人情報の適切な取扱いに関する規定

イ 二段階目の手続において、消費者から授権を受けて手続を追行する場合の消費者との関係に係る規定

ウ 和解等、手続の終了を伴う行為をする場合の対象消費者に対する事前の意思確認に関する規定

等について、更に付加することとする。

④ 事業者から支払を受けて適格消費者団体が保管している金員については、対象消費者に返還されるべきものであることに鑑み、適格消費者団体の債権者による強制執行を禁止するとともに、適格消費者団体が破産した場合であっても破産財団に帰属しないこととする。

⑤ そのほか、訴訟を承継する団体の指定など、認定・監督について所要の見直しをする。

（２）原告適格

本訴訟に係る訴訟手続を追行するものとして認定を受けた適格消費者団体は、常に原告適格があるものとし、個別事案ごとに、別途、適切性を判断することはしないこととする。

（3）被告適格

① 事業者（商業、工業、金融業その他の事業を行う者（個人にあっては当該事業を行う場合におけるものに限る。））でなければならないこととする。なお、国、地方公共団体等については、消費者契約法や消費者安全法上の「事業者」に含まれると解されており、本制度において、取扱いを異にする必要はないと考えられる。また、いわゆる名板貸人や法人格否認の法理が適用される場合の本人など、直接被害を生じさせた者でなくても事業者である限り被告となり得る。

② 法人である事業者の役員や構成員等については、第三者に対して責任を負う場合や、事業者と同様の責任を負うことがあるため、通常の民事訴訟であればこれらの者も被告となり得るものであるが、本制度は、基本的に、消費者と事業者との構造的格差等に鑑み、多数の消費者と事業者との関係において新たな訴訟制度を創設するものであること、役員や構成員等については「事業者」そのものには当たらないことに照らし、一律に被告適格があるとすることについては慎重に検討すべきであるが、事業者がいわゆる悪質事業者である場合などにおいては、被害救済の実効性を確保する観点から、事業者ではないが実質的な事業運営主体である者に被告適格を認めることについて、引き続き検討すべきである。

（4）対象消費者

① 商業、工業、金融業その他の事業を行う場合におけるものを除く個人、すなわち、消費者でなければならないこととする。したがって、二段階目の手続で加入することができる者は消費者に限られる。

なお、形式的には、「消費者」に、労働者や公害・交通事故の被害者などが含まれ得るが、対象事案を類型化することにより、本制度の対象から除外すべきと考えられる。

② 訴え提起時において、対象消費者の範囲が特定される必要があるが、その程度は、法的評価の対象となる事業者の行為の相手方（契約であれば契約当事者、不法行為であれば被害者）として、二段階目の手続に加入することができる対象消費者に該当するかどうかが判断できる程度に特定することとする。

（5）共通争点の確認の訴えの要件

① 多数性、共通性、確認を求める事項の支配性（優越性）の要件が必要であり、これらの要件を満たさない場合には、裁判所は、共通争点の確認の訴えを却下することとする。

② 多数性については、多数の消費者の給付請求権を束ねて、消費者一人当たりの費用等の負担を軽減するとともに、事案全体の解明を容易にするなどして実効的な被害回復を図ろうとする本制度の趣旨や、あえて適格消費者団体に確認の利益を付与することからすると、既存の制度の中で集団訴訟として運営するのでは、訴訟運営の困難さや手続の遅延などのおそれが生じ、紛争の適正かつ迅速な解決が期待し難いような相当程度の多数という趣旨で考えるべきである。

③ 共通性については、同一又は同種の事実上又は法律上の原因に基づき被害が生じていることであり、責任原因を基礎付ける共通した事業者の行為が特定されている必要があるが、対象消費者における損害や因果関係については、必ずしも共通性を要するものではない。

④ 本制度は、多数の消費者と事業者との間で共通する争点について確認することにより消費者の被害救済を図ろうとするものであるが、共通争点として確認を求める事項としては、本制度を用いることにより、多数の被害者と事業者との間の紛争について、実効的な被害救済が可能となるような事項とすべきであり、また、そうでなければ、新たに本制度を設ける意義が欠けることになると考えられるほか、訴訟手続を二段階の手続に分けることとの関係においても、一段階目の手続において確定させる実益があるものとする必要がある。そこで、確認を求める事項の支配性（優越性）の要件が必要というべきであり、具体的には、確認を求める事項を前提として、個別の消費者の請求権の存否及び額を判断するとすれば、二段階目の手続に加入した多数の消費者について、個々の消費者ごとに相当程度の審理が必要となることがない程度になっている状態をいうこととすることが考えられる。

（６）対象事案について

① 二段階目で消費者が請求することのできる請求権を列挙することにより、本制度の対象となる事案を画定することとする。

② 対象事案としては、消費者紛争の特性を踏まえつつ、民事訴訟制度等の当該紛争の解決にとって優れている他の方法が存在するとはいえないようなものである必要がある。もっとも、消費者被害が少額の被害にとどまるものではないとの実情に鑑みると、本制度の対象事案を、被害額が少額である事案に限るべきではないと考えられる。

また、後述のとおり、一段階目の手続における判決の効力が二段階目の手続に加入した対象消費者にも及ぶとすることから、事業者にとって係争利益がおおむね把握できるような事案を類型化すべきである。そこで、消費者と事業者が契約関係にある場合を中心とし、直接契約関係がなくても事業者が契約締結過程に関与していたり、消費者が事業者に積極的に接触しているなど、契約関係にある場合に類する場合を制度の対象とすることとする。

さらに、確認を求める事項の支配性（優越性）の要件を欠く事案が多いと考えられる類型については、支配性（優越性）の要件を満たしているか否かについて争われることによる審理の複雑化、長期化を避けるため、対象事案の類型として列挙しないことにする。

なお、本制度を利用して原告が上記の観点に基づいて選定された対象事案に係る共通争点の確認の訴えを提起する場合、裁判所に対して、当該事案における損害がどのような広がりをもつか、どの程度の規模の被害者が存在するか等の事案の概要を示すことが求められると考えられる。そのため、基本的には、支配性（優越性）の要件を争う事業者側から、支配性（優越性）の要件がないことを基礎付ける事情を示していくことになるものと考えられる。

③　本制度の対象となる請求権としては、多数の消費者の事業者に対する請求権であって、

ア　契約を締結する場面に関する虚偽又は誇大な広告・表示に関するもの

イ　同一の方法による不当勧誘、契約の解消に関するもの

ウ　契約内容の不当性に関するもの（契約条項の無効に関するもの、契約条項の解釈に関するもの、契約内容による契約の無効・違法に関するもの）

エ　同一の瑕疵が存在する場合や同一の履行態様による事業者の提供する商品・役務の品質に関するもの

について、不当利得返還請求権、債務不履行、瑕疵担保、不法行為による損害賠償請求権、金銭債権である法定の請求権や契約上の履行請求権のうち、上記の基準に該当するものを列挙することとする。

なお、上記のような整理を前提とすれば、個人情報流出事案については、基本的には、本制度の対象となるものと考えられるが、慎重に検討すべきとの指摘もあった。

有価証券報告書等の虚偽記載等に係る事案については、金融商品取引法における規定との整合性等にも配慮しつつ、引き続き検討すべきである。

製品事故や食中毒等、商品・役務が通常有すべき安全性を欠いていたことにより拡大損害が生じた事案を本制度の対象とするか否かについては、事業者における係争利益の把握可能性の有無及び支配性（優越性）の有無の双方の観点から、本制度施行後の状況を踏まえ、引き続き検討すべきである。なお、商品・役務が通常有すべき安全性を欠いていたことにより拡大損害が生じた事案と明確な形で切り分けることが可能であれば、拡大損害が生じていない事案については、商品・役務に関する債務不履行、瑕疵

担保による損害賠償請求権を本制度の対象として列挙する方向で検討すべきである。

（７）一段階目の手続における判決で確認を求める事項

法律行為の有効性、事業者の加害行為の違法性及び故意・過失など、事業者の行為の法的評価について、確認を求めることができることとする。

さらに、判決主文で明確にすることが可能であれば、事案によっては、損害算定の方法についても、確認を求めることができることとする。

（８）訴状の記載事項

訴状には、確認を求める事項、対象消費者の範囲、二段階目の手続において請求する対象消費者の請求権を記載しなければならないこととする。

（９）管轄

① 以下のいずれかの地を管轄する地方裁判所に管轄を認めることとする。

ア　被告の普通裁判籍の所在地

イ　事務所又は営業所を有する者に対する訴えでその事務所又は営業所における業務に関するものである場合は当該事務所又は営業所の所在地

ウ　消費者に被害を与える行為があった地

② 二段階目の手続に加入することのできる消費者が一定数以上であることが見込まれる場合には、東京地裁等に付加的管轄を認めることとする。

③ 被告が複数となる場合には、同一の裁判所に提訴することができるように所要の規定の整備を行うこととする。

（10）手数料

非財産権上の請求とみなすこととする（この場合、訴え提起手数料は１万3000円となる。）。

（11）時効

二段階目の手続への加入申出があったときは、一段階目の訴え提起時に遡って権利を行使したものとみなすこととするなど、所要の規定の整備を行うこととする。

（12）通知・報告等

① 原告は、訴えを提起したときは、一定の事項を遅滞なく、インターネッ

ト等を利用して公告することとする。

② また、原告は、他の適格消費者団体への通知、内閣総理大臣（消費者庁長官）への報告をすることとする。

２．共通争点に関する審理

（１）手続

原則として、民事訴訟法の規律に従うこととする。

（２）要件の審理判断

裁判所が、共通争点の確認の訴えの要件を欠くと認めるときは訴えを却下することとするが、この要件の有無のみを審理・判断する特別な認可手続は設けないこととする。

（３）確認を求める事項の変更、対象消費者の範囲の変更

訴えの変更の規定を参考に、所要の規定の整備を行うこととする。

（４）適格消費者団体の認定の失効、取消しの場合の取扱い

訴訟手続は中断し、内閣総理大臣が指定した他の適格消費者団体が受継することとする。

（５）他の適格消費者団体による共通争点の確認の訴えとの関係

複数の適格消費者団体が同一の共通争点の確認の訴えを提起した場合には、一つの裁判所に訴訟を移送し、弁論を併合することとすることや、そもそも、別訴の提起を制限し、先行する訴訟に参加することのみを認めることとするなど、所要の規定の整備を行うこととする。

（６）参加

同一の共通争点の確認の訴えは（類似）必要的共同訴訟として扱い、共同訴訟参加ができることとするなど、他の適格消費者団体の参加について所要の規定の整備を行うこととする。

対象消費者による当事者としての参加及び補助参加は認めないこととするなど、対象消費者の参加について所要の規定の整備を行うこととする。

３．判決以外の訴訟の終了

（１）和解について

①　和解の可否

対象消費者の利益を害する内容の和解の防止については、適格消費者団体の相互牽制及び内閣総理大臣（消費者庁長官）の監督に委ね、個別の事案ごとに裁判所の許可を要することとはしないこととする。

②　和解の効果

ア　原告となった適格消費者団体は、原則として、同一の共通争点の確認の訴えを提起することはできない。

イ　他の適格消費者団体についても、原則として、同一の共通争点の確認の訴えを提起することはできないこととする。

ウ　対象消費者に対しても和解の効力を及ぼすことができるようにするため、二段階目の手続の活用や、一段階目の手続において、適格消費者団体が消費者から授権を受けて和解をする方法など、所要の規定の整備を行うこととする。

なお、一段階目の手続において、適格消費者団体が消費者から授権を受けて和解をする場合にあっては、ことさら一部の消費者のみを対象として和解をし、手続を終了させることがないよう、通知・公告の要否等について引き続き検討すべきである。

③　通知・報告等

原告は、和解をしようとするときは、事前に他の適格消費者団体への通知、内閣総理大臣（消費者庁長官）への報告をすることとする。

また、和解が成立したときも、インターネット等を利用した公告、他の適格消費者団体への通知、内閣総理大臣（消費者庁長官）への報告をすることとする。

（２）訴えの取下げ

①　訴えの取下げの効果

判決がある前に訴えが取り下げられた場合は、原告となった適格消費者団体及び他の適格消費者団体は、同一の共通争点の確認の訴えを提起することができる。他方、判決があった後に訴えが取り下げられた場合は、原告となった適格消費者団体及び他の適格消費者団体は、原則として、同一の共通争点の確認の訴えを提起することはできない。

②　通知・報告等

原告は、判決があった後に訴えを取り下げようとするときは、事前に、他の適格消費者団体への通知、内閣総理大臣（消費者庁長官）への報告をすることとする。

訴えを取り下げたときも、インターネット等を利用した公告、他の適格消費者団体への通知、内閣総理大臣（消費者庁長官）への報告をすることとする。

（３）請求の放棄

① 請求の放棄の効果

原告となった適格消費者団体及び他の適格消費者団体は、原則として、同一の共通争点の確認の訴えを提起することができないこととする。

② 通知・報告等

原告は、請求の放棄をしようとするときは、事前に、他の適格消費者団体への通知、内閣総理大臣（消費者庁長官）への報告をすることとする。

請求を放棄したときも、インターネット等を利用した公告、他の適格消費者団体への通知、内閣総理大臣（消費者庁長官）への報告をすることとする。

（４）請求の認諾

① 請求の認諾の効果

認容判決があった場合と同視し、二段階目の手続を開始することとする。

② 通知・報告等

原告は、請求の認諾があったときは、インターネット等を利用した公告、他の適格消費者団体への通知、内閣総理大臣（消費者庁長官）への報告をすることとする。

４．判決

（１）判決の効力

一段階目の手続における当事者（適格消費者団体及び事業者）に及ぶほか、二段階目の手続に加入した対象消費者に対しても効力が及ぶこととする。

本制度においては、一段階目の手続において共通争点に関し一定の判断がされた以上、その判断を前提に二段階目の手続に加入した対象消費者の請求権の存否及び額について判断することとしなければ、手続を二段階に分けた意味が失われることから、一段階目の手続における判決の効果を二段階目の手続に加入した対象消費者にも及ぶこととする必要がある。

また、本制度において、対象事案を消費者と事業者が契約関係にあるかそれに類する場合に限定するとともに、手続追行主体を適格消費者団体に限定し、さらに、後述のとおり同一の訴えに関する再訴を制限することとしている。

そうすると、一段階目の手続において、被告となる事業者は、紛争全体を見越した上で、攻撃防御（主張・立証）を尽くすことができることになるから、多数の消費者との間で共通する争点について、信義則上、二段階目の手続に加入した対象消費者との関係においても、一段階目の手続における判決の結果と矛盾した主張をすることができないこととすることが許容されると考えられる。

（２）他の適格消費者団体による訴えの制限

確定判決又はこれと同一の効力を有するものがある場合、矛盾判決が生ずることを防止するとともに被告となる事業者における応訴の負担が過重なものとならないようにするため、他の適格消費者団体は、原則として、同一の共通争点の確認の訴えを提起することは、できないこととする。

ここで、「同一の事件」の範囲については、基本的には、請求の内容及び被告となる事業者が同一である場合をいうこととし、一段階目の手続で審理の対象となる行為の同一性を基本としつつ、二段階目の手続で予定されている請求権の同一性を加味して判断することとするのが適当である。

（３）判決の通知・報告等

原告は、インターネット等を利用した公告、他の適格消費者団体への通知、内閣総理大臣（消費者庁長官）への報告をすることとする。

（４）訴訟費用の負担

一段階目の手続における訴訟費用（通知・報告等の費用は訴訟費用には当たらないものと整理する。）については、一段階目の手続における判決でその負担について定めることとする。

５．上訴

（１）申立人

一段階目の手続における判決に対しては、当事者に限り、上訴することができる。

（２）期間

判決書送達の日の翌日から２週間とする。

（３）上訴中の二段階目の手続

二段階目の手続は開始しないこととする。

（４）判決等の通知・報告等

原告は、インターネット等を利用した公告、他の適格消費者団体への通知、内閣総理大臣（消費者庁長官）への報告をすることとする。

第4　二段階目の手続

1．基本的な考え方

二段階目の手続モデルを検討するに当たっては、二段階目の手続が、一段階目の手続で共通争点に関して事業者の責任ないし違法性等が認められたことを前提に、多数の消費者の請求権について、個別争点を審理して請求権の存否及びその額を判断することで、個々の消費者の権利実現を実効的にするための手続であること、また、消費者にとって負担の重い手続であれば消費者が二段階目の手続に加入することを躊躇することになりかねないことを十分考慮する必要がある。

そうすると、二段階目の手続については、審理を簡素化するとともに、できる限り当事者の合意による解決を得やすくするなど、消費者が簡易・迅速に権利救済を得られるようにすることを可能とする手続であるべきである。

以上を前提に、二段階目の手続については、以下のとおりとするのが適当と考えられる。

2．簡易な手続の開始

（1）申立て

一段階目の手続における（一部）認容判決が確定したとき及び被告が一段階目の手続において請求の認諾をしたときは、一段階目の手続における原告であった適格消費者団体が、二段階目の手続開始の申立てをする。

（2）管轄

一段階目の手続の審理をした第一審裁判所とする。

（3）開始決定

裁判所は、二段階目の手続を開始する旨の決定をする。

手続開始の申立てが不適法であるとき（一段階目の手続における確定判決等がない場合、一段階目の手続における原告であった適格消費者団体以外の者による申立てがあった場合等）は、申立てを却下する旨の決定を行う。

裁判所は、開始決定と同時に、対象消費者が有する請求権の届出をすべき期間を定めることとする。

（４）通知・報告等

二段階目の手続開始の申立てをしたとき及びそれに対する決定があったときには、二段階目の手続開始の申立てをした適格消費者団体（以下「申立団体」という。）は、インターネット等を利用した公告、他の適格消費者団体への通知、内閣総理大臣（消費者庁長官）への報告をすることとする。

３．二段階目の手続への加入を促すための通知・公告

（１）主体

手続追行主体である適格消費者団体が行うこととしつつ、できる限り広い範囲に実効的な通知又は公告をすることを確保する観点から、相手方事業者もこれに一定の協力をすることとする。

（２）方法

① 申立団体は、二段階目の手続への加入を促すため、原則として、相手方事業者から情報の提供を受けたことにより知り得た対象消費者を含め、知れたる対象消費者に対し、相当な方法により個別に通知をすることとする。

② 申立団体は、二段階目の手続への加入を促すため、インターネットを利用するなど、相当な方法により公告をすることとする。

③ 申立団体は、相手方事業者に対し、相当な方法による公告（広告）を求めることができる。

④ 相手方事業者が情報提供命令（後述）に違反したとき、又は申立団体の求めにもかかわらず上記③の公告（広告）を行わないときは、申立団体は、個別の通知に代わり得る方法による公告（広告）を行うことができるとともに、相手方事業者に対しその費用を請求することができることとする。

（３）通知の内容

以下のような事項とすることが考えられる。

・事案の概要
・一段階目の手続における判決の内容（主文、二段階目の手続で請求できる対象消費者の請求権の内容、加入することのできる対象消費者の範囲、当事者及び代理人の氏名・住所、裁判所の表示、判決日等）
・二段階目の手続に加入することを希望する対象消費者は、申立団体に加入の申出をしなければならないこと
・申立団体に対して加入の申出をすることができる期間、具体的な申出方法等

（4）通知・公告費用の負担

二段階目の手続への加入を促すための通知・公告は、原則として、申立団体がその費用を負担することとしつつ、一段階目の手続における判決によって相手方事業者が何らかの責任を負うこと等が認められていることを踏まえ、通知・公告に要する費用について、一定の場合には、相手方事業者に負担させる手続を設けることが考えられるが、原則として相手方事業者が負担することとすべきとの指摘もあった。

なお、申立団体による通知・公告を実効的なものとする観点からは、後述のとおり、例えば、適格消費者団体が一段階目の手続を追行して得られた判決や和解等に関する情報を広く一般に周知するためのウェブサイトの構築や、関係機関との連携などの環境整備を図ることが必要である。

（5）対象消費者の特定のための相手方事業者による協力

本制度では、二段階目の手続への加入を促すための通知・公告により、できる限り多くの対象消費者を当該手続に加入させることが消費者被害の救済の観点から望ましく、相手方事業者にとっても、紛争の一回的解決に資する。また、一段階目の手続において、相手方事業者に一定の責任があると認められることが前提であることを踏まえると、相手方事業者は、申立団体に対し、対象消費者の特定に協力すべき立場にあるということができる。

そこで、以下のとおり、対象消費者の特定のための相手方事業者による協力について規定を設けることとする。

①　相当な方法による公告（広告）義務

申立団体は、相手方事業者に対し、申立団体が行う公告を相手方事業者のウェブサイト等に見やすいように掲載するなど、相当な方法による公告（広告）を求めることができることとする。

②　情報提供命令

裁判所は、相手方事業者に対し、通知に必要な対象消費者の情報の提供を命ずることができることとする。

ただし、過分の費用又は時間を要する場合や対象消費者に二段階目の手続への加入を促すための通知をする目的以外の目的に基づくような場合には、情報提供を命じないこととすることが考えられる。

なお、相手方事業者が第三者に情報管理を委託している場合等においては、相手方事業者は当該第三者から情報を取得の上、申立団体に提供する義務を負うと考えられる。相手方事業者が情報提供義務を負うのは、一段階目の手続において相手方事業者に責任があること等が判断されていることが根拠となるため、相手方事業者以外の第三者に対する情報提供命令は認めないこととする。ただし、第三者が任意に情報提供することを阻害しないような方策について、引き続き検討すべきである。

③　相手方事業者が情報提供命令に応じない場合等の費用負担

相手方事業者が正当な理由なく上記①の公告（広告）協力義務及び②の情報提供命令に応じない場合、申立団体は、個別の通知に代わり得る方法による公告（広告）をすることができ、これにより申立団体が支出した費用について、相手方事業者に請求することができるとすることが考えられる。

④　制裁

相手方事業者が正当な理由なく②の情報提供命令に応じなかった場合には、過料の制裁を課すこととする。

（６）通知・報告等

申立団体は、二段階目の手続への加入を促すための通知・公告を行った旨及びその内容を、他の適格消費者団体に通知し、内閣総理大臣（消費者庁長官）に報告することとする。

４．二段階目の手続への対象消費者の加入等

（１）対象消費者の加入の方法

申立団体は、対象消費者からの授権を受け、個々の対象消費者の請求権等について一覧表を作成し、裁判所に対して届出書及び上記一覧表を提出することにより、対象消費者のために届出を行う。

（２）二段階目の手続追行主体

本制度においては、二段階目の手続における審理の効率化、事業者の負担軽減及び消費者の便宜の観点から、二段階目の手続追行主体を一段階目の手続を追行した適格消費者団体に一本化することとし、個々の対象消費者は、直接裁判所に申し立てることはできず、申立団体に授権をして加入しなければならないこととする。

そして、このような取扱いをすることに伴い、申立団体は、正当な理由（例えば、必要な書類を提出しない、対象消費者が手数料の負担をしない場合等）がない限り、対象消費者からの授権を受けることを拒否することができないものとする。

（３）請求内容

対象消費者の給付請求を基本とする。

ただし、一段階目の手続において審理の前提とされたものに限る。

（４）手数料

低・定額なものとする。

（５）届出期限

申立団体は、手続開始の決定で定められた期限までに、裁判所に対して届出をしなければならないこととする。

５．簡易な手続の審理

（１）手続

①　届出書及び一覧表については、相手方事業者に送付して認否を求め、相手方事業者が一定期間内に異議を述べなかったときは、届出内容は確定することとする。

相手方事業者が異議を述べた場合には、裁判所は、申立団体からの申立てにより、申立団体及び相手方事業者から提出された資料に基づき、対象消費者の請求権の存否及び額について決定をすることとする。

②　簡易な手続の審理の流れの概要は、例えば、次のとおりとすることが考えられる（参考17）。

・申立団体は、対象消費者からの申出を整理し、届出債権一覧表を作成する。
・申立団体は、届出書及び届出債権一覧表を裁判所に提出する。
・相手方事業者は、認否表を作成し、裁判所に提出する。
・裁判所は、債権者表を作成する。
・争いのない請求権は確定し、債権者表の記載は確定判決（又は和解）と同一の効力を有するものとする。
・申立団体は、加入消費者のうち不服のある者について、主張を整理した上、裁判所に対し、請求権の存否及び額についての決定を求める旨の申立てを行う。
・裁判所は、申立団体及び相手方事業者に対し、主張及び資料の提出を求める。
・裁判所は、請求権の存否及び額等について決定をする。

（２）申立団体の認定の失効、取消しの場合の取扱い

内閣総理大臣が指定した適格消費者団体が受継する。

（３）加入消費者の授権の撤回、申立団体の辞任

①　加入消費者は授権を撤回することができることとする。

授権の撤回があったときは、申立団体はその旨を裁判所に通知する。この場合、当該加入消費者は、手続の当初から加入しなかったものとみなすこととする。

②　申立団体は、個々の加入消費者との関係において、正当な理由がない限り、辞任することができないこととする。

辞任したときは、申立団体はその旨を裁判所に通知をする。この場合、当該加入消費者は、手続の当初から加入しなかったものとみなすこととする。

６．決定

（１）決定の効力等

①　簡易な手続における裁判所の決定は、適法な異議がない場合には、確定判決（又は和解）と同一の効力を有するものとする。

上記決定の名宛人は、申立団体とする。

②　決定の仮執行

一段階目の手続において共通争点が確定しており、それを前提として簡易な手続において裁判所の判断が示されていることを踏まえ、簡易な手続での解決を促進する観点から、簡易な手続における決定を仮に執行することができるとすることについて引き続き検討すべきである。

（２）決定の告知の方法

①　裁判所は、申立団体に決定を告知する。

②　申立団体は相当な方法で、加入消費者に告知する。

（３）不服申立方法

一定の期間内に異議の申立て（異議訴訟の提起）をすることができる（抗告はすることができない。）。

7．異議申立て（異議訴訟の提起）

（1）申立人

異議申立て後の訴訟手続は、原則として通常の訴訟手続と同様の審理となるから、簡易な手続ほどには手続を一本化する必要は高くないことや、異議申立て後の訴訟は、当事者間の対立が激しく、判断が困難な問題が残される可能性もあり、適格消費者団体の負担についても考慮する必要がある。

そこで、二段階目の手続における異議申立人及び異議訴訟追行主体は、①加入消費者からの授権を受けた適格消費者団体（もっとも、この場合においても、適格消費者団体としては、合理的な理由がない限り、授権を受けることを拒否しないという運用が考えられる。）、②加入消費者、③相手方事業者とすることとする。

（2）手数料等

訴え提起手数料と納付済手数料との差額の納付について、本制度における二段階目の手続上の簡易な手続の位置付けを踏まえて、引き続き検討すべきである。

（3）管轄

簡易な手続が係属している裁判所が属している地方裁判所とする。

（4）異議申立（異議訴訟提起）期間

決定の送達を受けた日から一定期間内に申し立てることとする。

8．訴訟手続における審理

（1）手続

原則として、民事訴訟法の規律に従う。

（2）相手方事業者が異議申立て（異議訴訟の提起）をした場合の申立団体の地位

加入消費者からの授権を受けた場合は、異議後の手続についても申立団体が当事者として訴訟追行することができる。

なお、加入消費者は、自ら訴訟追行することもできる。

（3）申立団体の認定の失効、取消しの場合の取扱い

内閣総理大臣が指定した適格消費者団体が受継する。

（4）加入消費者の授権の撤回、申立団体の辞任

①　加入消費者が授権を撤回した場合は、当該加入消費者が受継する。

②　申立団体は、合理的な理由があれば、個別の加入消費者との関係において辞任することができる。辞任した場合には、当該加入消費者が受継する。

（5）その他

異議申立て（異議訴訟提起）後の手続における主張の制限について、規定の要否も含めて検討すべきである。

9．訴訟手続における判決

（1）判決主文

請求を認容する判決については、申立団体が授権を受けている場合には、申立団体への支払を命ずることとする。

認容判決においては仮執行宣言を付することができる。

（2）加入消費者への告知の方法

①　裁判所は、申立団体が授権を受けている場合には申立団体に、授権を受けていない場合には個別の対象消費者に、判決書を送達する。

②　申立団体は適宜の方法で、加入消費者に告知する。

（3）不服申立方法

通常の判決と同様、上訴することができることとする。

10．その他

（1）二段階目の決定・判決の執行

決定・判決の名宛人となっていた適格消費者団体は、強制執行の申立てをすることができることとする。

加入消費者は、適格消費者団体が名宛人となっている決定・判決について承継執行文を得て、自ら申し立てることもできる。

（2）保全等

二段階目の手続の開始を申し立てた適格消費者団体が、二段階目の手続に加入することのできる対象消費者からの授権を受けて行う保全命令事件の申立て等の措置について、検討すべきである。

（3）適格消費者団体の本制度における業務遂行に係る費用等

本制度において適格消費者団体が遂行すべき業務は、一段階目及び二段階目の手続における事案の分析・検討、主張・立証、和解交渉、対象消費者との連絡・意思確認、相手方事業者からの金員の受領、対象消費者への支払など広範囲に及び、現行の差止請求関係業務に比べて事務作業量が大幅に増大する。また、適格消費者団体は多数の消費者の利益を代表する公益的性格を有する者であり、適格消費者団体により公正かつ適切な訴訟追行がされることは、被害の回復のみならず健全な事業の発展にも資するものである。そこで、本制度の持続性を保つ観点から、これらの業務を遂行する上で不可避的に生ずる人件費その他の一定の支出について、適格消費者団体が合理的な範囲内でこれを回収できるようにしつつ、他方で、費用等が不相当に高額なものとなり、対象消費者の利益が害されることのないよう、費用等の額の適正化を図るための認定要件を新たに設けるなど、適格消費者団体の本制度における業務遂行に係る費用等について、所要の規定の整備を行うこととする。

その際、費用等の中には、性質上、報酬となり得るものもあるところ、本制度における適格消費者団体の業務は、弁護士法第72条にいう「法律事務」に該当すると解されることから、同条の趣旨を損なわないよう配慮するため、弁護士の実質的な関与を求めるための所要の規定の整備を行うこととする。

（4）個別訴訟との関係

対象消費者が個別に訴えを提起することは妨げられないことを前提に、個別訴訟と共通争点の確認の訴えとの関係について、所要の規定の整備を行うこととする。

第5　制度の実効性を高めるための方策

1．基本的な考え方

本制度は、多数の消費者の請求権を束ねることによりその権利行使の実効性を高め、併せて、紛争の一回的解決につなげることで事業者における応訴の負担を軽減するとともに司法資源の効率的な運営にも資するものと位置付けられることから、消費者に対する制度の周知・広報がされることはもちろんのこと、事業者に対しても広く周知・広報がされ、幅広く制度が認知されるよう図られるべきである。

また、適格消費者団体は、消費者と事業者の双方から信頼を得ている者であることが、本制度の担い手として位置付けられる根拠の一つということができることから、適格消費者団体に関する周知・広報を更に行い、消費者や事業者の適格消費者団体及びその活動に対する理解の増進を図る必要がある。

2．適格消費者団体への支援について

制度の担い手として想定される適格消費者団体に関しては、その自主的な取組により、必要な情報の収集・分析のための体制を整備することや、経理的基礎を確保することを基本としつつ、新たに遂行すべきこととなる業務は、多数の消費者の利益を代表し、真摯かつ適切に共通争点に係る訴訟追行をすることが期待されており公益的性格を有するものであることを踏まえ、適格消費者団体が全国的に設立されるように支援することや、設立された適格消費者団体の活動に対する支援など、環境整備を図るための必要な支援措置を講ずべきである。

具体的には、PIO-NET 端末の配備に向けた検討を進めるなど、国民生活センターによる情報提供の充実・強化を図るとともに、個別具体的な消費者被害に関する情報の提供等について地方公共団体と適格消費者団体との連携を促進することが必要である。また、前述のとおり、制度そのもの及び制度の担い手たる適格消費者団体に関する周知・広報及び説明を積極的に行うことにより、地域において適格消費者団体が設立され適切に運用されることを促進するとともに、近時の改正により、認定要件が緩和され、寄附金税額控除制度が創設されるなどした認定 NPO 法人制度等の税制の活用を促進し、会員や寄附の獲得による活動資金を確保するための環境整備を図ること等が必要である。

3．対象消費者への通知・公告に係る環境整備について

本制度は、対象消費者への通知・公告により消費者が手続の追行を知り、その手続に対して消費者が加入することによって、初めて対象消費者の権利が実現されるものである。そのため、通知・公告によって可能な限り多数の対象消費者に手続が行われていることが認知されなければ、消費者・事業者双方にとって利点のある本制度創設の目的を果たすことは困難である。

そこで、例えば、適格消費者団体が一段階目の手続を追行して得られた判決や和解等に関する情報を広く一般に周知するためのウェブサイトを構築する等、対象消費者への通知・公告を実効的なものとする観点からの環境整備を図ることが必要である。

また、通知・公告を行うに際しては、対象消費者が被害相談をする可能性がある相談機関等に対して本制度の手続に関する情報が提供され、当該諸機関がアクセスしてきた対象消費者に対して本制度に基づく手続に関する事項を説明・紹介するといった方策が採られる必要があると考えられる。例えば、国民生活センター、消費生活センター、地方公共団体、法テラス、弁護士会の法律相談といった相談機関等は、消費者の認知度が高く、また被害に遭った消費者が実際に多く相談していることが多いと考えられることから、これら諸機関が、適格消費者団体及び消費者庁と連携し、対象消費者と適格消費者団体との架け橋となることができるような環境整備が図られることも必要である（参考18）。

終わりに

複雑化・多様化する消費者被害に関しては、消費者と事業者の間の情報の質及び量や交渉力の格差などから、個々の消費者が自ら被害回復を図ることには限界があることが長年指摘されてきた。その一方で、事業者が事業活動を行う上で消費者と良好な関係を構築していくことが重要であることは当然であり、消費者の被害を適切に救済することは、事業者の健全な成長や公正な競争をもたらすものといえる。それゆえ、消費者と事業者の双方の関係が良好であることは、経済活動の活性化をもたらし、ひいては我が国の経済成長にもつながるものである。

本専門調査会は、集団的消費者被害救済制度を調査審議の対象とし、計15回開催し、現状の分析を行うとともに多数の論点について検討を行った。集団的消費者被害救済制度は多数の消費者と事業者との間に紛争が発生した場合に、多数の消費者の請求権を束ねることで権利実現の実効性を高めるとともに、紛争の一回的解決を図ることができるようにすることで、消費者・事業者双方にとって利益を享受できるものを目指すものであり、この目的は消費者と事業者の健全な関係の構築に寄与する方策の大きな柱となるものである。

政府は、本報告書を踏まえ、名実共に消費者政策が新たな段階を迎えたことを、消費者・事業者の枠組みを超えた国民全体が実感できるよう、集団的消費者被害救済制度の創設のために必要な立法措置を早急に講ずるべきである。

集団的消費者被害救済制度専門調査会　審議経過

回数	日時	議題
第１回	平成22年10月28日(木) 10：00−12：00	● 集団的消費者被害救済制度専門調査会の進め方について ● これまでの集団的消費者被害救済制度の検討等について
第２回	平成22年11月15日(月) ９：30−12：30	● 集団的消費者被害の実態について ● 集団的消費者被害救済制度研究会において示された手続モデル案について①
第３回	平成22年12月２日(木) 16：00−19：00	● 集団的消費者被害救済制度研究会において示された手続モデル案について②
第４回	平成22年12月16日(木) 16：00−19：00	● 訴訟手続に係る論点について① （一段階目の判決において確認を求める事項、手続追行主体、一段階目の判決の効力）
第５回	平成23年１月６日（木) 16：00−19：00	● 訴訟手続に係る論点について② （対象事案ないし手続追行要件、共通争点とすべき事項等）
第６回	平成23年１月27日(木) 15：30−18：30	● 訴訟手続に係る論点について③ （通知・公告の在り方等）
第７回	平成23年２月17日(木) ９：30−12：30	● 訴訟手続に係る論点について④ （個別争点を効率的に処理するための方策等）
第８回	平成23年３月３日（木) 14：00−17：00	● 訴訟手続に係る論点について⑤ （和解の規律その他の訴訟手続に関する論点等）
第９回	平成23年３月31日(木) 14：00−17：00	● 訴訟手続に係る論点について⑥
—	平成23年４月22日(金)	消費者委員会への中間的報告

回数	日時	議題
第10回	平成23年5月27日（金） 9：30−12：30	● 論点整理① （手続モデル、手続追行主体、手続追行要件ないし対象事案）
第11回	平成23年6月16日（木） 9：30−12：30	● 論点整理② （一段階目の手続関係）
第12回	平成23年7月7日（木） 9：30−12：30	● 論点整理③ （二段階目の手続関係）
第13回	平成23年7月22日（金） 9：30−12：30	● 論点整理④（その他の論点）
第14回	平成23年8月4日（木） 10：00−12：00	● 取りまとめ①
第15回	平成23年8月19日（金） 14：00−16：00	● 取りまとめ②

集団的消費者被害救済制度専門調査会　委員名簿[※1]（平成23年8月現在）

（五十音順）

		氏名	現職
（座長）	1	伊藤　眞	早稲田大学大学院法務研究科客員教授
（座長代理）	2	三木　浩一	慶應義塾大学大学院法務研究科教授
	3	磯辺　浩一	特定非営利活動法人　消費者機構日本　専務理事
	4	大河内　美保	主婦連合会　参与
	5	大高　友一	弁護士
	6	沖野　眞已	東京大学大学院法学政治学研究科教授
	7	窪田　充見	神戸大学大学院法学研究科教授
	8	黒沼　悦郎	早稲田大学大学院法務研究科教授
	9	後藤　準[※2]	全国商工会連合会　常務理事
	10	中村　美華	株式会社セブン＆アイ・ホールディングス　法務部　グループ法務　シニアオフィサー
	11	三木　澄子	消費生活専門相談員
	12	山本　和彦	一橋大学大学院法学研究科教授

以上　12名

（※1）消費者委員会より担当委員として池田委員、下谷内委員、山口委員が出席し、関係機関より法務省民事局、消費者庁、最高裁判所事務総局民事局、国民生活センターが出席している。

（※2）第10回より。第9回までは桑原元 全国商工会連合会 常務理事

参考資料

（参考１）

○司法制度改革推進計画（抄）（平成14年3月19日閣議決定）

第１　民事司法制度の改革

７．裁判所へのアクセス拡充

（４）被害救済の実効化

イ．少額多数被害への対応

いわゆる団体訴権の導入、導入する場合の適格団体の決め方等について、法分野ごとに、個別の実体法において、その法律の目的やその法律が保護しようとしている権利、利益等を考慮した検討を行う（内閣府、公正取引委員会、経済産業省）

H18消費者契約法改正（消費者団体訴訟制度の導入）

○（衆議院）内閣委員会（平成18年４月28日）

消費者契約法の一部を改正する法律案に対する附帯決議

三　消費者被害の救済の実効性を確保するため、適格消費者団体が損害賠償等を請求する制度について、司法アクセスの改善手法の展開を踏まえつつ、その必要性等を検討すること。また、特定商取引法、独占禁止法、景品表示法等の消費者関連諸法についても、消費者団体訴訟制度の導入について検討を進めること。

○（参議院）内閣委員会（平成18年５月30日）

消費者契約法の一部を改正する法律案に対する附帯決議

八　消費者被害の救済の実効性を確保するため、適格消費者団体が損害賠償等を請求する制度について、司法アクセスの改善手法の展開や犯罪収益剥奪・不当利益返還の仕組みの検討を踏まえつつ、その必要性等を検討すること。また、特定商取引法、独占禁止法、景品表示法等の消費者関連諸法についても、消費者団体訴訟制度の導入について検討を進めること。

H20消費者契約法改正（消費者団体訴訟制度の対象拡大）

○（衆議院）内閣委員会（平成20年４月11日）

消費者契約法の一部を改正する法律案に対する附帯決議

二　消費者被害の救済の実効性を確保するため、適格消費者団体が損害賠償等を請求する制度の導入について、引き続き検討すること。

○（参議院）内閣委員会（平成20年４月24日）

消費者契約法の一部を改正する法律案に対する附帯決議

二　消費者被害の救済の実効性を確保するため、適格消費者団体が損害賠償等を請求する制度の導入について、引き続き検討すること。

（参考２）

消費者庁及び消費者委員会設置法（平成21年６月５日法律第48号）

○消費者庁及び消費者委員会設置法附則

６　政府は、消費者庁関連三法の施行後三年を目途として、加害者の財産の隠匿又は散逸の防止に関する制度を含め多数の消費者に被害を生じさせた者の不当な収益をはく奪し、被害者を救済するための制度について検討を加え、必要な措置を講ずるものとする。

○衆議院　消費者問題に関する特別委員会附帯決議（平成21年４月16日）

消費者庁設置法案、消費者庁設置法の施行に伴う関係法律の整備に関する法律案及び消費者安全法案に対する附帯決議

二十三　消費者庁関連三法の附則各項に規定された見直しに関する検討に際しては、消費者委員会の意見を十分に尊重し、所要の措置を講ずるものとする。

○参議院　消費者問題に関する特別委員会附帯決議（平成21年５月28日）

消費者庁設置法案、消費者庁設置法の施行に伴う関係法律の整備に関する法律案及び消費者安全法案に対する附帯決議

三十一　加害者の財産の隠匿又は散逸の防止に関する制度を含め多数の消費者に被害を生じさせた者の不当な収益をはく奪し、被害者を救済するための制度の検討に当たっては、いわゆる父権訴訟、適格消費者団体による損害賠償等団体訴訟制度、課徴金制度等の活用を含めた幅広い検討を行うこと。

三十三　消費者庁関連三法の附則各項に規定された見直しに関する検討に際しては、消費者委員会による実質的な審議結果を踏まえた意見を十分に尊重し、所要の措置をこうずるものとすること。

（参考３）

○消費者基本計画（抄）

（平成22年３月30日閣議決定、平成23年７月８日一部改定）

施策番号	具体的施策	担当省庁等	実施時期
110	加害者の財産の隠匿又は散逸の防止に関する制度を含め多数の消費者に被害を生じさせた者の不当な収益をはく奪し、被害者を救済するための制度について、いわゆる父権訴訟、適格消費者団体による損害賠償等団体訴訟制度、課徴金制度の活用を含めた幅広い検討を加え、消費者委員会の意見を聞きながら、必要な措置を講じます。	消費者庁 法務省	平成23年夏を目途に制度の詳細を含めた結論を得た上、平成24年常会への法案提出を目指します。

（参考４）
消費者委員会　集団的消費者被害救済制度専門調査会　設置・運営規程

平成２２年８月６日
消費者委員会決定

（総則）
第１条　消費者委員会（以下、「委員会」という。）の集団的消費者被害救済制度専門調査会の設置、所掌事務、議事録の作成及び会議等については、この規程の定めるところによる。

（専門調査会の設置）
第２条　委員会に集団的消費者被害救済制度専門調査会（以下「専門調査会」という。）を置く。
２　専門調査会に属すべき構成員は、委員長が委員、臨時委員及び専門委員のうちから指名する。
３　専門調査会には座長を置き、専門調査会に属する構成員から委員長が指名し、座長は、専門調査会の事務を掌理する。
４　座長に事故があるときは、専門調査会に属する構成員のうちから座長があらかじめ指名する者が、その職務を代理する。

（専門調査会の所掌）
第３条　専門調査会は、以下に掲げる事項について、委員会の求めに応じて、調査審議する。
（１）集団的な消費者被害の救済に関する制度の在り方
（２）そのほか（１）に関連する重要事項

（調査会の設置）
第４条　座長は、必要に応じて、委員会の同意を得て専門調査会に調査会を置くことができる。
２　調査会は、専門調査会が行う調査審議に関し、必要な専門的事項を調査審議し又は検討する。
３　調査会に属すべき構成員は、委員長が委員、臨時委員及び専門委員のうちから指名する。
４　調査会には座長を置き、当該調査会に属する構成員から委員長が指名し、座長は、当該調査会の事務を掌理する。
５　調査会の座長に事故があるときは、当該調査会に属する構成員のうちから調査会の座長があらかじめ指名する者が、その職務を代理する。

（議事録の作成）
第５条　専門調査会の議事については、次の事項を記載した議事録を作成する。
一　会議の日時及び場所

二　出席した構成員の氏名
三　議題となった事項
四　審議経過
五　審議結果

（審議の公開）
第6条　専門調査会の開催予定に関する日時・開催場所等については、公開する。
2　専門調査会は、会議を公開することにより、当事者若しくは第三者の権利若しくは利益又は公共の利益を害するおそれがある場合その他座長が非公開とすることを必要と認めた場合を除き、公開する。非公開とすべき事由が終了したときは、公開するものとする。
3　前項の規定により座長が会議を非公開とすることを認めた場合は、専門調査会はその理由を公表する。
4　会議の議事録については、第2項の規定により座長が会議を非公開とすることを必要と認めた場合を除き、公開する。
5　第2項の規定により座長が会議を非公開とすることを必要と認めた場合は、議事要旨をすみやかに作成し、公表するものとする。

（専門調査会の会議）
第7条　座長（座長に事故があるときはその職務を代理する者。以下同じ。）は、専門調査会の会議を招集し、その議長となる。
2　専門調査会に属さない委員は、あらかじめ座長に届け出ることにより、専門調査会に出席することができる。

（雑則）
第8条　この規程に定めるもののほか、専門調査会の運営に関し必要な事項は、座長が委員会に諮って定める。

（準用）
第9条　第5条から前条までの規定は、調査会について準用する。この場合において、これらの規定中「専門調査会」とあるのは「調査会」と読み替えるものとする。

附　則
この規程は、平成22年8月6日から施行する。

（参考５）

集団的消費者被害救済制度専門調査会の進め方について

平成 22 年 10 月
消費者委員会

１．趣旨

本専門調査会は、集団的消費者被害救済制度に関する事項について、消費者委員会の求めに応じて、調査審議する。

消費者庁及び消費者委員会設置法附則第６項においては、同法の施行後３年を目途として、「加害者の財産の隠匿又は散逸の防止に関する制度を含め多数の消費者に被害を生じさせた者の不当な収益をはく奪し、被害者を救済するための制度について検討を加え、必要な措置を講ずるもの」とされている。

また、「消費者基本計画」（平成 22 年３月 30 日閣議決定）においては、集団的消費者被害救済制度について、「平成 22 年夏を目途に論点の整理を行い、平成 23 年夏を目途に制度の詳細を含めた結論を得る」とされているところ、平成 22 年９月、消費者庁において、集団的消費者被害救済制度研究会の報告書が取りまとめられ、公表された。

これらを踏まえて、本専門調査会としては、主に以下の事項を中心として調査審議を進める。

２．主な審議事項

（１）集合訴訟制度について

- 集団的消費者被害の実態及び制度の対象となる消費者被害について
- 集団的消費者被害救済制度研究会報告書において示された集合訴訟手続モデル案について
- 手続追行主体と判決効について
- 通知・公告の在り方等について
- 和解、訴えの取下げ等に関する規律について
- 訴訟手続に係る個別論点全般について
- その他、制度に関する問題全般について

（２）その他（１）に関連する重要事項

３．スケジュール

第１回　内閣府及び消費者庁における研究会の報告書及び今後の運営について、その他フリーディスカッション

第２回以降　集団的な消費者被害の救済に関する制度の在り方について

平成 23 年夏を目途にとりまとめを行う。

以上

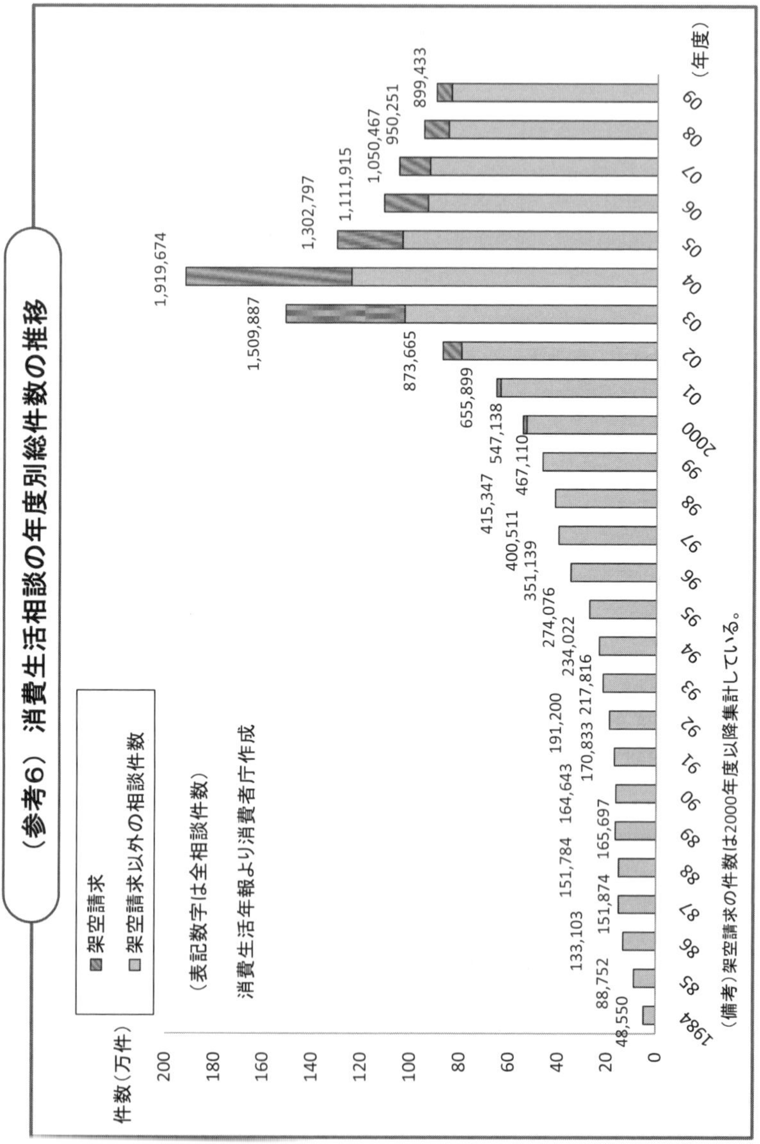
（参考6）消費生活相談の年度別総件数の推移
件数（万件）
■架空請求
□架空請求以外の相談件数
（表記数字は全相談件数）
消費生活年報より消費者庁作成
200
180
160
140
120
100
80
60
40
20
0
48,550
88,752
133,103
151,874
151,784
165,697
164,643
170,833
191,200
217,816
234,022
274,076
351,139
400,511
415,347
467,110
547,138
655,899
873,665
1,509,887
1,919,674
1,302,797
1,111,915
1,050,467
950,251
899,433
1984
85
86
87
88
89
90
91
92
93
94
95
96
97
98
99
2000
01
02
03
04
05
06
07
08
09
（年度）
（備考）架空請求の件数は2000年度以降集計している。

（参考7）　2009年度商品・役務別既払金額分布

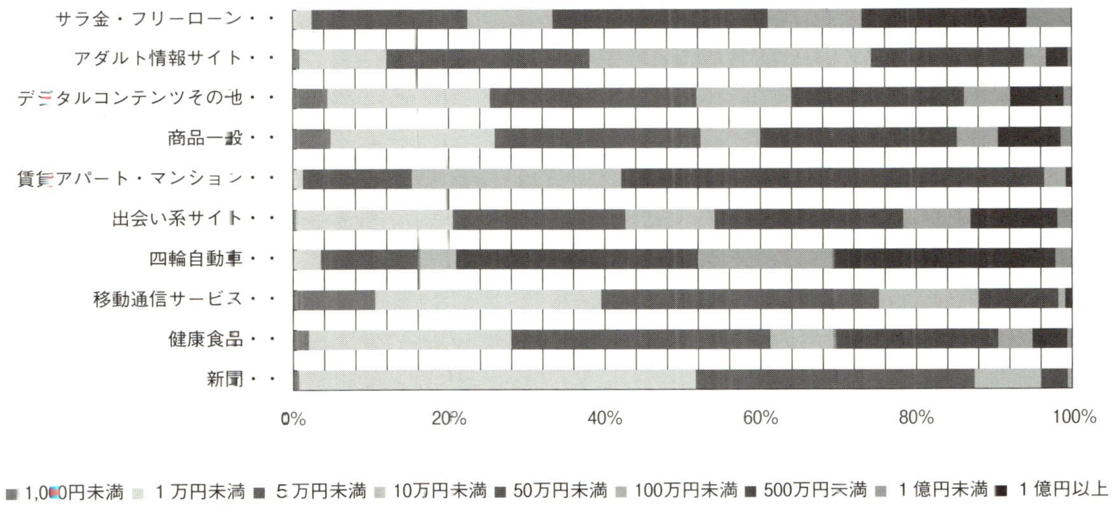

備考）上記グラフの順位は、相談総件数に基づくものであり、「年度別相談件数内訳（取引）」とは異なる。
各割合は、相談件数合計から無回答及び0円を除いて算出している。
2009年度より集計方法（PIO-NETにおける商品・役務分類）が変更されているため、2008年度以前と2009年度以降の時系列での比較はできない。

（参考８）　2009年度の上位商品・役務別にみた相談の特徴

順位	商品・役務等	件数	男女別の傾向 性別	件数	平均年齢	契約当事者の特徴	平均契約金額(円)／平均既支払金額(円)	主な販売購入形態	(%)	過去5年間の件数の推移 '05 '06 '07 '08 '09
1	サラ金・フリーローン	92,815	男性	57, 212	46. 2	30～60歳代	2, 935, 357	店舗購入	(67.0)	126248
			女性	33, 661	47. 5	給与生活者	630, 233	通信販売	(6.9)	92815
2	アダルト情報サイト	55,092	男性	39, 903	36. 3	20～50歳代	101, 061	通信販売	(98.7)	
			女性	14, 597	30. 5	給与生活者	8, 938	店舗購入	(0.2)	（注3）
3	デジタルコンテンツその他	51,389	男性	23, 705	38. 2	30～40歳代	224, 444	通信販売	(94.9)	
			女性	26, 957	35. 9	給与生活者	59, 322	店舗購入	(0.7)	（注3）
4	商品一般	45,571	男性	15, 033	52. 6	30歳以上の各年代、女性中心	988, 840	通信販売	(32.0)	228535
			女性	28, 792	54. 0	家事従事者、給与生活者	96, 024	店舗購入	(8.6)	45571
5	賃貸アパート・マンション	39,205	男性	19, 311	39. 4	20～50歳代	254, 806	店舗購入	(84.7)	39205
			女性	18, 659	39. 3	給与生活者	142, 991	通信販売	(0.6)	31907
6	出会い系サイト	33,389	男性	18, 227	34. 9	20～40歳代	350, 898	通信販売	(98.3)	
			女性	14, 879	31. 9	給与生活者	206, 582	店舗購入	(0.4)	（注3）
7	四輪自動車	15,707	男性	10, 836	41. 7	20～60歳代、男性中心	1, 482, 132	店舗購入	(83.3)	15539
			女性	4, 437	41. 2	給与生活者	693, 203	通信販売	(7.2)	13215
8	移動通信サービス	13,719	男性	7, 503	43. 2	20～60歳代	107, 448	店舗購入	(67.9)	
			女性	5, 810	41. 7	給与生活者	23, 018	通信販売	(18.9)	（注3）
9	健康食品	13,123	男性	3, 599	56. 9	40～70歳代、女性中心	216, 230	通信販売	(29.8)	17969
			女性	9, 197	59. 1	家事従事者、無職	166, 830	マルチ取引	(27.0)	13123
10	新聞	12,296	男性	4, 793	54. 1	30歳以上の各年代	41, 213	訪問販売	(84.5)	12296
			女性	6, 837	58. 1	家事従事者、無職、給与生活者	6, 736	店舗購入	(3.4)	11376
11	生命保険	11,368	男性	5, 461	57. 8	40～70歳代	5, 053, 034	店舗購入	(28.3)	
			女性	5, 627	58. 9	家事従事者、無職、給与生活者	4, 020, 640	訪問販売	(27.5)	（注3）
12	エステティックサービス	10,494	男性	376	30. 4	20～30歳代、女性中心	344, 512	店舗購入	(90.7)	15027
			女性	10, 046	30. 7	給与生活者	178, 010	訪問販売	(5.1)	10494
13	修理サービス	10,434	男性	4, 665	52. 1	30歳以上の各年代	207, 620	店舗購入	(55.5)	10434
			女性	5, 420	56. 2	給与生活者、家事従事者、無職	84, 343	訪問販売	(24.9)	8542
14	放送サービス	9,435	男性	4, 770	50. 3	30歳以上の各年代	54, 076	訪問販売	(39.7)	
			女性	4, 310	51. 8	給与生活者、家事従事者、無職	12, 664	店舗購入	(12.9)	（注3）
15	インターネット接続回線	8,948	男性	4, 891	46. 9	20歳以上の各年代	73, 355	電話勧誘販売	(29.8)	
			女性	3, 796	45. 6	給与生活者、家事従事者	20, 751	通信販売	(23.7)	（注3）
16	分譲マンション	8,426	男性	6, 150	43. 2	30～50歳代、男性中心	26, 432, 427	電話勧誘販売	(37.8)	8426
			女性	1, 997	47. 0	給与生活者	4, 438, 669	店舗購入	(31.4)	6266
17	ふとん類	7,895	男性	1, 633	52. 8	50歳以上、女性中心	414, 939	訪問販売	(64.4)	14645
			女性	6, 130	65. 0	家事従事者、無職	194, 320	店舗購入	(11.1)	7895
18	化粧品	7,812	男性	961	42. 2	20～60歳代、女性中心	152, 508	通信販売	(35.4)	9975
			女性	6, 703	47. 3	給与生活者、家事従事者	84, 037	マルチ取引	(24.2)	7812
19	クリーニング	7,626	男性	1, 617	45. 0	30～50歳代、女性中心	16, 305	店舗購入	(91.8)	10118
			女性	5, 867	48. 2	家事従事者、給与生活者	8, 427	訪問販売	(4.3)	7626
20	株	7,513	男性	4, 048	68. 0	60～70歳代	5, 113, 068	電話勧誘販売	(51.0)	7513
			女性	3, 338	66. 9	無職、家事従事者	4, 533, 310	訪問販売	(11.6)	4056
21	携帯電話	7,065	男性	3, 812	43. 7	30～50歳代	77, 990	店舗購入	(84.3)	
			女性	3, 081	41. 9	給与生活者	38, 684	通信販売	(7.0)	（注3）
22	アクセサリー	6,488	男性	1, 737	33. 8	20～60歳代、女性中心	622, 735	店舗購入	(37.8)	13844
			女性	4, 662	47. 3	給与生活者、家事従事者	278, 231	訪問販売	(27.1)	6488
23	その他金融関連サービス	6,401	男性	3, 284	51. 0	30歳以上の各年代	994, 535	店舗購入	(44.5)	11930
			女性	2, 978	51. 9	給与生活者、家事従事者	592, 370	通信販売	(11.5)	5554
24	宝くじ	6,052	男性	4, 115	68. 4	60歳以上、男性中心	6, 827, 381	通信販売	(93.5)	8507
			女性	1, 776	62. 3	無職、家事従事者	149, 699	店舗購入	(0.9)	5322
25	リースサービス	6,008	男性	2, 118	58. 0	40歳以上、男性中心	1, 261, 533	訪問販売	(64.8)	10756
			女性	958	55. 5	自営・自由業	368, 172	店舗購入	(9.4)	5978

（注1）データは2010年5月末日までの登録分。「他の相談」に属する項目は集計対象から除いている。
（注2）「訪問販売」には、「家庭訪販」、「アポイントメントセールス」、「ＳＦ商法」、「キャッチセールス」などが含まれる。

国民生活センター編「消費生活年報2010」38-39ページ　より

主な相談内容等 （相談内容は複数回答項目である）	相談の特徴等
①多重債務、②金利・利息、③自己破産、④クレジットカード、⑤高価格・料金、⑥返金、⑦不当請求@、⑧信用性、⑨法律違反、⑩保証人	多重債務、利息の過払いに関する相談が多い。
①インターネット通販、②ポルノ・風俗、③ワンクリック請求、④不当請求@、⑤高価格・料金、⑥無料商法、⑦強引、⑧未成年者契約、⑨架空請求、⑩無断契約	サイトの画面をクリックしただけで登録され料金を請求されたというものや、無料と思ってサイトに登録したところ高額な請求を受けたという相談が多い。
①インターネット通販、②架空請求、③不当請求@、④強引、⑤無断契約、⑥高価格・料金、⑦プライバシー、⑧ワンクリック請求、⑨迷惑メール、⑩無料商法	身に覚えのないサイト利用料を請求されたといった相談が多い。
①架空請求、②不当請求@、③強引、④無断契約、⑤信用性、⑥プライバシー、⑦債権回収業者、⑧電話勧誘、⑨虚偽説明、⑩身分詐称	身に覚えがなく債権の内容も不明な請求に関する相談が多い。
①保証金等、②解約@、③修理代、④返金、⑤契約書・書面@、⑥高価格・料金、⑦不当請求@、⑧説明不足、⑨クレーム処理、⑩契約更新	敷金の返還や現状回復等、退去時のトラブルが目立つ。
①インターネット通販、②不当請求@、③ポルノ・風俗、④高価格・料金、⑤無料商法、⑥架空請求、⑦ワンクリック請求、⑧強引、⑨プライバシー、⑩解約@	無料と思ってサイトを利用したところ高額な請求を受けたというものや、身に覚えのないサイト利用料を請求されたという相談が多い。
①解約@、②クレーム処理、③新車、④説明不足、⑤解約料、⑥約束不履行、⑦返金、⑧契約書・書面@、⑨早期故障、⑩補償	乗用車を購入した後のクレームへの対応などに関する相談が目立つ。
①解約@、②高価格・料金、③説明不足、④クレーム処理、⑤不当請求@、⑥解約料、⑦他の接客対応、⑧価格・料金@、⑨契約変更、⑩契約書・書面@	携帯電話サービスの利用料金、説明不足、解約に関するトラブルが多い。
①解約@、②電話勧誘、③サイドビジネス商法、④信用性、⑤高価格・料金、⑥返金、⑦効能・効果、⑧クーリングオフ@、⑨薬効うたう、⑩強引	マルチ取引やサイドビジネス商法など販売方法に関するトラブルや、電話勧誘を受けたという相談が目立つ。
①家庭訪販、②解約@、③景品付販売、④強引、⑤クーリングオフ@、⑥契約書・書面@、⑦無断契約、⑧長期契約、⑨判断不十分者契約、⑩クレーム処理	家庭訪販による強引な勧誘などの販売方法に関するトラブルが多い。
①説明不足、②解約@、③家庭訪販、④契約書・書面@、⑤クレーム処理、⑥返金、⑦契約変更、⑧他の接客対応、⑨信用性、⑩約束不履行	保健会社の説明不足や解約、クレームへの対応などに関する相談が目立つ。
①解約@、②返金、③倒産、④クーリングオフ@、⑤約束不履行、⑥連絡不能、⑦高価格・料金、⑧痩身、⑨強引、⑩無料商法	倒産に関連した解約や返金に関する相談や事業者と連絡がとれないといった相談が目立つ。
①修理代、②高価格・料金、③家庭訪販、④説明不足、⑤クレーム処理、⑥機能故障、⑦見積り、⑧補償、⑨解約@、⑩約束不履行	自動車や携帯電話機などの修理に関する相談が多い。
①解約@、②家庭訪販、③説明不足、④地デジ関連、⑤強引、⑥電話勧誘、⑦無料商法、⑧クレーム処理、⑨価格・料金@、⑩契約書・書面@	家庭訪販や地上デジタル放送関連などのテレビ放送サービスに関する相談やケーブルテレビに関する相談が目立つ。
①解約@、②電話勧誘、③説明不足、④クレーム処理、⑤家庭訪販、⑥強引、⑦解約料、⑧不当請求@、⑨虚偽説明、⑩信用性	光ファイバー回線の接続契約に関する相談が目立つ。
①電話勧誘、②強引、③解約@、④利殖商法、⑤保証金等、⑥返金、⑦長時間勧誘、⑧説明不足、⑨プライバシー、⑩問題勧誘	投資用マンションの強引な電話勧誘に関する相談が多い。
①家庭訪販、②高価格・料金、③解約@、④クーリングオフ@、⑤強引、⑥販売目的隠匿、⑦次々販売、⑧返金、⑨虚偽説明、⑩電話勧誘	家庭訪販や次々販売などにより高価格なふとんを売りつけられたという相談が多い。
①解約@、②サイドビジネス商法、③返金、④電話勧誘、⑤クーリングオフ@、⑥信用性、⑦高価格・料金、⑧強引、⑨インターネット通販、⑩皮膚障害	サイドビジネス商法等の販売方法に関する相談が多い。皮膚に障害が生じた等の安全や品質に関する相談もある。
①補償、②クレーム処理、③ドライクリーニング、④紛失、⑤しみ、⑥変色、⑦伸縮、⑧他の接客対応、⑨裂け・亀裂、⑩風合	衣類の紛失や、しみ、変色、伸縮などのクリーニングの品質や補償に関する相談が目立つ。
①電話勧誘、②利殖商法、③解約@、④虚偽説明、⑤返金、⑥信用性、⑦二次被害、⑧強引、⑨連絡不能、⑩儲からない	電話勧誘による未公開株の購入に関する相談が多い。
①解約@、②クレーム処理、③説明不足、④早期故障、⑤交換、⑥機能故障、⑦故障頻発、⑧他の接客対応、⑨修理代、⑩高価格・料金	クレームへの対応や事業者の説明不足に関する相談が目立つ。
①解約@、②高価格・料金、③アポイントメントセールス、④返金、⑤強引、⑥クーリングオフ@、⑦ダイヤモンド、⑧展示販売、⑨虚偽説明、⑩販売目的隠匿	アポイントメントセールス等、販売方法に関するトラブルが多い。契約者が男性のケースも少なくない。
①クレジットカード、②解約@、③説明不足、④信用性、⑤プライバシー、⑥契約拒否、⑦不当請求@、⑧債権回収業者、⑨無断契約、⑩連絡不能	クレジットカードの入退会等に関する相談が目立つ。
①当選商法、②DM広告、③中華人民共和国、④カナダ、⑤信用性、⑥オーストラリア、⑦プライバシー、⑧強引、⑨法律違反、⑩虚偽説明	海外宝くじのDM広告の信用性に関する相談が多い。
①解約@、②高価格・料金、③虚偽説明、④家庭訪販、⑤職場訪販、⑥説明不足、⑦契約書・書面@、⑧約束不履行、⑨強引、⑩倒産	電話機やファックス機器等の通信機器や、複写機やパソコン等の事務機器などのリースサービスに関する相談が目立つ。自営・自由業者からの相談が多い。

（注3）2009年度から商品・役務分類を変更したことなどにより時系列での比較はできない。

（参考９）　2009年度の上位販売方法・手口別にみた相談の特徴

順位	販売方法・手口	件数	男女別の傾向			契約当事者の特徴	平均契約金額(円) 平均既支払金額(円)	過去5年間の件数の推移 '05 '06 '07 '08 '09
			性別	件数	平均年齢			
1	インターネット通販	131,166	男性	74, 480	37. 0	20～40歳代	177, 067	（注4）
			女性	55, 106	33. 9	給与生活者	72, 848	
2	家庭訪販	50,018	男性	18, 357	58. 8	60歳以上、女性中心	1, 480, 987	82942
			女性	30, 418	62. 3	無職、家事従事者	784, 527	49447
3	電話勧誘販売	49,474	男性	24, 194	52. 9	30歳以上の各年代	1, 421, 857	70709
			女性	22, 766	57. 8	給与生活者、家事従事者	989, 786	49261
4	ワンクリック請求	38,329	男性	26, 181	36. 4	10～40歳代、男性中心	86, 992	（注4）
			女性	11, 858	29. 2	給与生活者	7, 529	
5	無料商法	29,700	男性	15, 458	39. 7	20～40歳代	208, 411	37518
			女性	13, 856	39. 3	給与生活者	68, 874	29393
6	マルチ取引	15,727	男性	5, 239	41. 4	20歳以上の各年代	758, 975	24320
			女性	10, 114	48. 0	給与生活者、家事従事者	697, 056	15727
7	サイドビジネス商法	15,714	男性	6, 084	40. 1	20～60歳代、女性中心	787, 807	21763
			女性	9, 309	43. 3	給与生活者、家事従事者	518, 950	15714
8	被害にあった人を勧誘（二次被害）	11,264	男性	6, 571	48. 8	30～40歳代、男性中心	1, 403, 713	28180
			女性	4, 499	57. 8	給与生活者、家事従事者	853, 094	11264
9	販売目的隠匿	11,261	男性	3, 650	48. 4	20歳代、60歳以上、女性中心	671, 365	24777
			女性	7, 205	52. 3	給与生活者、家事従事者	258, 148	11261
10	次々販売	10,763	男性	3, 546	57. 0	20歳代、70歳代以上、女性中心	2, 492, 341	18854
			女性	6, 973	61. 4	無職、給与生活者	2, 058, 270	10763
11	利殖商法	10,520	男性	5, 389	58. 5	40歳以上	6, 099, 662	10520
			女性	4, 967	64. 3	無職、家事従事者、給与生活者	4, 831, 055	6106
12	当選商法	7,306	男性	4, 032	63. 3	60歳以上、男性中心	3, 374, 085	8656
			女性	2, 776	51. 9	無職、家事従事者、給与生活者	153, 911	7306
13	インターネットオークション	6,891	男性	4, 167	36. 0	20～40歳代	123, 217	（注4）
			女性	2, 596	34. 1	給与生活者	79, 272	
14	かたり商法（身分詐称）	6,024	男性	2, 007	54. 8	30歳以上の各年代、女性中心	929, 641	17361
			女性	3, 532	56. 1	家事従事者	275, 332	6024
15	点検商法	5,680	男性	1, 915	65. 3	60歳以上、女性中心	500, 887	12820
			女性	3, 507	66. 5	家事従事者、無職	159, 917	5537
16	アポイントメントセールス	4,430	男性	2, 483	32. 7	20～30歳代	1, 326, 347	11630
			女性	1, 902	36. 8	給与生活者	479, 394	4430
17	景品付販売	3,801	男性	1, 404	52. 8	20歳以上の各年代、女性中心	282, 538	3801
			女性	2, 325	56. 2	家事従事者、無職、給与生活者	48, 800	2559
18	紹介販売	3,788	男性	1, 133	42. 6	20歳代、50歳代以上、女性中心	1, 048, 171	5613
			女性	2, 585	47. 0	給与生活者、家事従事者	862, 004	3788
19	テレビショッピング	3,762	男性	986	62. 7	50～70歳代、女性中心	31, 132	3762
			女性	2, 741	58. 3	家事従事者	21, 065	1420
20	代引配達	3,585	男性	1, 155	51. 2	20歳以上の各年代、女性中心	38, 878	3582
			女性	2, 371	54. 8	給与生活者、家事従事者、無職	19, 548	1624
21	薬効をうたった勧誘	3,288	男性	767	61. 9	60歳以上、女性中心	419, 802	4848
			女性	2, 458	61. 4	家事従事者、無職	280, 945	3288
22	ＳＦ商法	3,202	男性	658	70. 7	60歳以上、女性中心	405, 495	6340
			女性	2, 390	72. 4	無職、家事従事者	269, 575	3202
23	過量販売	3,172	男性	693	56. 4	20歳以上の各年代、女性中心	2, 270, 807	5489
			女性	2, 436	57. 3	給与生活者、無職、家事従事者	1, 728, 917	3172
24	業務提供誘引販売	2,860	男性	888	40. 3	20～30歳代、女性中心	529, 948	（注4）
			女性	1, 950	36. 0	給与生活者、家事従事者	249, 840	
25	ネガティブ・オプション	2,548	男性	1, 067	62. 8	60歳以上	69, 351	6724
			女性	914	60. 4	無職、家事従事者	3, 690	2548

(注1)データは2010年5月末日までの登録分。なお、1件の相談に複数の販売方法・手口が含まれる場合は、各々に対し1件ずつカウントしている。

国民生活センター編「消費生活年報2010」40-41ページ　より

主な商品・役務等 (括弧内の数値は各項目計に占める割合)	相談の特徴等
①アダルト情報サイト(33.0%)、②デジタルコンテンツその他(26.8%)、③出会い系サイト(19.1%)、④商品一般(0.8%)、⑤婦人洋服(0.8%)	無料だと思いアダルト情報サイトなどに登録したところ料金を請求された相談や、利用した覚えのないサイト利用料を請求された相談などが多い。
①新聞(12.4%)、②ふとん類(7.0%)、③放送サービス(3.7%)、④浄水器(3.5%)、⑤補習用教材(3.1%)	消費者が要請していないにもかかわらず、業者が家庭訪問し消費者を勧誘するケースがほとんどである。強引な勧誘や長時間に及ぶ勧誘など、問題が多い。
①株(7.7%)、②分譲マンション(6.4%)、③インターネット接続回線(5.4%)、④サラ金・フリーローン(4.8%)、⑤教養娯楽・資格教材(4.8%)	消費者が要請していないにもかかわらず、業者が電話により消費者を勧誘するケースがほとんどである。強引な勧誘や、虚偽説明、説明不足などの問題がみられる。
①アダルト情報サイト(75.3%)、②デジタルコンテンツその他(12.3%)、③出会い系サイト(11.4%)、④電話音声情報(0.3%)、⑤移動通信サービス(0.3%)	有料情報サイトの利用中やネットサーフィンをしている際に何かしらのボタンをクリックし、料金を請求されるケースが多い。未成年者からの相談も多い。
①アダルト情報サイト(28.7%)、②出会い系サイト(19.7%)、③デジタルコンテンツその他(13.9%)、④エステティックサービス(2.8%)、⑤放送サービス(2.8%)	「無料」をうたったサイトを利用したところ、利用料を請求された相談などが多い。また、無料エステサービスを受けたところ商品やコースを契約させられた等の相談もある。
①健康食品(22.5%)、②化粧品(12.0%)、③商品一般(6.6%)、④内職・副業その他(5.8%)、⑤飲料(3.3%)	健康食品や化粧品に関する相談が多く、「説明されたようには儲からない」などの相談がみられる。
①内職・副業その他(16.3%)、②健康食品(14.3%)、③化粧品(8.0%)、④ワープロ・パソコン内職(5.9%)、⑤商品一般(4.6%)	解約・返金に関する相談のほかに、「説明されたようには儲からない」などの相談がみられる。インターネットを介してビジネスを行うものの相談が目立つ。
①教養娯楽・資格教材(16.4%)、②資格講座(12.3%)、③株(11.9%)、④複合サービス会員(4.9%)、⑤ふとん類(4.7%)	以前契約をした商品・サービスについて「解約してあげる」「損を取り戻してあげる」などと電話で説明し、従前の被害の救済を装い金銭を支払わせるケースが多い。
①ふとん類(9.4%)、②商品一般(4.4%)、③アクセサリー(4.0%)、④浄水器(3.5%)、⑤出会い系サイト(2.9%)	家庭訪販や電話勧誘販売などで多く見られる。
①ふとん類(8.9%)、②エステティックサービス(6.9%)、③株(4.7%)、④アクセサリー(3.8%)、⑤健康食品(3.3%)	家庭訪問での契約がきっかけとなることが多い。2009年度はふとんやエステ等の割合が減少し、株に関する相談が増加した。
①株(27.2%)、②商品デリバティブ取引(14.8%)、③ファンド型投資商品(14.8%)、④分譲マンション(10.8%)、⑤公社債(5.8%)	金融商品に関する相談が多く、「儲からない」「返金されない」といった相談のほか、なかには詐欺まがいのものもある。
①宝くじ(54.7%)、②デジタルコンテンツその他(9.0%)、③他の教養・娯楽サービス(8.4%)、④出会い系サイト(8.4%)、⑤書籍・印刷物その他(4.6%)	海外宝くじのダイレクトメールに関する相談が多いが、最近では「当選した」というメールが届き、クリックをしたりすると、サイトに登録となり代金を請求される等の相談も目立つ。海外から不審な信書が届いたという相談も見られる。
①四輪自動車(7.5%)、②商品一般(5.1%)、③婦人洋服(4.7%)、④かばん(4.1%)、⑤自動二輪車(3.5%)	解約、返金に関する相談の他には、「お金を振り込んだが連絡がとれなくなった」「商品が届かない」などの相談が多い。
①商品一般(38.1%)、②リースサービス(3.1%)、③出会い系サイト(2.6%)、④ふとん類(2.2%)、⑤サラ金・フリーローン(2.2%)	公的機関等をかたって架空請求をしてくる相談や、リースサービスでは大手電力会社をかたりブレーカーや節電器に関するものが多い。
①ふとん類(11.5%)、②浄水器(10.8%)、③屋根工事(8.4%)、④修理サービス(6.9%)、⑤建物清掃サービス(6.1%)	なかには公的機関をかたるケースもある。料金が高いという相談の他に、「このままでは危ない」と強引に契約をさせられたという悪質な相談も目立つ。浄水器の相談件数は年々減少傾向。
①アクセサリー(25.5%)、②複合サービス会員(22.8%)、③分譲マンション(3.8%)、④外国語・会話教室(3.4%)、⑤商品デリバティブ取引(2.9%)	強引な勧誘や長時間に及ぶ勧誘など、問題が多い。2008年度と比較すると、ネックレスや複合会員サービスなどの件数は減少している。
①新聞(81.0%)、②インターネット接続回線(2.6%)、③移動通信サービス(1.2%)、④家庭用電気治療器具(1.0%)、⑤健康食品(0.9%)	消費者が解約しようとすると、販売業者が景品の返還を求めるケースもみられる。
①健康食品(17.3%)、②化粧品(11.4%)、③商品一般(4.6%)、④婦人下着(4.4%)、⑤ファンド型投資商品(4.3%)	知人からの誘いを断り切れずに契約したというケースもみられる。
①健康食品(12.7%)、②電気掃除機類(10.5%)、③化粧品(7.3%)、④婦人下着(6.8%)、⑤ふとん類(4.5%)	健康食品や電気掃除機に関する相談が多く、内容では解約・返品に関する相談やイメージと違ったという相談が多い。
①鮮魚(18.2%)、②健康食品(17.3%)、③化粧品(6.2%)、④商品一般(4.0%)、⑤アクセサリー(3.0%)	注文していないのに送られてきて支払ってしまうケースもある。
①健康食品(40.1%)、②家庭用電気治療器具(14.2%)、③飲料(5.6%)、④アクセサリー(4.7%)、⑤磁気マットレス・ 磁気用品(4.4%)	「効果がない」「症状が悪化した」などの相談もある。
①家庭用電気治療器具(26.2%)、②健康食品(10.0%)、③ふとん類(18.0%)、④商品一般(11.0%)、⑤磁気マットレス・ 磁気用品(6.7%)	公民館や民家、店舗等で開催される。「購入した商品が高い」「クーリングオフしたい」等の相談が目立つ。また、高齢者のトラブルが多い。
①健康食品(17.2%)、②補習用教材(11.3%)、③ふとん類(6.7%)、④エステティックサービス(5.7%)、⑤新聞(5.5%)	結果として不必要であったり、高額な契約にいたることもある。家庭訪問での契約がきっかけとなることが多い。
①内職・副業その他(29.1%)、②ワープロ・パソコン内職(26.0%)、③配送内職(7.1%)、④教養娯楽・資格教材(5.9%)、⑤チラシ配り内職(4.5%)	解約・返金に関する相談や「儲からない」という相談が多い。
①書籍・印刷物その他(11.5%)、②本(10.4%)、③健康食品(9.6%)、④新聞(8.9%)、⑤商品一般(8.1%)	届いてしまった商品の代金請求は振込みの場合や代引配達の場合がある。

(注2)「家庭訪販」「代引配達」は販売方法に問題があるとカウントされたもののみを対象に集計した。
(注3)「販売目的隠匿」には「アポイントメントセールス」は含まれていない。
(注4)2009年度からキーワード体系を変更したことなどにより時系列での比較はできない。

（参考10）海外制度比較表

国名	米国（連邦民事訴訟規則・b(3)型）	カナダ（オンタリオ）	カナダ（ケベック）
手続構造	オプト・アウト	オプト・アウト、二段階型	オプト・アウト、二段階型
根拠法	連邦民事訴訟規則 （b(3)型）	クラス訴訟法 （Class Proceedings Act）	民事訴訟法第9編 集団訴訟に関する法律 （Loi sur le recours collectif、1979年1月19日施行）
手続追行主体	クラス構成員	クラス構成員 ※代表原告となろうとする者は ①クラスの利益を公正かつ適切に代表するであろうこと ②クラスのために訴訟を遂行し、かつ構成員に対して告知を行うための実効性のある方法を示す計画を提出すること ③クラスの共通争点に関して、他のクラス構成員と対立する利益を有さないこと が必要。	①クラス構成員 ②私法上の法人、会社又は社団 （指定する構成員の1人が、その利益のために集団訴訟を提起しようとするクラスの構成員である場合又は、構成員の利益が法人又は社団が創設された目的に結びついている場合であることを要する。） ※裁判所による審理の結果、集団訴訟提起を認める認可判決が出されると、一定の要件の下で認可申立てを行った構成員がクラス代表者に任命される。
金銭請求における請求内容の要件	クラス代表者の請求が75,000ドルを超えているか、100人以上のクラスであって合計額が500万ドルを超えていること（連邦管轄があることが前提となるため）	—	—
手続追行の要件 （争点の共通性・支配性、手続の優越性など）	①多数性 ②争点の共通性 ③代表の請求の典型性 ④代表の適切性 ⑤共通争点が他の争点に優越するものであること（支配性） ⑥他の手段よりもクラスアクションが適切と認められること（優越性）	①訴答書面（訴状）に訴訟原因が示されていること。 ②クラスが識別可能であること（構成員の特定までは不要） ③代表原告が上記手続追行欄※の要件を具備していること ④クラスに共通の争点が存在すること ⑤クラス訴訟が訴訟手続として望ましいこと	①各構成員の請求が、同一、類似又は関連する、法律上又は事実上の問題を提起すること ②主張されている事実が求められている結論を正当化すると見られること ③クラスの構成により他の訴訟形態の適用が困難又は実際的でないこと ④裁判官が代表の地位を付与する構成員がすべての構成員の適切な代表者であることを保障できること
訴訟追行許可の手続	裁判所によるクラス認証。	代表原告となろうとする者が提訴後一定期間内に認可の申立てを行い、裁判所が認可要件の具備を審査。	集団訴訟を提起しようとするクラスの構成員が申立てを行い、裁判所による事前の認可を得た場合に限り、構成員は集団訴訟を提起することができる。認可のために必要な要件は上欄①～④のとおり。 認可の可否の判断は判決によってなされる。
訴訟追行許可に対する上訴	申立て可能、控訴裁判所が裁量により受理することができる。	・認可拒否や認可取消しについて当事者は中間上訴裁判所に上訴できる。 ・当事者が不服申立てをしない場合、構成員も、上位裁判所の許可を得て、クラスを代表して上訴することができる。 ・認可決定について当事者は、上位裁判所の許可を得れば中間上訴裁判所に上訴できる。	・申立てに対し不認可の判決がなされた場合、申立人は控訴することができるが、認可された場合の判決は控訴の対象とならない。 ・クラス構成員は控訴院裁判官の許可を得て控訴することができる。

デンマーク	ノルウェー	スウェーデン	ブラジル
オプト・インとオプト・アウトの併用	オプト・インとオプト・アウトの併用	オプト・イン	二段階型
司法運営法23章a (2008年1月1日施行)	民事紛争における調停手続及び訴訟手続に関する法律 (2005年紛争法、2008年1月1日施行)	集団訴訟手続法(2003年1月1日施行)	公共的民事訴訟法(1985年制定) 消費者法(1990年制定)
①クラス構成員 ②団体(訴訟がその団体の目的に合致する場合) ③法律の定めた公的機関(消費者オンブズマン) ※オプト・アウト型の場合は③に限る。	①クラス構成員 ②特定の利益の保護を目的とする組織団体(提起される訴訟がその目的に合致するもの) ③特定の利益の保護を目的とする公的機関(提起される訴訟がその目的に合致するもの)	①クラス構成員 ②消費者又は給与生活者の利益擁護を目的とする非営利団体(構成員数や存続期間などに関する要件はなく、アドホックな団体やわずか数人の団体であっても団体による集団訴訟の当事者適格が認められ得る)。 ③集団構成員を代表するのに適切な公的機関(現在認められているのは、消費者オンブズマン及び環境保護局のみ)。	①検察庁 ②連邦・州・市郡および連邦区 ③行政権を直接又は間接に行使する公的機関及び省庁 ④少なくとも1年以上前に合法的に設立された団体であって、その目的が消費者法が定める利益及び権利の保護を含むもの ※上記は消費者法による場合である。
(オプト・アウト型について) 少額請求のため個別訴訟が期待できないことが明らかであり、オプト・インを待つことも当該請求の扱いとして不適切である場合 少額とは、法案の理由書等では、1人当たり、2000デンマーククローネ(約3万円)以下の請求とされていたようである。	(オプト・アウト型について) 請求金額が非常に小さく、相当多数の者にとって個別訴訟の提起が困難であり、 かつ、個別審理の必がある争点が生じることはないと判断される場合	—	—
①複数の者に共通する請求であること ②請求の審理のためにクラスアクションが最良の方法であること ③クラスのメンバーが特定可能で、訴訟手続につき適切な方法で通知が可能であること ④クラスの代表者の選任が可能であること	①複数の者が同じ事実または法的根拠に基づいている請求又は債権があること ②複数の請求が、同一の構成による裁判所によって審理可能であり、かつ、同一の手続規則に基づいて大部分は審理することが可能であること ③当該複数の請求を処理する手段として集合訴訟手続が最も適切であること ④集団の代表を任命する根拠があること	①当該訴訟が、当該団体の構成員間で共通の、または同様の性質の状況に基づくものであること ②訴訟申立てが、当該集団の構成員による請求の根拠に関して、他の請求から相当程度に一致しないという判断をされないこと ③当該申立ての大部分が、個人的な訴訟によっては同程度に十分には追求され得ないものであること ④当該集団が、その規模、範囲、その他の点を考慮して適切に特定できるものであること ⑤集団代表が集団の構成員を適切に代表するものと判断できること	同種個別的権利(共通の原因から生じる権利)に関する請求であること。 ※そのほか、拡散的権利、集合的権利の保護を目的とする訴訟も提起し得る。
認可手続あり。裁判所は要件が満たされている場合にクラス代表者を指名し、クラス範囲の決定等を行う。	裁判所は、集団訴訟として認可するか否かを可能な限り迅速に決定しなければならない。	・要件を満たさないことが判明した時点で却下される。 ・訴訟手続の原告である者は、地方裁判所への申立書面により、当該訴訟事件を集団訴訟の形態に変更すべきことを要請することができる。	—
・上訴可能。 ・クラス構成員は、その訴訟に参加し自己の請求につき個別訴訟として訴訟を続行できる。	集団訴訟として適格でないという判断に対しては、上訴可能。	不服申立て可能。	—

国名	米国（連邦民事訴訟規則・b(3)型）	カナダ（オンタリオ）	カナダ（ケベック）
通知・公告 （主体、方法など）	・クラス代表者が実施。ただし、裁判所は、相手方当事者に通知するように命じることもできる。 ・告知費用は原則原告負担。原告勝訴の場合、裁判所は被告に負担させることができる。	・裁判所が告知不要とした場合を除き、代表当事者が告知を実施。 ・裁判所は、通知費用について当事者間での分担を命じることを含め適切と考える決定ができる。	集団訴訟提起の認可を行った裁判所は、判決により、新聞、ラジオ、宣伝ポスターなどにより、構成員に向けて集団訴訟の内容の説明等について公告を行うよう命じる。通知方法は、裁判所が裁量的判断によって定める。 ・通知の費用についても、集団訴訟法に基づいて設立された公法人である集団訴訟支援基金による援助を受けることができる。
対象消費者の手続への関与の方法	・オプト・アウトしない者は、自己の弁護士を通じて参加可能。	・裁判所は、クラス構成員の訴訟参加を許可することができる。	構成員は、代表者を補助し、その請求を支持し、その申立てを支えるためにのみ、任意に参加することができる。裁判所は、構成員の参加がクラスに有用であると認める場合、参加を認める。
判決効	オプト・アウトしなかったクラス構成員に対し、有利にも不利にも及ぶ。	オプト・アウトしなかったクラス構成員に対し、有利にも不利にも及ぶ。	オプト・アウトしなかったクラス構成員に対し、有利にも不利にも及ぶ。
判決に対する上訴	手続に参加していない限り上訴できない。	・代表原告が上訴しない場合、クラス構成員による上訴可能（州最高裁判所の許可が必要）。 ・個別の請求に対する決定について、クラス構成員による中間上訴裁判所への上訴可能。	・いずれの当事者からも控訴可能。 ・代表者が控訴せず、又はその控訴が棄却された場合、構成員は、控訴院に対し、控訴をし、代表者に代わる旨の許可を求めることができる。
和解・取下げの規律	・裁判所の許可が必要。裁判所はヒアリングをする必要がある。 ・クラス構成員は、和解内容に異議を述べることができる。 ・改めてオプト・アウトの機会を保証する必要がある。	・裁判所の承認が必要。 ・和解は、裁判所の許可を得なければ効力を生じず、逆に、裁判所が許可した和解はクラス構成員全員を拘束する。 ・和解を通知するか否かは裁判所が定める。	・訴えの取下げは裁判所の許可及び裁判所が必要と認める条件を満たさない限り、認められない。 ・和解の受諾又は認諾については、裁判所の許可を得ることが必要。和解の通知が構成員に対してなされなければ許可は付与されない。
他の訴訟との関係	・オプト・アウトするか、個別訴訟を取り下げるかにより調整すべきだが、調整がなされず判決がなされた場合には、判決効の問題として処理される。	・係属中は、構成員の権利の出訴期限の進行が停止。 ・訴訟が係属する裁判所は、職権により、又は当事者もしくはクラス構成員の申立てにより、当該クラス訴訟に関連するいかなる訴訟についても、適切と考える条件の下に手続を停止することができる。	—
訴訟費用・弁護士費用の負担の方法	・弁護士報酬は各自負担。 ・弁護士報酬額は裁判所が定める。 ・クーポン和解の場合、クーポン付与に起因する部分は償還されるクーポンを基準とする。 ・実費も含め完全成功報酬制。	・訴訟費用は敗訴者負担（裁判所の裁量で制限可能）。 ・代表原告と弁護士の間で書面で契約し、裁判所の承認を得なければ拘束力を生じない。 ・実費も含め完全成功報酬契約をする。	・訴訟費用はクラス代表者が負担。このため集団訴訟援助基金による財政的援助が存在している（ただし、原則として法人は財政的援助を受けることができない）。
分配手続の概要	・当事者が管財人を選定。裁判所の承認を得て、管財人が分配。 ①個々の損害額が確定している場合、直接個々人に支払う。 ②個々の損害額が確定していない場合、クレーム手続を実施。 ③分配が非効率的である場合、クラス構成員の把握が極めて困難な場合等、クラス構成員への分配・交付を行わない場合あり。	①「総額査定」が行われた場合、裁判所は、認容額の全部又は一部がクラスの構成員の一部又は全員に平均的又は割合的に共有されるように充当する旨を定めることができる。 ・裁判所は、判決で認容した額につき、分配方法を指定して被告による直接分配やその他の者による分配を命じることができる。 ・裁判所は、認容額の全部又は一部が裁判所の定めた期限までに分配されずに残った場合、クラス構成員に利益をもたらすと合理的に期待される何らかの方法での使途に充当すべきことを命ずることができる。 ②個別の争点を審理する手続が定められており、また共通争点についての判決をすることができる。	・終局判決において、構成員の権利が集団的回収により回復されるか、又は個別的請求の対象となるかが命じられる。 ①集団的回収の場合、回収された金員は、個別的請求と同様の方法により個別に清算・配当するか、裁判官の裁量的判断にによって、クラス全体に共通する便宜を図るなどの方法による配当措置がとられる。 ②個別的回収の場合、終局判決の通知から1年以内に裁判に自らの権利を届出る。裁判所は自ら、あるいは裁判所が定める方法により判断するよう書記課に命ずる。

デンマーク	ノルウェー	スウェーデン	ブラジル
・通知の書式や方法は裁判所が決定する(個別通知に限定されず、公告の方法によることもできる)。 ・通知の実施は代表原告に命じてさせることができ、この場合は裁判所は代表原告に通知のための費用を支払う。	・集団訴訟が容認された場合、裁判所は、集団訴訟に参加可能な者(オプト・アウトの場合はクラス構成員)に対し、通達、公示またはその他の方法で集団訴訟が提起されたことを通知する。 ・通知の内容・方法は裁判所が決定することとされ、この決定により、通知・公告の実施者・費用負担者が集団代表者とされることがある(裁判所が通知を行う場合の費用は裁判所が負担)。	・団体訴訟手続開始の申立てが却下されない場合、裁判所によって適切であるとされる範囲において、通知がなされる。 ・通知は、裁判所により適切であると考えられた方法により行われ、費用は国庫負担。	官報等に公告すれば足りるとされており、クラス構成員に対する個別通知は必要とされていない。
訴訟が取り下げられ、却下される場合において、構成員は4週間以内に当事者として参加して、個人の訴訟として続行することができる。	—	・クラス構成員は手続に参加して、当事者として行動することが可能である。	共同訴訟人として参加することができる。
・オプト・イン型の場合には、参加申出をした者、オプト・アウト型の場合には脱退申出をしなかった者に判決効が及ぶ。	・判断の時点における集団構成員たる者を拘束する。 ・集団構成員は、判決確定まではオプト・インを撤回できるが、終局判決後・確定前に離脱した場合も判決に拘束される。	オプト・インの届出をしたすべての集団構成員に対して法的効力を有する。	同種個別的権利の保護を目的とする場合、すべての被害者及びその相続人の利益に適う請求認容判決に限り、対世効を有する。
・代表原告が上訴しない場合、代表者となり得る者が上訴でき、代表者は上訴した者に変更される。 ・上記の上訴がなされなかった場合、自己の請求について構成員による控訴可能。この場合、控訴審は個別訴訟として行われる。	・判決後離脱した場合には、離脱した構成員は個人訴訟における上訴の方法により行う。上訴期限は、集団の上訴期限の1か月後、集団が上訴した場合はその後も可能。	・集団の構成員は、集団のために上訴することができる。 ・集団の構成員は、自己の権利に関する判決又は裁定に対して、自らのために不服申立てをすることができる。	—
・代表原告による和解は裁判所の認可により効力を生ずる。 ・代表原告の訴えの取下げの場合、構成員は4週間以内に当事者として参加して、個人の訴訟として続行することができる。	・オプト・アウト型の和解は裁判所の認可を要する(オプト・イン型では不要)。	・集団訴訟手続において原告が集団を代表して締結する和解は、裁判によって確認されることにより有効となる。	・クラスアクションに特有の規定はない。ブラジル民事訴訟法では、和解には裁判官の許可を要するとされている。
—	・個人訴訟の方法で訴えを提起した者は離脱したものとみなされる。 ・オプト・アウト型の場合は、個人訴訟が却下された時にはこの効果は失効する。	・同じ当事者間で既に裁判の対象とされている問題について新たに提訴することはできないため、集団の構成員が当事者であると、進行中の個人の訴訟がある場合は訴訟係属関係が裁判障害となり、集団訴訟によって同じ内容の請求の裁判をすることができない。	個別訴訟が優先するが、当該個別訴訟において、被告から原告に対し、クラスアクションの存在を通知した場合、原告は30日以内に訴訟を継続するか中止するかを決めなければならない。継続することとした場合、その原告はクラスアクション判決による利益を受けられない。
・弁護士費用も含め敗訴者負担 ・代表原告及びオプト・インした構成員は訴訟費用の負担を命ぜられる。構成員の負担は担保額と利益を受けた額の合計の限度。 ・オプト・アウト型は、オプト・アウトしなかった者も含め、被告に対しても代表原告に対しても訴訟費用の負担が命じられることはない。	・弁護士費用も含め敗訴者負担 ・訴訟費用はクラス代表者が負担義務を負う。 ・オプト・イン方式の場合、構成員の登録時に、裁判所は、裁判所が定める限度額まで引き受けるべき旨を定める。前払を命じることもできる。 ・オプト・アウト方式の場合負担責任がない。	・弁護士費用も含め敗訴者負担 ・代表原告は、自らの訴訟費用を負担するほか、敗訴の場合は被告の訴訟費用も負担する。 ・集団構成員は通常の場合は手続の当事者とならないため、原則として費用の責任負担はない。	一般の訴訟においては敗訴者負担であるが、悪意の提訴を除き、被告の弁護士費用等の負担義務をクラスアクション原告は負わない。
・オプト・アウト型の場合共通争点についての確認請求について確認する判決がなされることが想定されている。 ・判決確定後、個々の構成員は個別に支払を求めることになるので、分配手続は存在しない。	・総額判決は認められておらず、判決で個々の構成員の金額を明示する必要がある。 ・執行については特別の規定はない。	執行について特別な規定はない。	・同種個別的権利の保護を目的とする場合は、概括給付判決がなされ、判決清算により個々の消費者の債権額を定める。 ・概括給付判決後1年以内に十分な数のクラス構成員が判決清算を行わない場合には、クラスアクションを提起した原告に概括給付判決を清算する権限が与えられる。

（参考11）訴訟制度における手続モデルの比較

※消費者庁　集団的消費者被害救済制度研究会報告書（平成22年9月）の整理による

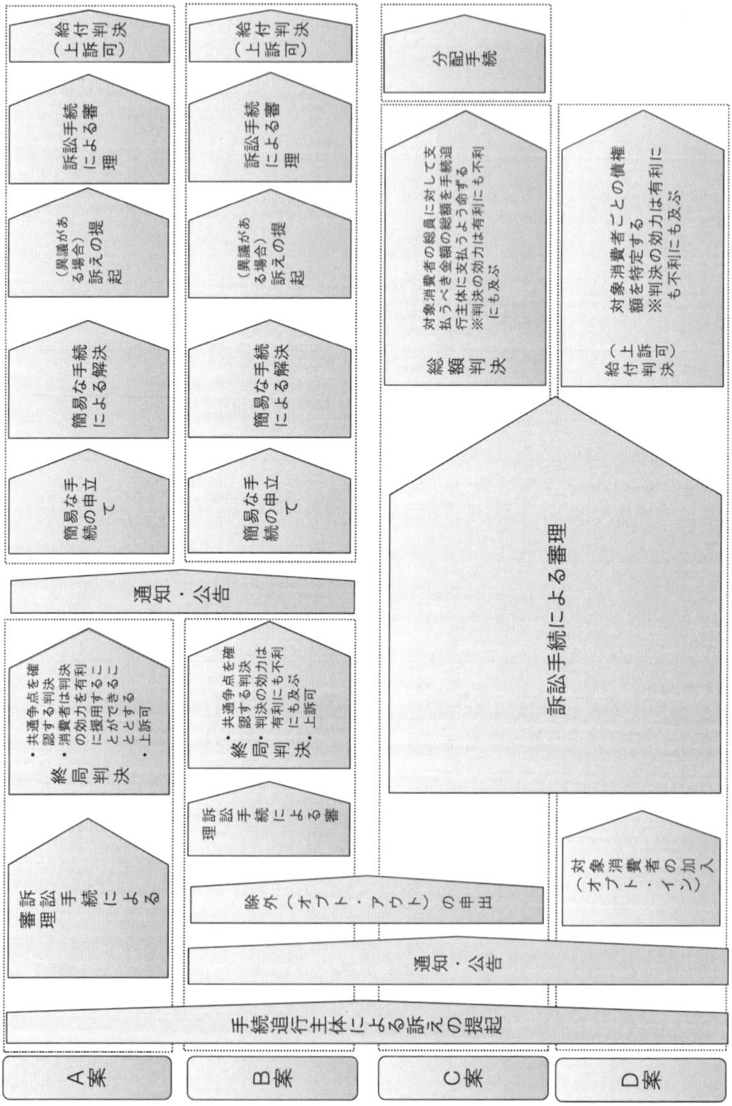

（参考12）　手続の概要

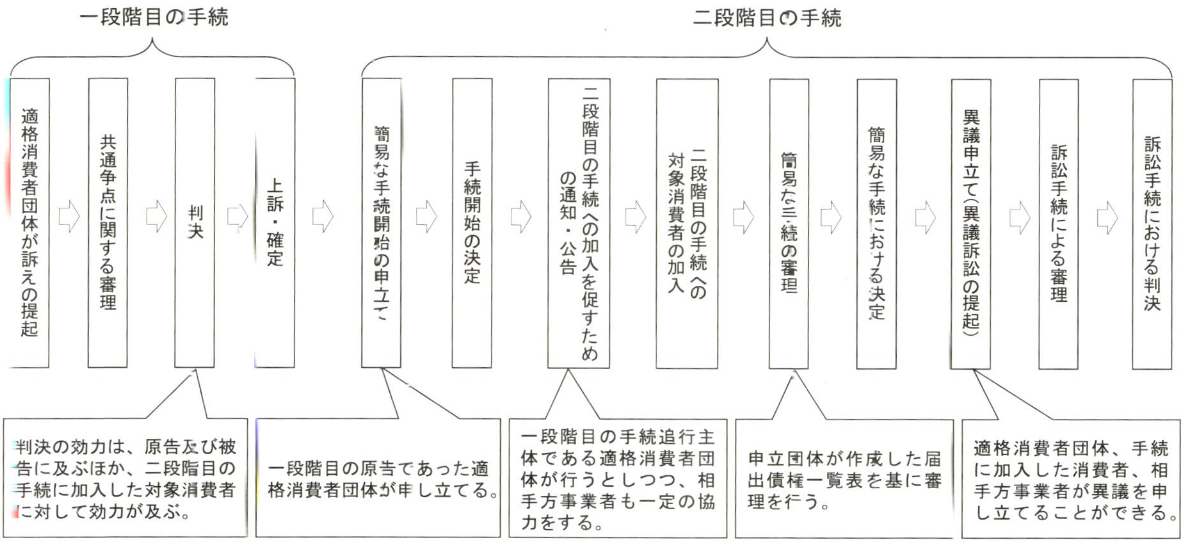

※　一段階目、二段階目にかかわらず、和解等により訴訟手続が終了することもあり得る

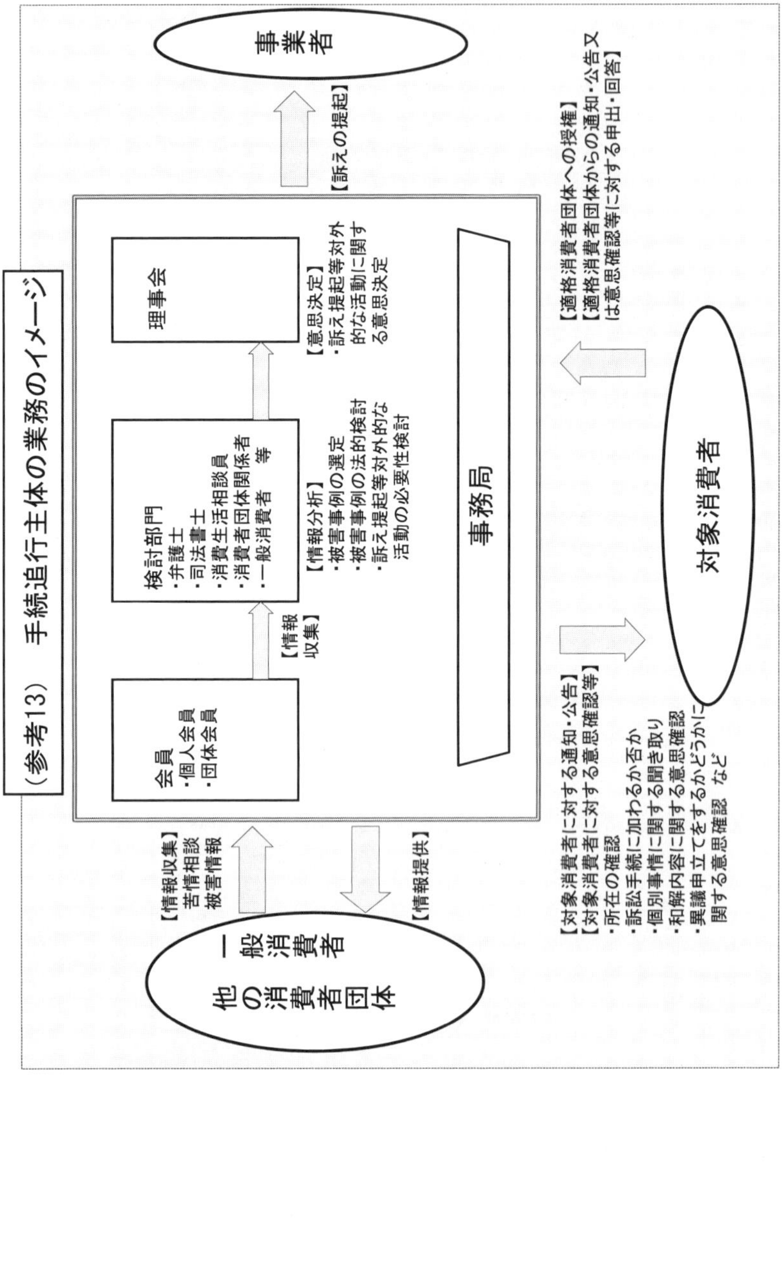
（参考13）　手続追行主体の業務のイメージ
会員
・個人会員
・団体会員
【情報収集】
検討部門
・弁護士
・司法書士
・消費生活相談員
・消費者団体関係者
・一般消費者　等
理事会
【情報分析】
・被害事例の選定
・被害事例の法的検討
・訴え提起等対外的な活動の必要性検討
【意思決定】
・訴え提起等対外的な活動に関する意思決定
【訴えの提起】
事業者
事務局
一般消費者
他の消費者団体
【情報収集】
苦情相談
被害情報
【情報提供】
【適格消費者団体への授権】
【適格消費者団体からの通知・公告又は意思確認等に対する申出・回答】
対象消費者
【対象消費者に対する通知・公告】
【対象消費者に対する意思確認等】
・所在の確認
・訴訟手続に加わるか否か
・個別事情に関する聞き取り
・和解内容に関する意思確認
・異議申立てをするかどうかに関する意思確認 など

（参考14）　適格消費者団体の概要及び活動状況について

（平成23年6月20日現在）

名称	特定非営利活動法人 消費者機構日本	特定非営利活動法人 消費者支援機構関西	社団法人 全国消費生活相談員協会	特定非営利活動法人 京都消費者契約ネットワーク
住所 差止請求関係業務を行う地	東京都千代田区六番町15番地 主婦会館プラザエフ5階	大阪市中央区石町1丁目1番1号 天満橋千代田ビル	東京都港区高輪3丁目13番地22号 国民生活センター内 大阪市中央区北浜2丁目6番26号 大阪グリーンビルディング内 北海道札幌市中央区大通西18丁目1番43号	京都市中京区烏丸通二条下ル 秋野々町529番地ヒロセビル5階
申請日 認定日 更新日	平成19年6月 7日申請 平成19年8月23日認定 平成22年8月22日更新	平成19年6月 7日申請 平成19年8月23日認定 平成22年8月22日更新	平成19年8月31日申請 平成19年11月9日認定 平成22年11月8日更新	平成19年10月12日申請 平成19年12月25日認定 平成22年12月24日更新
代表者等の氏名	会　長　　青山　佾 理事長　　芳賀　唯史	会　長　北川　善太郎 理事長　　榎　彰德	会　長　金子　晃 理事長　丹野　美絵子	理事長　　髙嶌　英弘
社員数	136名（うち、団体会員9名） （平成23年3月31日時点）	119名（うち、団体会員14名） （平成23年3月31日時点）	2068名（うち、団体会員0名） （平成23年3月31日時点）	102名（うち、団体会員3名） （平成23年3月31日時点）
主な申入れ等の活動状況	【内容】 **①更新料条項、退去遅延の損害賠償条項等を使用する不動産賃貸借業者に対し、平成22年9月6日に東京地方裁判所に提訴** **※本制度に基づく訴訟としては11例目** ・中古車販売事業者に対する申入れ（瑕疵担保責任の全部免除の規定等の削除） ・建築請負業者に対する申入れ（建築申込金の不返還条項、違約金条項の是正） ・有料老人ホームに対する申入れ（入居申込金の不返還条項の削除、入居一時金の返還率の是正） ・結婚情報サービス事業者に対する申入れ（中途解約時の返金規定の新設等） ・携帯電話事業者に対する申入れ（携帯電話の売買契約に関するキャンセル不可条項の是正） 【結果】 ・資格講座等を運営する事業者との裁判外の和解（平成21年4月28日）。 ・建築士や宅建資格講座を運営する事業者との裁判外の和解（平成21年8月1日）。 ・その他、訴訟に至らずとも契約条項の是正等が行われている事案がみられる。	【内容】 **①早期完済違約金特約条項を使用する貸金業者に対し、平成20年4月8日に京都地裁に提訴** **※本制度に基づく訴訟としては2例目** **②受講契約勧誘の際の不退去、不実告知について英会話学校に対し、平成20年8月28日に大阪地裁に提訴** **※本制度に基づく訴訟としては4例目** ・金融機関に対する申入れ（勧誘広告内容の是正） ・警備会社に対する申入れ（中途解約料、損害賠償債務の全部免除の規定等の改定） ・ケーブルテレビ事業者に対する申入れ（最低利用期間に関する規定の削除） ・不動産賃貸借業者に対する申入れ（契約解除に伴う損害賠償額を定めた条項の削除又は改善） 【結果】 ・②の英会話学校への訴訟については、和解が成立（平成21年3月4日）。和解条項に違反する行為があったため違約金請求を行ったが、履行がないため、執行文付与を求める訴えを提起（平成21年12月25日）。大阪地裁は強制執行の執行文を付与する旨の判決（平成22年5月31日）。 ・①の貸金業者への訴訟については、勝訴（一部）判決　平成21年4月23日）。平成21年6月19日京都地裁に間接強制申立て、7月24日認容決定。敗訴部分につき、平成21年4月28日に1審被告が、5月2日に1審原告が大阪高裁に控訴。大阪高裁は第1審の結果を支持し、1審原告及び1審被告の各控訴をいずれも棄却（平成21年10月23日）。1審被告より平成21年10月28日大阪高裁に上告受理申立て。 ・その他、訴訟に至らずとも契約条項の是正等が行われている事案がみられる。	【内容】 ・不動産賃貸借業者に対する申入れ（無催告解除条項等の使用停止・改善） ・美容整形クリニックに対する申入れ（申込金の不返還条項、キャンセル料条項等の使用停止・改善） ・介護付有料老人ホームに対する申入れ（入居一時金の初期償却条項等の使用停止・改善） ・スポーツクラブに対する申入れ（一旦納入した諸費用の不返還条項等の使用停止） 【結果】 ・訴訟に至らずとも契約条項の是正等が行われている事案がみられる。	【内容】 **①定期補修分担金支払特約を使用する不動産賃貸借業者に対し、平成20年3月25日に京都地裁に提訴** **※本制度に基づく訴訟としては初** **②敷金等から一定額を控除して返還する敷引特約条項を使用する不動産賃貸借業者に対し、平成20年8月12日に京都地裁に提訴** **※本制度に基づく訴訟としては3例目** **③互助契約等の中途解約金条項を使用する冠婚葬祭業者等に対し、平成20年12月3日に京都地裁に提訴** **※本制度に基づく訴訟としては5例目** **④結婚式場解約金条項を使用する結婚式・披露宴等企画運営会社に対し、平成22年3月17日に京都地裁に提訴** **※本制度に基づく訴訟としては7例目** **⑤解約金条項を使用する携帯電話事業者2社に対し、平成22年6月16日に京都地裁に提訴** **※本制度に基づく訴訟としては9例目、10例目** **⑥マンション等の更新料条項を使用する不動産賃貸業者に対し、平成22年10月29日に京都地裁に提訴** **※本制度に基づく訴訟としては13例目** **⑦解約金条項を使用する携帯電話事業者に対し、平成23年1月19日に京都地裁に提訴** **※本制度に基づく訴訟としては16例目** **⑧未公開株の販売に関して不当勧誘を行っているとして、事業者に対し、平成23年5月30日に京都地裁に提訴** **※本制度に基づく訴訟としては17例目** 【結果】 ・②については請求の一部（敷引特約の条項を含む意思表示を行わないこと）は認諾され、残りの部分について却下判決（平成21年1月28日）。2月10日大阪高裁に控訴、6月16日敗訴(判決確定）。 ・①については定額補修分担金支払特約を含む契約の申込み又はその承諾の意思表示を行ってはならない旨の判決、残りの請求については棄却（平成21年9月30日）。敗訴部分につき、10月13日に大阪高裁に控訴。大阪高裁は、第1審の差止請求部分について支持した（平成22年3月26日）。第2審の判決を不服として上告受理申立て（平成22年4月6日）。 ・④については和解（平成22年7月28日）。

※　消費者契約法第23条第4項に基づき、内閣総理大臣に報告のあった事項を基に作成。報告事項ではない各種の団体の活動（勉強会、情報収集など）については記載していない。

名称	特定非営利活動法人 消費者ネット広島	特定非営利活動法人 ひょうご消費者ネット	特定非営利活動法人 埼玉消費者被害をなくす会	特定非営利活動法人 消費者支援ネット北海道	特定非営利活動法人 あいち消費者被害防止 ネットワーク
主たる事務所 差止請求関係業務を行う地	広島市中区上八丁堀7番1号 ハイオス広島312号	神戸市中央区元町通6丁目7番10号 元町関西ビル3階	さいたま市浦和区岸町7丁目 11番5号	札幌市中央区北四条西12丁目1番55	名古屋市千種区稲舟通一丁目39番地
申請日 認定日	平成19年11月14日申請 平成20年 1月29日認定 平成23年 1月28日更新	平成20年2月29日申請 平成20年5月28日認定 平成23年4月18日更新	平成20年12月24日申請 平成21年 3月 5日認定	平成21年11月27日申請 平成22年 2月25日認定	平成22年1月14日申請 平成22年4月14日認定
代表者等の氏名	理事長　吉富　啓一郎	理事長 清水　巖	理事長　池本　誠司	理事長　向田　直範	理事長　杉浦　市郎
社員数	267名（うち、団体会員7名） （平成23年3月31日時点）	127名（うち、団体会員7名） （平成23年3月31日時点）	121名（うち、団体会員18名） （平成23年3月31日時点）	177名（うち、団体会員4名） （平成23年3月31日時点）	126名（うち、団体会員5名） （平成22年12月31日時点）
主な申入れ等の活動状況	【内容】 **①レンタル契約時のキャンセル料条項を使用する貸衣装事業者に対し、平成22年10月5日に広島地方裁判所呉支部に提訴** **※本制度に基づく訴訟としては12例目** ・カルチャーセンターに対する申入れ（受講料不返還条項の削除） ・自動車学校に対する申入れ（入校申込金、教習料等の不返還条項の是正） ・在宅ワーク事業者に対する申入れ（解約・清算条項の是正） 【結果】 ・①については和解（平成23年６月３日）。	【内容】 **①中途解約の際JAL利用クーポンの返還をしない特約条項を使用する旅行業者に対し、平成21年3月18日に神戸地裁に提訴** **※本制度に基づく訴訟としては6例目** **②受講申込後の解約制限条項を使用する資格講座等運営事業者に対し、平成22年11月11日に大阪地裁に提訴** **※本制度に基づく訴訟としては14例目** ・冠婚葬祭サービス業者に対する申入れ（解約料条項の是正） ・クレジットカード会社に対する申入れ（リボルビング払いの手数料の是正） 【結果】 ・資格試験予備校と即決和解（平成22年4月19日）。 ・①については棄却（平成22年12月8日）。平成22年12月16日に大阪高裁に控訴後棄却（平成23年６月７日）。大阪高裁の控訴審判決に対して上告受理申立て（平成23年６月20日）。	【内容】 **①レンタル契約時のキャンセル条項を使用する呉服小売専門業者に対し、平成22年5月11日にさいたま地方裁判所熊谷支部に提訴** **※本制度に基づく訴訟としては8例目** ・携帯電話事業者に対する申入れ（消費者の同意なく約款変更を可能とする条項の是正） 【結果】 ・①については和解（平成22年7月20日）。	【内容】 **①自動車売買契約時のキャンセル料条項を使用する自動車販売・買取事業者に対し、平成23年1月11日に札幌地方裁判所に提訴** **※本制度に基づく訴訟としては15例目** ・携帯電話事業者に対する申入れ（高額随時請求条項の使用中止） ・不動産賃貸借業者に対する申入れ（無催告解除条項等の使用中止） 【結果】 ・①については相手方の認諾（平成23年２月25日）。	【内容】 ・催眠療法事業者に対する申入れ（断定的説明の削除） ・インターネット通販事業者に対する申入れ（通信販売利用規約の是正、消費者契約法第41条第1項に基づく事前請求を実施） ・結婚式場事業者に対する申入れ（キャンセル料規定の是正） 【結果】 ・事業者からの回答を踏まえて検討。

※１消費者契約法第23条第4項に基づき、内閣総理大臣に報告のあった事項を基に作成。報告事項ではない各種の団体の活動（勉強会、情報収集など）については記載していない。

（参考15）　適格消費者団体の認定要件

①法人格

特定非営利活動法人又は一般社団法人若しくは一般財団法人であること（第13条第３項第１号）。

②目的及び活動実績

不特定かつ多数の消費者の利益の擁護を図るための活動を行うことを主たる目的とし、現にその活動を相当期間にわたり継続して適正に行っていると認められること（同項第２号）。

③体制及び業務規程

業務を適正に遂行するための体制及び業務規程が適切に整備されていること（同項第３号）。

④　理事及び理事会

理事会が置かれておりその議決方法が適切であること、理事の事業者からの独立性が確保されていること（同項第４号）。

⑤専門的な知識経験

人的体制に照らして業務を適正に遂行することができる専門的な知識経験を有すると認められること（同項第５号）。

⑥経理的基礎

業務を適正に遂行するに足りる経理的基礎を有すること（同項第６号）。

⑦差止請求関係業務以外の業務を行うことによって差止請求関係業務の適正な遂行に支障を及ぼすおそれがないこと（同項第７号）

⑧欠格事由

消費者の利益の擁護に関する法律等に違反して罰金の刑に処せられた等の日から３年を経過しない、暴力団員等の支配下にある、政治団体である等がないこと（同条第５項）。

（参考 16）　適格消費者団体が遵守すべき責務規定・行為規範

現行制度上、適格消費者団体が遵守すべき責務規定・行為規範としては、以下のようなものが規定されている。

- 差止請求権の行使状況に関する他の適格消費者団体に対する通知及び内閣総理大臣に対する報告（消費者契約法第 23 条第 4 項）
- 財産上の利益の受領の禁止（同法第 28 条第 1 項から第 3 項まで）
- 区分経理（同法第 29 条第 2 項）
- 帳簿書類の作成及び保存（同法第 30 条）
- 財務諸表の作成、備置き、閲覧等（同法第 31 条）
- 政治利用の禁止（同法第 36 条）など

（参考17）　二段階目の手続のイメージ

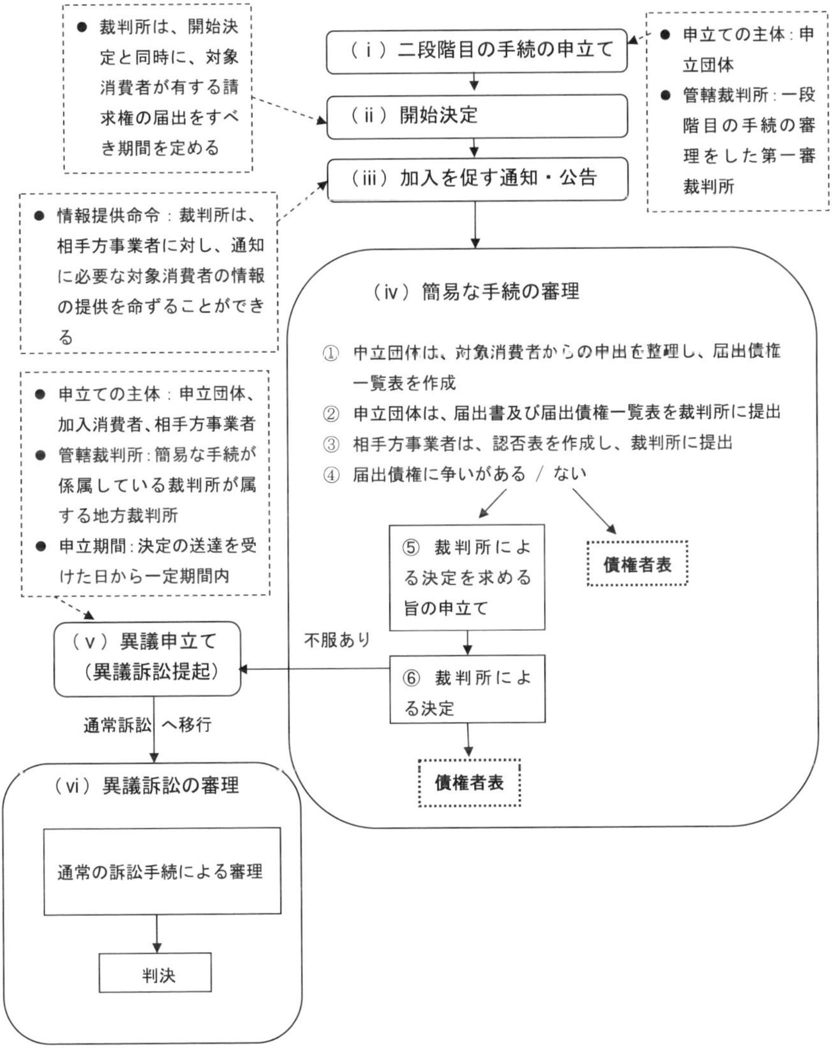
● 裁判所は、開始決定と同時に、対象消費者が有する請求権の届出をすべき期間を定める
（ｉ）二段階目の手続の申立て
● 申立ての主体：申立団体
● 管轄裁判所：一段階目の手続の審理をした第一審裁判所
（ii）開始決定
（iii）加入を促す通知・公告
● 情報提供命令：裁判所は、相手方事業者に対し、通知に必要な対象消費者の情報の提供を命ずることができる
（iv）簡易な手続の審理
① 申立団体は、対象消費者からの申出を整理し、届出債権一覧表を作成
② 申立団体は、届出書及び届出債権一覧表を裁判所に提出
③ 相手方事業者は、認否表を作成し、裁判所に提出
④ 届出債権に争いがある／ない
⑤ 裁判所による決定を求める旨の申立て
債権者表
⑥ 裁判所による決定
債権者表
● 申立ての主体：申立団体、加入消費者、相手方事業者
● 管轄裁判所：簡易な手続が係属している裁判所が属する地方裁判所
● 申立期間：決定の送達を受けた日から一定期間内
不服あり
（ｖ）異議申立て（異議訴訟提起）
通常訴訟へ移行
（vi）異議訴訟の審理
通常の訴訟手続による審理
判決

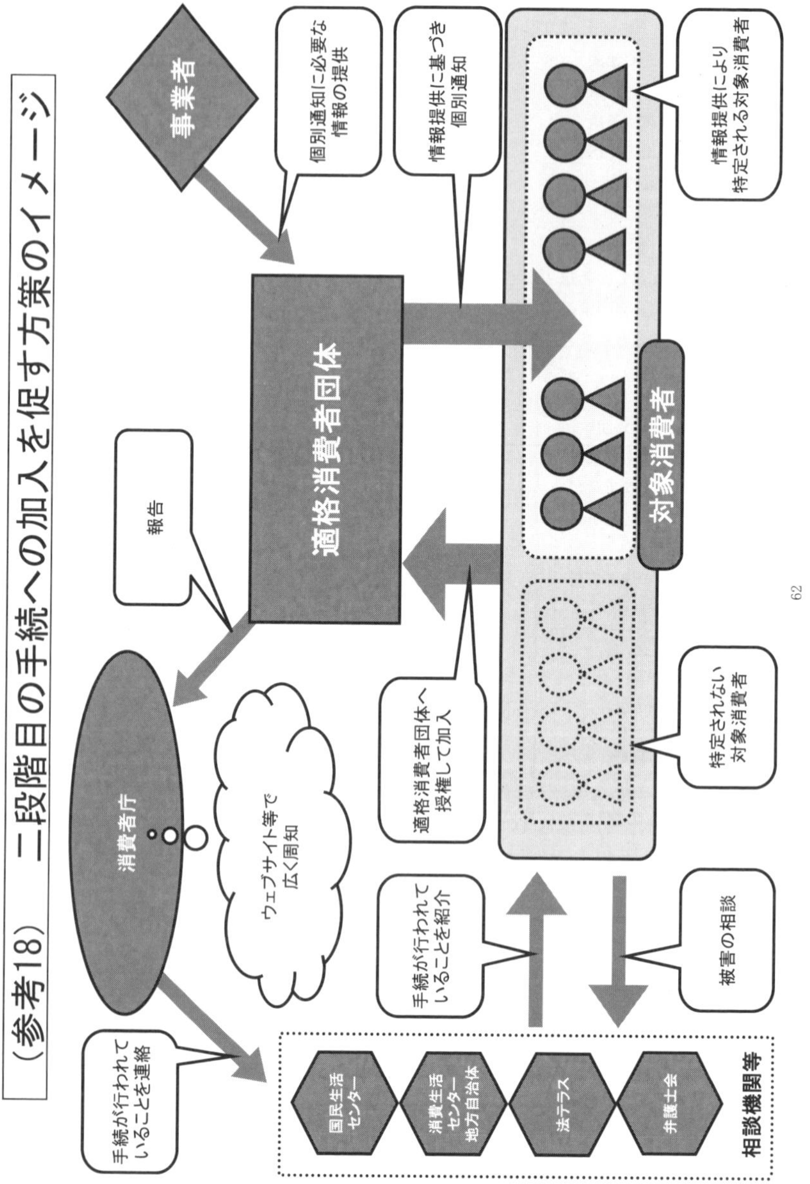

出典：消費者委員会「集団的消費者被害救済制度の今後の検討に向けての意見」（平成23年８月26日）

●事項索引

◆ た行

◆ な行

◆ は行

◆ ま行

◆ や行

一問一答 消費者裁判手続特例法

2014年7月10日　初版第1刷発行

編　　者　消費者庁消費者制度課

発行者　塚原秀夫

発行所　株式会社 商事法務

〒103-0025 東京都中央区日本橋茅場町3-9-10
TEL 03-5614-5643・FAX 03-3664-8844〔営業部〕
TEL 03-5614-5649〔書籍出版部〕
http://www.shojihomu.co.jp/

落丁・乱丁本はお取り替えいたします。　印刷/ヨシダ印刷㈱

ISBN978-4-7857-2200-5
＊定価はカバーに表示してあります。